Follow Me
人人遊日本 ②

U0082369

京都

人人出版

目次 人人遊日本 — 京都

MAP 系列

清水寺・南禪寺・銀閣寺

四条河原町・祇園・西陣

金閣寺・嵐山・嵯峨野

**本書使用前
注意事項**

由於受到新冠肺炎（COVID-19）的影響，本書所刊載的資訊，其後住宿設施、店面、觀光景點、交通機關的營業時間、費用等可能會有所調整，務必事前確認。

京都北部

京都南部

旅遊準備的建議

鴨隊長

人人遊日本全新系列中負責介紹工作的白鴨，興趣是旅行。在旅途中吃下太多美食而幾乎無法飛行，只能隨興地靠雙腳和搭乘大眾運輸工具悠遊於日本各地。

●住宿設施的價格，是最主要的房型的房費（含稅、服務費）。如果是有附餐的旅館，則標示的是平日2人1室時每個人的最低金額。
●若為附餐旅館，標示為1房2人時1人的最低費用。
●各種費用皆為成人含稅費用。
●每家店的休息日期，原則上只標示公休日，有時候會省略掉過年期間、盂蘭盆節等假期，請注意。標示為LO的時間是指最後點餐的時間。
●本書裡的各項資訊均為2022年4月時的資訊。這些資訊可能會有變動，請在出發前加以確認。

景點索引地圖

到京都旅行前，可以透過這張地圖掌握京都的地理位置，了解大略的區域劃分與受歡迎的觀光景點所在地。

36 獲選為世界遺產的文化財

47 不容錯過的景點

39 本書中介紹的區域、景點

[清水寺]
最多觀光客造訪的
必遊路線
P.36

[平安神宮]
美術館聚集的
文藝區
P.43

[哲學之道]
銀閣寺南方
綿延2km的散步小徑
P.53

[祇園]
最能感受京都風情的
街道
P.73

[金閣寺]
造訪絹掛之路盡頭
的世界遺產
P.99

[嵐山]
前往可盡情遊覽古寺的
楓葉名勝
P.106

[大原]
靜謐的山村景色
撫慰人心
P.141

[伏見]
幕府時代末期的
史跡與名酒之鄉
P.150

162

清滝川

127 高山寺卍
西明寺卍
126 神護寺卍

嵐山・高雄
Park Way

トロッコ保津峽站

116 舊嵯峨御所
大本山大覺寺
卍大沢池

嵯峨野 106
嵯峨嵐山駅
廣沢

觀嵯光峨鐵野道

113 天龍寺卍
嵐山▲ 渡月橋 嵐山駅 嵐山駅
106 嵐山

松尾

西芳寺(苔寺)卍
121
上桂駅

京縱貫自動車道

沓掛IC

大原野IC

卍勝持寺 160

京都第二外環状道路

卍善峯寺
160

長岡京市

東

向日市

西

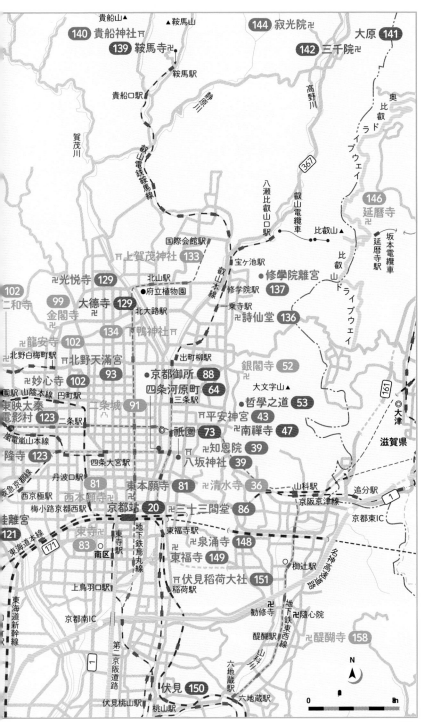

貴船山▲
▲鞍馬山
140 貴船神社卍
144 寂光院卍
大原 141
139 鞍馬寺卍
142 三千院卍
鞍馬駅
貴船口駅
奥比叡ドライブウェイ
叡山電鉄鞍馬線
高野川
367
八瀬比叡山口駅
叡山電纜車
146 延暦寺
坂本電纜車
延暦寺駅
比叡山▲
比叡山ドライブウェイ
国際会館駅
卍光悦寺 129
上賀茂神社 133
北山駅
宝ヶ池駅
●修學院離宮
137
102
99
大徳寺 129
府立植物園
修學院駅
161
二和寺
金閣寺卍
北大路駅
一乗寺駅
詩仙堂 136
◎大津
卍龍安寺 102
134 下鴨神社卍
叡山本線
銀閣寺 52
滋賀県
北野白梅町駅
北野天満宮卍
出町柳駅
大文字山▲
卍妙心寺 102
93
●京都御所 88
哲學之道 53
園駅 山陰本線
円町駅
四条河原町 64
三条駅
平安神宮卍 43
東映太秦
電影村 123
二条城
91
祇園 73
卍南禪寺 47
二条駅
山科駅
追分駅
隆寺 123
四条大宮駅
卍知恩院 39
京阪京津線
1
丹波口駅
81
東本願寺卍 81
卍清水寺 36
京都東IC
阪急京都線
西京極駅
西本願寺卍
八坂神社 39
梅小路京都西駅
京都站 20
三十三間堂 86
栂辻駅
名神高速道路
圭離宮
121
東寺卍
地下鉄烏丸線
東福寺駅
東海道本線
171
83 ◎ 南区
東寺駅
卍泉涌寺 148
東福寺 149
上鳥羽口駅
伏見稲荷大社 151
稲荷駅
地下鉄東西線
卍勧修寺
卍隨心院
京都南IC
醍醐駅
卍醍醐寺 158
第二京阪道路
東海道新幹線
1
六地蔵駅
伏見 150
N
伏見桃山駅
桃山駅
六地蔵駅
0

↓平等院 155 ↓宇治上神社 156

踏上發現京都新風貌的旅程

照片・文字／山本直洋

**洛中
河原町・祇園地區**

　從京都御所東側上空向南俯瞰京都市區，中央有鴨川流經，左側平安神宮的大鳥居清晰可見。照片右後方有如白色燈塔般的京都塔，那一帶就是京都站。

**洛北
下鴨地區**

　　從西北方順流而下的賀茂川（左）與從東北方順流而下的高野川（右），在下鴨神社南方合而為一，成為鴨川。照片中央是位於下鴨神社的糺之森，左上方看到的森林則為京都府立植物園所在地。

森林守護著歷史悠久的京都，令人動容

　春季，比東京稍晚的櫻花盛開時節，我翱翔於京都的天際。京都的街道宛如棋盤格線般交錯，從天空俯瞰時更是一目了然。道路與河川以外的區域住宅整齊畫一地排列著，幾乎沒有任何空隙。正因為自然景觀較少，糺之森等神社的守護森林以及京都御所的林木等綠地更顯得醒目。

　不可思議的是，即使這些林木四周圍繞著住宅，比起東京公園中的森林，更讓人覺得蔥鬱茂盛，看起來充滿了生命力。這幾片森林並非最近種植，而是長久以來守護著這塊土地·歷史悠久的林木。正因如此這些神聖林木才會看來如此莊嚴。從這個角度來看，京都的櫻花似乎也比其他地方來得更優美動人。

山本直洋
（やまもと·なおひろ）
攝影師，主要利用電動滑翔翼從事空拍活動。以「Earthscape」為題，陸續拍攝了許多感受地球的攝影作品。也參與TV·CM·電影等空拍影像攝影。
http://www.naohphoto.com

2023最佳季節月曆

1 JANUARY	2 FEBRUARY	3 MARCH	4 APRIL	5 MAY	6 JUNE

活動・美食・花卉

❗ 花牌對戰(1/3・八坂神社)

❗ 竹伐會式(6/20・鞍馬寺)

❗ 初弘法(1/21・東寺)

❗ 嵯峨大念佛狂言(4月第1週日、第2週六、日・清凉寺)

❗ 初天神(1/25・北野天滿宮)

❗ 壬生狂言(4/29～5/5・壬生寺)

❗ 節分祭・会
(2/2～4・平安神宮・吉田神社・壬生寺・千本釋迦堂等)

❗ 唐棣舞(3月最後週日・隨心院)

❗ 葵祭
(5/15・上賀茂、下鴨神社)

❗ 東本願寺花燈路
(3/24～4/29・東本願寺)

❗ 梅花祭
(2/25・北野天滿宮)

京都冬季之旅觀光活動
(1月～3月)

↑三船祭

❗ 三船祭
(5月第3週日・車折神社)

竹筍

❀ 梅

❀ 櫻

❀ 仁和寺之櫻

❀ 燕子花

❀ 杜鵑花

❀ 皐月杜鵑花

❀ 繡球花

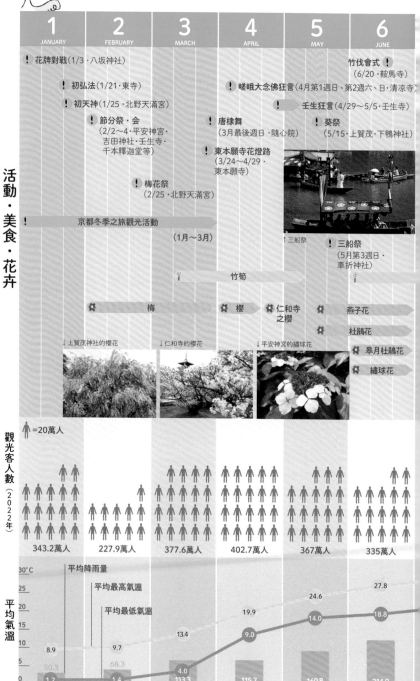

↓上賀茂神社的櫻花
↓仁和寺的櫻花
↓平安神宮的繡球花

觀光客人數(2022年)

👤=20萬人

343.2萬人	227.9萬人	377.6萬人	402.7萬人	367萬人	335萬人

平均氣溫

平均降雨量
平均最高氣溫
平均最低氣溫

30°C · 25 · 20 · 15 · 10 · 5 · 0

	8.9	9.7	13.4	19.9	24.6	27.8
平均最高					14.0	18.8
平均最低	1.2	1.4	4.0	9.0		
降雨量	50.3	68.3	113.3	115.7	160.8	214.0

※活動舉行的日期可能會有所變動,請事先至各活動網頁等確認。

7 JULY	8 AUGUST	9 SEPTEMBER	10 OCTOBER	11 NOVEMBER	12 DECEMBER

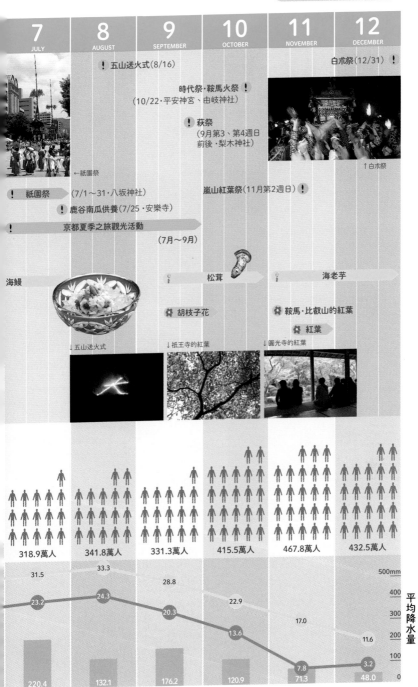

! 五山送火式(8/16)

! 白朮祭(12/31)

時代祭・鞍馬火祭 !
(10/22・平安神宮、由岐神社)

! 萩祭
(9月第3、第4週日
前後・梨木神社)

←祇園祭

↑白朮祭

! 祇園祭 (7/1~31・八坂神社)

嵐山紅葉祭(11月第2週日) !

! 鹿谷南瓜供養(7/25・安樂寺)

! 京都夏季之旅觀光活動
(7月~9月)

海鰻

松茸

海老芋

✿ 胡枝子花

✿ 鞍馬・比叡山的紅葉

✿ 紅葉

↓五山送火式

↓祇王寺的紅葉

↓圓光寺的紅葉

318.9萬人

341.8萬人

331.3萬人

415.5萬人

467.8萬人

432.5萬人

31.5

33.3

28.8

22.9

500mm

23.2

24.3

20.3

13.6

7.8

17.0

11.6

3.2

400

300

200

100

0

220.4

132.1

176.2

120.9

71.3

48.0

平均降水量

11

選擇必遊行程？　還是京都通喜愛的行程？　熱愛京都的鴨隊長計畫

京都旅遊
經典行程

景點眾多的京都，可以排出數不清的經典觀光行程，以下介紹的是遊覽清水寺與二条城等地的必遊人氣路線，以及適合初夏與深秋造訪的京都通愛好路線。

走遍京都必遊路線
東山・洛中地區

2天1夜

　　從觀光客最常造訪的清水寺北上高台寺、八坂神社的行程，是京都觀光路線中經典中的經典。第1天可從京都站前往東山一帶遊覽人氣景點，住宿市中心旅館。第2天則由賞花名勝·平安神宮到南禪寺，再參觀世界遺產二条城。

八坂神社 14:50pm

平安神宮旁的琵琶湖疏水道，櫻花綻放的時節景色美不勝收

前往高台寺一帶
　　獨具風情的石塀小路以及與豐臣秀吉的正室·寧寧有關的高台寺（p.38）等，是東山地區中特別有魅力的地方，可多花些時間在這裡散步。

前往八坂神社・祇園
　　再往北走就會抵達圓山公園、八坂神社（p.39），這裡離祇園與四条河原町也很近。住在祇園與四条河原町附近的旅館，不論是觀光或用餐都很方便。

第1天
START

搭乘巴士前往

前往清水寺一帶
　　參觀清水寺(p.36)約30分，到產寧坂附近的餐廳吃午餐。也可參考p.36　的散步路線，探訪八坂塔與靈山歷史館等。

清水寺 11:15am

石塀小路 13:45pm

高台寺 14:00pm

京都站 10:30am
　　從烏丸口的巴士總站搭乘市巴士前往♀五条坂。

平安神宮 9:30am

平安神宮神苑的睡蓮

二条城 14:00pm

京都站 18:00pm

前往平安神宮

平安神宮（p.43）是京都具代表性的賞花名勝。除了春天的櫻花，夏天有鳶尾、睡蓮，秋天則是胡枝子花盛開。夏天的睡蓮特別值得一看，賞花記得在有陽光的時段前往。另外也可以去附近的美術館逛逛。

前往二条城

若想慢慢觀賞日本國寶二之丸御殿、庭園等需花費1小時（p.91）。

GOAL

HINT

從二条城可搭乘巴士或地下鐵等前往市中心。若有時間可去錦市場（p.72）等地散步，或到京都站一帶買伴手禮（參照p.20）後路上歸途。

若要從♀四条河原町前往平安神宮的話，可搭乘市巴士32路或46路到♀岡崎公園　ロームシアヤー京都・みやこめっせ前下車

從南禪寺前往地下鐵東西線蹴上站步行約10分。從蹴上站前往二条城前站搭東西線約8分。

第2天 START

南禪寺（從正門上面看到的景色） 10:45pm

大推薦！

早晨如果有時間

可到鴨川周邊散步

如果住在市中心，早起到鴨川沿岸或是祇園新橋一帶散步是不錯的選擇。旭日初昇的早晨，四周瀰漫著清洌的空氣，鴨川的景色也格外清新宜人。此時來往的人較少，到祇園等地拍照取景容易也是一大好處。

前往南禪寺

從平安神宮到南禪寺步行約25分左右（地圖p.44）。南禪寺境內景點眾多（p.47），正門一定要上去參觀。

正如歌舞伎劇目《樓門五三桐》中「真是美景、真是美景」的台詞一般，這裡可眺望美麗的京都市街景。

也可以在南禪寺附近享用午餐，品嘗知名的湯豆腐。

TEKU TEKU COLUMN

從南禪寺前往銀閣寺是另一種選擇！

如果腳力不錯，走完到南禪寺的行程，也可以繼續北上前往哲學之道、銀閣寺。（p.52有介紹從銀閣寺南下的散步路線，也可以從南禪寺出發反過來走）。哲學之道一帶搭配第1天清水寺地區的行程，也是非常受歡迎的路線。

四条大橋 7:00am

湯豆腐午餐 11:30am

京都旅遊經典行程

大原・詩仙堂・鞍馬 2天1夜

洛北地區在初夏與紅葉季都有許多觀光客來訪。5月下旬可觀賞詩仙堂的皐月杜鵑花，6月中下旬大原・三千院的繡球花正值花期。下面介紹的行程適合腳力好的人，第1天前往大原，第2天遊覽詩仙堂一帶與鞍馬。洛北地區四處散布著引人入勝的神社佛寺，一邊欣賞令人感到懷念的山村景色，一邊尋幽訪勝吧。

遍布紫蘇田的大原山村風景

三千院（聚碧園的庭院）11:40am

寂光院 14:30pm

前往寂光院

寂光院（p.144）曾於平家物語中登場，是與建禮門院有關的寺院。從三千院步行約30分，沿途可欣賞山村景色。

從♀大原搭乘京都巴士16或17路前往市中心。隔日早晨的行程若是以出町柳站為起點，則可預訂京都御所附近或搭乘京阪電車可到的祇園、四条河原町一帶的旅館。傍晚回來時間還早的話，可先到市中心觀光。

第1天 START

京都站 10:30am

可搭乘京都巴士前往大原，不過比較建議先搭乘地下鐵到國際會館站，再轉乘巴士。

從京都站搭乘地下鐵烏丸線到國際會館站，再從國際會館站前搭乘京都巴士19路前往♀大原。此外也可以從京都站烏丸口搭乘京都巴士17路前往大原。

前往大原・三千院周邊

在♀大原下車後往東前往三千院，前往參觀三千院、來迎院（p.142）、寶泉院（p.143）等寺院。三千院正門前餐飲店與伴手禮店一應俱全。

6月下旬還可觀賞繡球花

來迎院 12:30pm

詩仙堂 9:30am

曼殊院門跡 10:40am

前往詩仙堂周邊

從叡山電車的一乘寺站到詩仙堂步行約15分。詩仙堂的庭園優美，可以慢慢觀賞。若還有時間就到金福寺

與以楓葉名勝聞名的圓光寺（兩者皆參照p.136）。

前往曼殊院門跡

千萬不要錯過曼殊院門跡（p.136）的枯山水庭園。從曼殊院門跡通過楓樹林圍繞的鷺森神社參道，前往叡山電車的修學院站，再從這裡搭乘電車到鞍馬。

旅程的最後一站是鞍馬溫泉・峰麓湯（p.139），鞍馬站有免費接駁巴士。消除旅行的疲勞後回到鞍馬站，搭乘叡山電車前往出町柳，再搭乘市巴士等交通工具回到京都站。

GOAL

京都站 19:00pm

詩仙堂前有家一乘寺中谷（p.137），店裡的和菓子與西點很受歡迎

閑靜的步道

從詩仙堂通往曼殊院門跡的小徑雖位於住宅區中卻相當閑靜，在這裡散步很舒適。

前往鞍馬

搭乘叡山電車抵達鞍馬已是中午，可在車站附近用午餐。之後先到以10月鞍馬火祭知名的由岐神社，再登山前往較高的鞍馬寺本殿金堂

（p.139）。務必穿著好走的鞋前往。鞍馬寺參拜完畢後，循原路返回鞍馬站。

由岐神社 13:30pm

鞍馬寺 14:00pm

第2天 START

從市區的住宿設施搭乘市巴士或京阪電車前往出町柳，再從出町柳站搭乘叡山電車到一乘寺站下車，詩仙堂一帶可步行前往。

POINT

善用優惠車票

若計畫在詩仙堂一帶與鞍馬待上一整天，購買叡山電車的叡電一日券「えぇきっぷ」（1200日圓）也是不錯的選擇（參照p.174）。

鞍馬站前的天狗像

一起照張相吧

TEKU TEKU COLUMN

加快腳步讓洛北之旅更充實！

第1天的大原與第2天的詩仙堂一帶，腳程快的人可考慮安排在同一天遊覽。另外，第2天在探訪鞍馬之後，若還有時間與力氣，翻越鞍馬山前往另一側的貴船神社（p.140）也不錯。可以妥善安排時間，嘗試擴大行動範圍。

京都旅遊經典行程

15

講究的京都好味道

京都料理從美味的京都蔬菜到家常菜、豆腐料理、京懷石料理等，內容包羅萬象，應有盡有。一起前去找尋京都風料理吧。

※餐點內容因季節而異。

露庵 菊乃井 ろあん きくのい

四条河原町　地圖 p.61-G

運用當季食材的原味
精心製作各式餐點

　一生一定要去一次的老字號京都料亭的分店。為了讓顧客率先品嘗當季美味，餐廳食材由簽約農家進貨，並以巧妙的烹調技術帶出食材好滋味。春季料理中，最具代表性的是模仿櫻花麻糬的蒸煮料理「櫻蒸」。用櫻葉包裹鯛魚卷蒸糯米及用櫻花鹽漬後再去鹽的竹筍。撒在上頭的炒米花象徵櫻吹雪。不僅外觀洋溢季節感，滋味也好得沒話說。

1樓的櫃台共有10個座位，2樓是和室座位

→蒸櫻（後方）以及使用小章魚、毛豆、烏賊蕨、蝶形山藥等費工烹調的下酒菜拼盤

↓竹筍是洛西大平原當日清晨採收的，顧客點餐後現烤，可品嘗到竹筍原有的甜味。照片為3人份

↓從四条通向南轉入木屋町通馬上就可看到餐廳

📍 四条河原町 🚶2分
📞 075-361-5580
🏠 下京区木屋町通四条下ル斉藤町118
🕐 11:30～13:30
　最後入店，
　17:00～19:30
🈺 不定休
💴 午餐：8800日圓～
　（稅、服務費另計）
　晚餐：14300日圓
　～，27500日圓～
　（稅、服務費另計）

豆水楼 木屋町本店 とうすいろうきやまちほんてん

三条京阪周邊　地圖p.63-K

採用日本產大豆與天然水製成
滑嫩飽滿的朧豆腐

可一邊欣賞鴨川風光，一邊品嘗豆腐料理的餐廳。招牌菜朧豆腐使用天然鹽滷精心製作，入口即化，甜度高風味極佳。除了京料理搭配豆腐的懷石料理「季節豆腐全餐」，也有單點的湯朧豆腐與涼拌朧豆腐等菜色。伴手禮則是竹筒豆腐（1800日圓）最受歡迎（僅接受宅配）。5月中到9月會設置川床。

↑由大正時期的町家建築改建的店內
→從木屋町的小路進入直走便可看到餐廳，大燈籠十分醒目

→採用當季食材的豆腐全餐，圖為雅全餐，8662日圓（春季菜單）。另有東山全餐，4966日圓。需預約

地鐵京都市役所前站🚶3分
☎075-251-1600／📍中京区木屋町通三条上ル
　上大阪町517-3／🕐11:30～15:00、
　17:00～22:00，週日、假日11:45～15:00、
　17:00～21:30／🈳不定休
💰午餐：美山4389日圓～　晚餐：5775日圓～

京夕け 善哉 きょうゆうけ よきかな

京都御所周邊　地圖p.62-A

每道料理的顏色
都讓人感受到當季氣息的京料理

位於從室町通轉入石板小路處的料亭，僅提供午餐3全餐（6000日圓～）、晚餐2全餐（9000日圓～）的懷石料理。春季料理舉例來說，有將碗豆、百合根、梅子磨成泥製作的賞花丸子，與油菜花昆布卷組成的前菜。午餐時段採完全預約制，晚餐時段最好也事先訂位。

←漆成紅色的櫃台有6個座位。2～6人用的小包廂有3間
↓店鋪位於石板小路後方

↓除了前菜，還有當地竹筒搭配鯛魚卵巢一起烹煮的拼盤，以及類似芝麻豆腐口感的湯碗料理「鯛魚白子豆腐」

地鐵丸太町站🚶3分
☎075-222-1875
📍中京区室町通夷川
　上ル
🕐11:30～15:00
　（完全預約制），
　17:00～最後入店
　20:00
🈳週三
💰午餐：6000日圓～
　晚餐：9000日圓～

講究的京都好味道

17

祇園 白川 なみ里 ぎおんしらかわ なみさと

祇園　地圖 p.61-G

店內1樓只有櫃檯座位，座位後方是奢侈的挑高空間。餐廳內有整片落地窗，是觀賞白川景色的最佳地點。

京阪祇園四条站 🚶5分
📞 075-525-8187
📍 東山区祇園末吉町78-3
🕐 11:30～13:30LO、17:00～21:30（21:00LO）
🈺 週三（逢假日則營業）
💴 午餐：4950日圓～
晚餐：6600日圓（稅、服務費另計）～

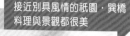

←4950日圓全餐附的小碗，裡面是炸鴨肉球

↑午間4950日圓全餐的部分菜色。店內寬敞

忠實呈現義式鄉土佳餚
品味美食文化的深奧

↑「燉牛頰肉」（每月更換菜色）

リストランテ美郷 りすとらんてみさと

五条站周邊　地圖 p.189-K

忠實呈現義大利傳統美食與家常菜的餐廳。每月會由義大利從北到南的數州中選擇一州作為主題，設計全餐菜色。

地鐵五条站 🚶5分
📞 075-351-0098
📍 下京区堺町通松原下ル鍛冶屋町246-2
🕐 11:30～14:00LO、17:30～21:30LO
🈺 不定休
💴 午餐：2300日圓～
晚餐：全餐9520日圓～　提供單點

←保留並充分運用前店主的好品味

高瀬川くりお たかせがわくりお

四条河原町　地圖 p.60-F

菜單相當豐富，有蔥柚子雜炊與土鍋豆腐等招牌菜，可品嘗京都傳統蔬菜的美味。堅持早晨現摘京都蔬菜可以「浸煮京都現摘蔬菜」968日圓與「萬願寺直火烤佐橘醋」605日圓等多元料理方式品嘗。

阪急河原町站 🚶3分
📞 075-344-2299
📍 下京区船頭町237-1
🕐 17:00～22:00（21:00LO）
🈺 週三
💴 晚餐：6000日圓～

在高瀬川流經的小巷弄的京町家
享用講究食材・產地的京料理

→有與田樂味噌極搭的賀茂茄子715日圓等菜色
←店門口陳列著京都蔬菜，別有一番情趣

二軒茶屋 中村楼 にけんぢゃや なかむらろう

祇園　地圖 p.61-H

在480多年歷史的料亭老店品味
活用新鮮食材的京料理

　　靜靜佇立於八坂神社的南樓門附近。作為門前茶屋，起源可追溯至室町時代，以480多年的料亭老店引以為傲，聲名遠播。幕府末期時，據說坂本龍馬也不時來訪。在此鑑賞優雅庭園的同時，盡情享受活用每月不同新鮮食材的京料理。

京阪祇園四条站
🚶10分
📞 075-561-0016
📍 東山区祇園町
　八坂神社鳥居内
🕐 11:00～18:00
🈺 週三(逢假日則營業)
💴 午間懷石料理：
　6600日圓～
　晚餐懷石料理：
　12650日圓～

↑午間輕鬆懷石料理6600日圓。
靈活運用新鮮食材的京料理

午晚僅接待3組實客
可慢慢享用京料理的隱密餐廳

↑午間全餐料理共有8道，晚間全餐則有10～11道餐點
→餐廳內部：改良和式座位包廂2間（各可容納4人），
西式桌椅包廂1間（可容納6人）

和ごころ泉 わごころいずみ

四条烏丸　地圖 p.188-F

　　店主在京料理老舖「桜田」修業13年，講究餐具之餘，也重視料理的季節感與京都風味。餐點使用大原、久我、龜岡地區的京都蔬菜與若狹鮮魚等食材。

地鐵四条站🚶2分
📞 075-351-3917
📍 下京区烏丸仏光寺
　東入一筋目南入る
　匂天神町 634-3
🕐 12:00～13:00LO、
　18:00～19:30LO
🈺 週一（需預約）
💴 午餐：6600日圓～
　晚餐：17250日圓～

---

ame du garson あーむ・どぅ・ぎゃるそん

京都御所周邊　地圖 p.188-E

　　餐點重視「驚喜感」，醬汁與口感、融入懷石料理精神的擺盤等在在顯示店家的用心。午間全餐有8道餐點，菜色豐富。

↑店內可見粗壯的樑柱

JR二条站步行🚶7分
📞 075-432-7071
📍 京都市中京区西ノ
　京銅駝町67
🕐 11:30～14:30
　(13:30LO)、
　17:30～21:30
　(20:30LO)
🈺 週二、三
💴 午餐：午間全餐
　5500日圓（稅、服
　務費另計）～
　晚餐：晚間全餐
　8800日圓（稅、服
　務費另計）～

在保留舊日式爐灶的町家建築
品嘗融入「日本精神」的法式佳餚

→融入懷石精神擺盤的餐點一例

人氣京都伴手禮

都在京都站

忘記買的人氣伴手禮可到京都站購買，不過有時會被搶購一空，最好趁早選購！忘了品嚐抹茶甜點也可以在搭車前到店內大快朵頤一番。

つるやちょうせい
鶴屋長生「利休心」
4個1080日圓
B

和菓子桃山中包著特製的栗子餡，滑順的白豆沙餡中加入搗碎的栗子。不織布製成的束口袋包裝十分雅緻，和菓子形狀像是一個小茶壺，相當可愛。

京都北山
MALEBRANCHE
「濃茶貓舌餅 茶之菓」
10片裝1501日圓
A C D

採用宇治的精選茶葉製成的貓舌餅乾，抹茶風味濃厚，口感酥脆，搭配特製的白巧克力夾心，是很高級的點心。JR京都伊勢丹6樓還有可嘗到限定甜點的沙龍咖啡廳。

A 京都站前地下街
Porta

地下街中有伴手禮、美食、流行服飾等120間店鋪進駐，伴手禮店「京名菓」中有多家老字號點心專區。

☎ 075-366-7528　♀ 直通JR、地鐵京都站
🕐 京都伴手禮、食品
10:00～20:30（週五、六～21:00）
餐廳、咖啡廳11:00～21:00
休 不定休

B 京都駅ビル専門店街
The CUBE

在京都站大樓的專賣店街道，店家以京都特色伴手禮、美食、流行服飾為主。位在JR西口剪票口前的「京名菓・名菜處京」羅列四季不同都會想買的伴手禮逸品。

☎ 075-371-2134　♀ JR京都站即到
🕐 1F伴手禮小路京小町8:30～20:00／2F京名菓・名菜處 京8:30～21:00／11F美食街11:00～22:00／BF2流行時裝10:00～20:00（週五、六21:00）視店鋪、季節而異
休 不定休

A B C D 的標示代表店鋪中有販售此項商品

総本家 河道屋「蕎麦ほうる」 袋裝90g 378日圓
Ⓐ Ⓑ Ⓓ

這是在麵粉與砂糖揉製烘烤的葡萄牙點心中，放入雞蛋，並融入蕎麥風味製成的零食，是從明治時代傳承下來的好味道。

満月「阿闍梨餅」
(あじゃりもち)
10個1296日圓（1個119日圓）
Ⓐ Ⓑ Ⓒ Ⓓ

麻糬外皮包裹丹波大納言紅豆餡而成的烘烤半生和菓子。內餡清爽，外皮濕潤有彈性。有的店舖可單買。

北尾「抹茶黑豆しぼり」 小盒裝65g 583日圓
Ⓐ Ⓑ

風味純樸的黑豆點心，使用京都丹波葡萄黑豆製成。包裝是洋溢京都風情的小盒子。口味種類豐富，最新口味是外層包裹宇治抹茶的抹茶黑豆。

三條若狭屋「祇園ちご餅」 1袋3支裝432日圓
Ⓐ Ⓑ Ⓒ Ⓓ

將加糖蒸過的白味噌以麻糬包住，麻糬灑上一層冰餅粉並插上竹籤。是由祇園祭流傳下來的著名點心。

京ばあむ「京ばあむ」 1個1296日圓
Ⓐ Ⓑ Ⓒ

這款濕潤鬆軟的豆漿年輪蛋糕，是用豆漿糕體，與宇治抹茶混合煎茶而成的抹茶糕體層層疊而成。圖中的蛋糕厚度為3.5公分。現在不販售5.25公分的品項。

Ⓒ 近鐵名店街 みやこみち

與JR以及近鐵京都站相通，位於近鐵京都站飯店正面入口前方的八条通上。裡面有餐飲店與伴手禮店等共40間店鋪。

📞 075-691-8384
📍 直通JR京都站八条口
🕐 販售9:00～20:00
　咖啡廳9:00～20:00
　餐廳11:00～22:00
休 無休

Ⓓ JR京都伊勢丹

百貨公司從地下2樓到地上11樓，販售品種類繁多。京都的名店伴手禮在地下一樓都可找到，茶寮都路里位於6樓，景觀極佳。

📞 075-352-1111
　（JR京都伊勢丹代表）
📍 直通JR京都站
🕐 10:00～20:00
休 不定休

茶寮都路里
(さりょうつじり)

本店位於祇園的甜品店（P.75）。使用JR京都伊勢丹限定宇治抹茶的甜點很受歡迎。推薦點份能盡享抹茶的聖代「茶衣」（下圖）。

[6F]
📞 075-352-6622
🕐 10:00～20:00
休 不定休

「茶衣」
(さごろも)
1458日圓

中村藤吉本店 京都駅店
(なかむらとうきちほんてん きょうとえきみせ)

宇治茶老店所經營的人氣咖啡廳（p.156），京都站店限定的聖代中，加入抹茶果凍、冰淇淋和戚風蛋糕等配料，再加上綿密的鮮奶油。聖代有抹茶與焙茶兩種口味。

[3F]
📞 075-352-1111
🕐 11:00～22:00
　（21:00LO）
休 不定休

「まると聖代
[抹茶]」1201日圓

一邊遊覽京都一邊回溯1000年來的歷史

名列世界遺產的寺院神社

京都共有17座寺院神社被列入世界文化遺產。從早在遷都平安以前就創建的寺院神社，到約千年後興建的二条城，都擁有悠久的歷史。造訪各個寺院神社時，可以仔細觀賞不同時代的建築之美。

◆創建年代不詳・BC90（崇神天皇7）年整修
下鴨神社（賀茂御祖神社）

東西兩座正殿為國寶，東殿供奉玉衣媛命，是掌管結緣・育兒之神，西殿則供奉京都的守護神賀茂建角身命。境內的「糺之森」是珍貴的自然遺產。資訊參照p.134、地圖p.134-C

◆729～749（天平年間）創建
苔寺（西芳寺）

1339（曆應2）年由夢窗國師復興的臨濟宗禪寺。布滿青苔的的美麗庭園（特別名勝・史蹟）頗負盛名，又被稱為「苔寺」。參照p.121、地圖p.121-I

◆774（寶龜5）年創建
高山寺

鎌倉時代（13世紀）由明惠上人重建，擁有一萬多件國寶・重要文化財。著名的有曾為明惠上人住宅的石水院、鳥羽僧正繪製充滿幽默感的《鳥獸人物戲畫》。參照p.127、地圖p.127-A

◆778（寶龜9）年創建
清水寺

延鎮上人發現音羽瀑布，其後，坂上田村麻呂興建佛殿。建於崖邊的正殿（國寶），是江戶時代初期重建的。佛像每33年會開放參觀1次。參照p.36、地圖p.33-I

◆788（延曆7）年創建
延曆寺

傳教大師最澄於比叡山頂創建的天台宗總寺。東塔、西塔、橫川3個地區的佛寺，總稱為延曆寺，東塔的根本中堂（國寶）為其中心。參照p.146、地圖p.146

古都奈良的文化財（奈良縣）
743（天平15）年、東大寺創建
759（天平寶字3）年、唐招提寺創建

古墳・彌生時代

飛鳥

奈良

平安

法隆寺地區佛教建築群（奈良縣）
607（推古15）年、法隆寺竣工
739（天平11）年、法隆寺夢殿竣工

◆678（天武天皇7）年創建
上賀茂神社（賀茂別雷神社）

供奉以除厄、電力守護神聞名的主神賀茂別雷大神。尤其深受皇室信仰，地位僅次於伊勢神宮。正殿、權殿已列為國寶。資訊參照p.133、地圖p.132-C

◆796（延曆15）年創建
東寺（教王護國寺）

與弘法大師（空海）有關的真言宗總寺。五重塔（國寶）是1644年（寬永21）年由德川家光贊助重建的古塔。金堂、大師堂被指定為國寶。參照p.83、地圖p.82-C

◆874（貞觀16）年創建
醍醐寺

真言宗醍醐派的總寺。整個醍醐山都屬於醍醐寺的範圍，包含金堂、五重塔等眾多國寶・重文佛堂。僧房三寶院的庭園為日本國家特別史跡・名勝。參照p.158、地圖p.158

◆888（仁和4）年創建
仁和寺

宇多天皇出家修行的寺院，同時也是被稱為「御室御所」的真言宗御室派總寺，御用寺院的建築風格傲視群雄。境內金堂、五重塔等被列為國寶，重文的寺院建築林立。參照p.102、地圖p.100-D

◆1052（永承7）年創建
平等院

藤原賴通將父親道長的別墅改建為寺院，其中鳳凰堂是唯一保留創建當時建築之美的佛堂，裡面供奉阿彌陀如來像（國寶）與雲中供養菩薩像（國寶）。參照p.155、地圖p.155-A

◆創建年代不詳　推定為平安時代後期
宇治上神社

平等院的鎮守神社。列為國寶的正殿（內殿三社）採檜木皮屋頂的一間社流造建築形式，年代推定為平安時代後期，為日本現存最古老的神社。同樣為國寶的拜殿一般認為是鎌倉時期的建築，為寢殿造形式。參照p.156、地圖p.155-B

嚴島神社（廣島縣）
創建於593年，12世紀後半平家全盛時期為其巔峰

◆1603（慶長8）年築城
二条城

德川家康為了守護京都御所，以及將軍到京都時住宿之處而興建了二条城，直到家光時代才完工。裡面有國寶二之丸御殿、重文本丸御殿、特別名勝二之丸庭園等。參照p.91、地圖p.91

姬路城（兵庫縣）
1609（慶長19）年，連立式天守完成
日光的神社寺院（栃木縣）
1636（寬永13）年，日光東照宮創建

平安時代

鎌倉時代

南北朝時代

室町時代

安土桃山時代

江戶時代

◆1272（文永9）年創建
西本願寺

淨土真宗本願寺派的總寺。掛有親鸞聖人肖像畫的御影堂（重文）於1636（寬永13）年、供奉阿彌陀如來像的阿彌陀堂（重文）於1760（寶曆10）年重建。參照p.81、地圖p.82-A

◆1339（曆應2）年創建
天龍寺

足利尊氏為了弔唁後醍醐天皇創建，是臨濟宗天龍寺派總寺，同時也是位列京都五山之首的名剎。夢窗國師一手打造的曹源池庭園遠近馳名。參照p.113、地圖p.111-H

◆1397（應永4）年創建
金閣寺（鹿苑寺）

由足利義滿造造的山莊，北山殿改建的禪寺。以舍利殿（金閣）、鏡湖池為中心的庭園，是室町時代具代表性的池泉回遊式庭園，也是日本國家特別史跡‧名勝。資料參照p.99、地圖p.101-C

◆1450（寶德2）年創建
龍安寺

臨濟宗妙心寺派的名剎，由室町幕府管領細川勝元創建。方丈前的前庭為石庭代表，已被指定為特別名勝。據說是德川光圀捐獻的銅錢形洗手盆也很有名。參照p.102、105、地圖p.100-A

◆1482（文明14）年創建
銀閣寺（慈照寺）

臨濟宗相國寺派的禪寺，是由8代將軍足利義政仿照3代將軍足利義滿的金閣興建而成。銀閣（觀音殿）、鄰接正殿的東求堂為國寶。還有池大雅和與謝蕪村的紙拉門畫作。參照p.52、地圖p.55-B

京都旅行的
實用訊息網站

京都市觀光協會
https://www.kyokanko.or.jp/

　京都市觀光協會所營運的京都觀光網站。除了觀光景點外，還有伴手禮、美食與季節花卉、活動儀式等多方面資訊。每年都會刊登的「京都冬之旅」等最新情報非常豐富。

京都觀光官網 京都觀光Navi
https://ja.kyoto.travel/

　由京都市觀光MICE推進室所營運。以為了國際觀光都市京都而來的國外旅客為對象，以國際化的觀點介紹各種資訊。例如6個月後的活動情報、京都能量景點等非常實用的有趣資訊，內容相當豐富。

京都市交通局
https://www.city.kyoto.lg.jp/kotsu/

　京都市交通局所營運的網站，介紹想在市區內移動不可或缺的市巴士、地鐵使用方法。特別是對初心者來說很複雜的市巴士，可以得知詳細的巴士站、路線編號等資訊。也提供許多優惠票券的資料。

京都定期觀光巴士
https://resv.kyototeikikanko.gr.jp/

　介紹以京都站為主運行的定期觀光巴士。有每日運行的固定路線，也有造訪平常未公開的祕佛、建築物等的精華行程，值得一看。也有許多季節限定美食、活動方案等。預約簡單又方便。

嵯峨野小火車
https://www.sagano-kanko.co.jp/

　小孩跟大人都超受愛的嵯峨野小火車的官網。不但有行駛日程表、時刻表，也有車票的購買方法、空位狀況甚至是指定座位等事前必須知道的資訊。也可查詢許多沿線的觀光資訊。

そうだ　京都、行こう
https://souda-kyoto.jp/index.html

　由JR東海道營運的網站，提供詳盡的主題式觀光資訊。例如「尋訪京都的四季花草」、「心靈滿足的一人京都之旅」、「京都 門跡寺院巡禮」和「想拍下的京都」等令人開心的旅行提案。

清水寺
南禪寺
銀閣寺

清水寺～南禪寺～銀閣寺

從高台寺、知恩院、平安神宮到哲學之道

　　遊覽京都的神社寺院，最受歡迎的路線就是從清水寺到產寧坂、高台寺一帶。無論是久未到訪京都或是從未去過清水寺等地的旅客，建議可以先去這個區域走走。這一帶隨季節可感受到不同的風情，不管去多少次都會有新發現。

　　除了寺院神社，還可到小巷弄散步及購物，這個區域的散步路線與玩樂方法請參照p.30-31。下面會介紹從這個地區北邊的八坂神社前往其他地區的幾條推薦路線。

POINT

觀光旺季有臨時巴士行駛

　　京都站的巴士乘車處一到觀光旺季，便擠滿了欲前往各地的乘客，其中最多的就是搭乘206路前往清水寺方向的乘客。因此，同一個乘車處常會加開前往三十三間堂、清水寺、祇園的臨時巴士。臨時巴士會在巴士前方標示路線號碼處寫一個「臨」字，或是在駕駛座附近標示「臨時」。巴士側面也會寫上「往清水寺方向」等字樣，確認目的地後再上車即可。

八坂神社～地鐵東山站

　　穿過古川町商店街也是一種方式，商店街屋簷下狹窄的小路兩側可看到較有年代的商店一字排開。商店街過去在日本大部分的城市都能見到，現在則逐漸消失，反而給人復古的感覺。幾乎所有的商店都是週日休息。過了商店街後，從東山站到平安神宮建議可以沿著白川沿岸的步道（圖）步行，一邊觀賞鴨群戲水的河川風光一邊悠閒散步。

八坂神社～平安神宮方向

　　穿過由知恩院延伸到平安神宮的神宮道，就可抵達平安神宮與南禪寺。三条通以北沿途是日本隨處可見的風景。

加入三十三間堂周邊的行程

　　京都站步行到三十三間堂（p.86）約需30分。從三十三間堂前往清水寺方向可以沿著大和大路通向北走，這條寬廣的道路上保留了豐臣秀吉命令諸將領捐獻建造的岩石屏障。附近還有方廣寺（p.86）與豐國神社（p.87）等與豐臣家有關的寺院神社。

方廣寺的梵鐘

京都御所

丸太町

京都市役所●
烏丸御池站　京都市役

烏丸站　河原町
四条站

地鐵烏丸線

五条站　五条大橋

清水五条

●東本願寺

七条站

京都站

舒適的道路可選擇步行，車多的道路則搭乘巴士或地鐵

清水寺到銀閣寺一口氣走完大約6公里，步行時間不到2小時，但這條路線沿途卻是京都景點最密集的區域，若要認真參觀，花上一整天也逛不完。

雖說可依個人喜好安排造訪的寺院，但在這個地區，某些道路能悠閒散步、感受古都風情，某些道路卻車多混雜。可先參考下面的地圖與說明，再依時間與個人喜好決定散步路線。也可搭配地鐵，來趟愉快舒適的步行之旅。

車多時的建議

清水寺沒有地鐵或電車可到，一般都是搭乘巴士前往。旅行旺季時，東大路十分壅塞。此時若是從京都站出發，先安排參觀三十三間堂的行程，然後中途逛逛方廣寺等地，再順路步行到清水寺。

南禪寺～哲學之道～銀閣寺

一定要去這個地區悠閒地散步一下。從南禪寺穿過永觀堂南門的道路，就會抵達哲學之道。可以走完哲學之道全程，或是在途中的法然院附近，拋開地圖隨興逛逛在哲學之道東邊平行的南北向小路，這一帶是平靜的住宅區，說不定反而可以發現另一種京都風貌。

從平安神宮出發

從平安神宮步行到南禪寺及哲學之道，可選擇距離最短的路線。不過櫻花盛開的時期，位於南禪寺北側的碧雲莊與流響院間的小路也是不錯的選擇。

從地鐵蹴上站前往南禪寺

道路車多壅塞時期，可以從京都站等地搭乘地鐵到蹴上站，參觀南禪寺後，再決定要前往銀閣寺或清水寺（若決定要去清水寺則在東山站下車）。從蹴上站穿過磚造的傾斜鐵道，即可見到位於金地院前往南禪寺的道路，這條路雖然不長但綠意盎然，是條沒有汽車通行別具風情的小路。

清水寺～八坂神社

區域的魅力度

觀光客人氣指數
★★★★★
街道散步氣氛
★★★★
世界遺產
清水寺

國寶：
清水寺／清水寺本堂、
青蓮院／絹本著色不
動明王二童子像、知恩
院／正門、御影堂

標準遊逛時間：4小時
（茶碗坂～清水寺～
產寧坂～二年坂～寧
之道、高台寺～八
坂神社）

參道上的伴手禮店人聲鼎沸
京都觀光必遊景點

保佑締結良緣而人潮不斷的
地主神社（預計整修至2025
年）

這個區域距離京都站及四条河原町都很近，
是最受旅客歡迎的地方。除了遠近馳名的清水
寺，還有古都特有的老店與充滿魅力的店鋪林
立的產寧坂與二年坂，再往下則有以石板小路
連接的寧寧之道等，四季都相當熱鬧。在石塀
小路等岔路上散步也很有意思。從清水寺眺望
的京都市區全景令人印象深刻。

這個區域神社佛寺與參道店鋪等景點眾多，
可以多花一些時間走走逛逛。此外，觀光旺季
的夜晚有些景點也會點燈開放參觀。

比較容易攔到
計程車的地點

攔到計程車並不困難。
計程車招呼站在五条坂與
清水坂交叉路口一帶，東
大路通的大谷本廟前也
有。二年坂以北與知恩院
交會處也可輕鬆攔到。東
大路通車流量較大，計程
車也很多。

HINT

前往這個區域的方法

目的地	出發地點	巴士路線	下車站牌
清水寺・產寧坂・二年坂・八坂塔	京都站烏丸口（♀京都駅前）	🚌86・臨・206（約11～15分）	♀五条坂
	四条烏丸（♀四条烏丸）	🚌58・203・207、京阪83A・87(約14～16分)	♀清水道
	三十三間堂（♀博物館三十三間堂前）	🚌86・臨・206（約6分）	♀五条坂
八坂神社・知恩院・高台寺・寧寧之道	京都站（♀京都駅前）	🚌86・臨・206（約17～21分）	♀祇園
	四条河原町（十字路口）	步行約15分	八坂神社西樓門

※臨（臨路巴士往清水寺、祇園運行）

【賞花季節】4月上旬：櫻花（清水寺、地主神社等）／11月下旬～12月上旬：紅葉（清水寺等）

遊覽順序的小提示

　　許多遊客會在♀五条坂下車，依照清水寺、產寧坂·二年坂、寧寧之道的順序往北步行。若以相反的路線往南，步行時會正對陽光，觀賞景色時也會逆光。向北走的路線不僅不會逆光，也與地圖同方向，較容易找路。從清水寺步行至八坂神社，出神社的西側後在♀祇園搭乘巴士前往各地，或造訪知恩院後直接穿到北邊，從地鐵東山站搭乘地鐵東西線也很方便。

前往其他區域的方法

　　越受觀光客青睞的區域，在旺季時道路壅塞的情況就越嚴重，此時可考慮搭乘地鐵或電車前往。

●前往京都站

　　人潮多的時候從祇園周邊前往京都站的方法，請參照p.34附地圖的說明。

●前往南禪寺

步行路線：八坂神社到南禪寺步行約需30分。從知恩院西側的神宮道往仁王門通南邊的一條路向東走，較可以安靜散步。這裡的景色不錯，常有機會見到人力車。

巴士路線：從♀五条坂、♀清水道搭58·80·86·202·206·207路到♀祇園下車，再轉乘203路。離南禪寺最近的巴士站是♀東天王町。不過也可以搭202·206路等巴士，在♀東山三条轉乘地鐵東西線，蹴上站距離南禪寺很近（巴士、地鐵的搭乘票券請看P.173）。

位於八坂塔南側的八坂庚申堂

交通往返建議

　　人潮多的觀光旺季可參考下列方式前往目的地。①搭乘地鐵烏丸線至五条站（220日圓），再步行到清水寺（約30分）。②從地鐵烏丸線的四条站（♀四条烏丸）搭乘巴士207路。③若見上車不多可以從京都站搭乘計程車到♀五条坂，車資1000日圓以內。

活動&祭典

1月3日：花牌對戰（八坂神社）

3月底～4月底：東本願寺花燈路（東本願寺）

7月17日：祇園祭山鉾巡行（八坂神社）

8月7～10日：京都·五条坂陶器祭（五条坂）

9月15～17日：青龍會（清水寺、春天也會舉行）

12月31～1日凌晨：白朮祭（八坂神社）

清水寺～八坂神社

TEKU TEKU COLUMN

清水寺祈福景點
音羽瀑布

　　清水寺的名稱來自這個瀑布，瀑布集結遠古時代丹波山地降雨蓄積的地下水與音羽山的雨水，流瀉而下。共有三個小瀑布，自古以來便被尊為「黃金水」、「延命水」，每天都有許多人為了淨身、祈求願望實現來訪。寺方至今仍遵循開山祖師行叡居士與延鎮上人留下的傳統，在瀑布舉行淨身修行的儀式。

掌握區域的重點

享受在石板綿延的東山小道上散步的樂趣

從清水寺往北邊的知恩院走，經產寧坂、二年坂、一年坂、寧寧之道，一路上皆為石階和石板路。沿途都是景觀維護完善的區域，已被列入傳統建築物群保存地區。天氣晴朗時和雨天各有一番風情，是很適合散步的道路。這一帶在京都算是觀光客較多的區域，但只要轉進小巷弄就可感受閒靜的氛圍。這條路線的精采無法一語道盡，建議可以多保留一些時間，來回多走幾趟。

ⓐ 八坂通

八坂通也是筆墨難以形容的一條路，沿著東大路一路走上來的景致極佳。從東大路通爬上坡道馬上就可見到八坂塔，坡道途中有許多觀光客以這座塔為背景拍照。道路兩側並排的商店氣氛極佳。若從產寧坂走下來，可以在往下走時回頭觀賞後方的景色。

八坂塔旁西側可看到「黑貓京都導覽服務處」

（下圖），除了可寄送宅急便，也有廁所與手機充電服務。

黑貓宅急便經營的導覽服務處

散步小提示

八坂塔內部支撐整個塔的心柱（圖）與本尊五智如來像都開放參拜。

ⓑ 五条坂

五条坂與清水新道（茶碗坂）不同，途中有寬廣的停車場，因此大型觀光巴士與汽車往來頻繁。但在與清水坂交會後，就可感受到名符其實的清水寺參道風情。不僅伴手禮店並排林立，路上也擠滿了來往的觀光客。走到店鋪

的盡頭，赫然發現仁王門就在正前方，後方便是清水寺。雖然一路上很熱鬧，但走到此地看見清水寺，又讓人再度真切地感受到自己現在「正在京都」。

ⓒ 清水新道

從東大通的Ⓟ五条坂往清水寺方向登上坡道後，道路一分為二，右邊的道路為清水新道，有許多販售清水燒等陶瓷器的店家，也被稱為茶碗坂。這條路車輛較五条坂少，比較好走。

F 寧寧之道

這條路電線桿全部地下化，景觀優美。東側有高台寺公園，寧寧之道途中有「京·洛市ねね」（參照p.41），可在此購物用餐。從高台寺下到「京·

洛市ねね」的石階不長，卻獨具風情。

此外，寧寧之道附近供奉被稱為「東山路邊的觸摸佛」的佛像，圓德院北側有「大黑天」，高台寺西側有「布袋」等，實際觸摸一下有機會得到神明的保佑。

G 石塀小路

這條路也很難完整介紹。寧寧之道途中有一條西向的小路為石塀小路，這裡觀光客可隨意出入的店舖大概只有3～4家，其餘都是日式旅館及日本料理店等並排林立。有一個區域四周立著肩膀高度的石塀與木塀，沿途的建築幾乎都是日式風格，到此可觀賞道地的京都風景。

這條小路往西走到盡頭就是下河原町通，據說是因古代此地有河川流經而得名。以蓋飯聞名的ひさご（參照p.41）也在這條路上。

E 二年坂

據傳完工於大同2（807）年，坡道共有17階，和產寧坂一樣，從石階上俯瞰下來的景色極佳。走下石階後左手邊有一個小小的石碑，上面刻著「竹久夢二寓居遺址」，據說竹久夢二很愛在這條小路散步。

位於二年坂途中的甜食店「かさぎ屋」，店內裝飾著他的畫作，是夢二曾

到訪的「足跡」。

D 產寧坂（三年坂）

這條坡道曾是通往祈求安產的子安塔的參道，因而得名。另外，因為坡道是大同3（808）年完工的，又被稱為三年坂。石階共有46階（其中1階像是後來加上去的，與其他石階有落差），由於過去是坡度很陡的斜坡，曾流傳「若在此跌倒，三年內會死亡」的駭人傳聞。

據說為了破除魔咒，坡上出現賣葫蘆的店。時至今日坡道下方還有販售葫蘆的「葫蘆店」。

簡單聰明的巴士搭乘方法

本地圖區域內的主要下車站

◆ 前往清水寺
從♀京都駅前搭206路在♀五条坂下車。
從♀四条大宮、四条烏丸、四条河原町搭207路至♀清水道或♀五条坂下車。

往其他地區的主要乘車站

留意點
到祇園轉乘前往銀閣寺或金閣寺
本地圖區域內沒有直達巴士前往金閣寺，必須在♀祇園（地圖p.34-G）換車。
♀祇園依據目的地的方向來分有3個站牌，下車的站牌不一定會有想要轉乘的巴士，請多加留意。參照p.34。

♀清水道（五条坂）出發
前往京都站：搭乘86・206路前往（♀京都駅前）。
前往三十三間堂：搭乘86・206路前往（♀博物館三十三間堂前）。搭乘207路前往（♀東山七条）。

♀清水道（五条坂）出發
前往四条河原町：搭乘80・207路前往（♀四条河原町）。
前往金閣寺：沒有直達巴士前往（♀金閣寺道）。搭乘80・86・臨・202・206・207路，在♀祇園轉乘12路。

♀五条坂（清水道）出發
前往銀閣寺：沒有直達巴士前往（♀銀閣寺道）搭乘58・80・86・臨・202・206・207路，在♀祇園轉乘203路。
前往南禪寺：沒有直達巴士前往（♀東天王町）。搭乘58・80・86・臨・202・206・207路，在♀祇園轉乘203路。
前往平安神宮：搭乘86路前往（♀岡崎公園 美術館・平安神宮前）。搭乘202・206路前往（♀東山二条・岡崎公園口）。

前往清水寺的下車站牌
搭乘從京都站前發車的206路至♀五条坂下車即可。

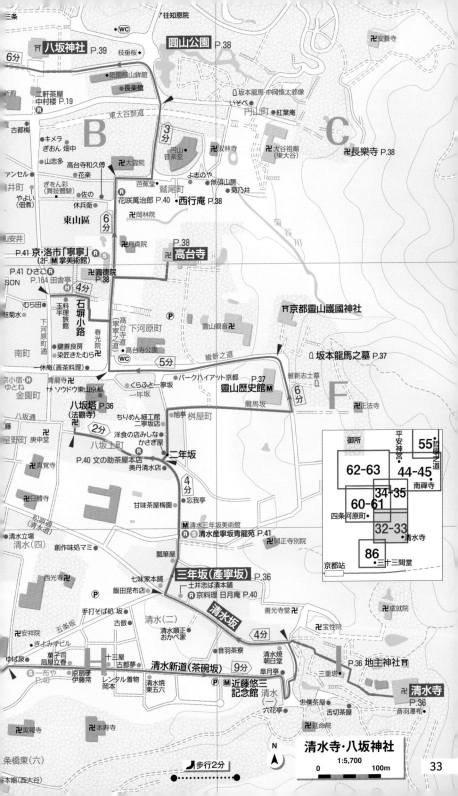

清水寺・八坂神社

簡單聰明的巴士搭乘方法

本地圖區域內的主要下車站

◆ 前往八坂神社・祇園
從 🚏京都駅前搭206、臨路在 🚏祇園下車。

往其他地區的主要乘車站

留意點
車多時的建議

🚏祇園附近的道路常有壅塞的情況，尤其是觀光旺季的午後，從這一帶搭乘巴士前往京都站需花費較多時間。建議可以穿越白川沿岸或古川商店街慢慢散步到地鐵東山站，或搭乘與前往京都站方向反向的巴士到 🚏東山三条（東山站出口即到），轉乘地鐵到京都站，這樣通常會比較快。

容易弄錯的 🚏祇園

祇園的巴士站牌依據目的的方向分為3處，請參考下列說明以免弄錯。

🚏祇園出發

⬆ **前往南禪寺**：搭乘203路前往（🚏東天王町）。

⬆ **前往平安神宮**：搭乘86路前往（🚏岡崎公園 美術館・平安神宮前）。搭乘46路前往（🚏岡崎公園・ロームシアター京都・みやこめっせ前）。

⬆ **前往銀閣寺**：搭乘203路前往（🚏銀閣寺道）。

⬆ **前往哲學之道**：搭乘203路前往（🚏東天王町）。

前往祇園・八坂神社的下車站牌
搭乘從京都站前發車的206路在此下車。

🚏祇園出發

⬅ **前往金閣寺**：搭乘12路前往（🚏金閣寺道）。

⬅ **經由四条河原町前往地鐵四条站**：搭乘12・31・46・58・201・203・207路前往（🚏四条烏丸）。

🚏祇園出發

⬇ **前往京都站**：搭乘86・206路前往（🚏京都駅前）。

⬇ **前往三十三間堂**：搭乘86・206路前往（🚏博物館三十三間堂前）。搭乘202・207路前往（🚏東山七条）。

34

知恩院・岡崎公園

1:5,700

0   100m

35

MAP 隨興遊逛

清水寺周邊
きよみずでらしゅうへん

清水寺周邊是京都風貌保存最完整的地區，也是最推薦的一條散步路線。漫步其中便能盡情感受京都風情，旅遊旺季時晚間還會點燈開放參觀。

遊覽順序的小提示

HINT

帶著要遊遍各景點的心情從茶碗坂開始慢慢散步。產寧坂坡度較陡但可看到全景，是攝影的好地點。二年坂較平緩，體力允許的話可以走到八坂塔附近！

安井金比羅宮
金比羅繪馬館 M
炭火燒祇園鹿六 大統院
靈源院
燕樂 グリル新
天ぷら八坂圓堂 P.77
六道珍皇寺
東山區總合庁舎
民宿六波羅屋
東山消防署

前往此地的方法
從JR京都站搭乘206路5分後在♀五条坂下車

東大路通
總合
♀五条坂
START
森田松華堂（茶具）
五条坂
藤平陶芸 P.40
東山五条 　往大津
往五条大橋
往大津

---

01 參觀30分
大推薦！

清水寺 〈世界遺產〉
きよみずでら

778（寶龜9）年延鎮上人一路探訪找到音羽瀑布，在瀑布上方供奉了一座觀音像，後來又安置了一座十一面千手觀音作為主神，此為清水寺的起源。清水舞台搭建在錦雲溪上，全部使用檜木建造，視野遼闊，景色優美。

♀五条坂 13分／075-551-1234／♀東山區清水1-294／6:00～18:00（視季節而異）／400日圓。春夏秋的部分期間開放夜間特別參觀為400日圓（春18:00～21:00、夏18:30～、秋17:30～，入場皆至20:30）。

---

03 散步5分

產寧坂
さんねいざか

產寧坂為七味家本店旁下坡路段的石階，位於清水坂途中，因為曾是祈求安產的子安觀音參道，因而得名。石階上可以眺望街道景色，下面有家店舖名為胡蘆屋，階梯延續至此，是產寧坂的終點。也被稱為三年坂。

---

02 參觀10分

地主神社
じしゅじんじゃ

出清水舞台左側就是地主神社。歷史悠久，可以追溯至神代。現在的主殿為國家重要文化財，1633（寬永10）年由德川家光重建，主神是大國主命。主殿前的戀愛占卜石據傳從繩文時代留存至今，神社內有各式各樣的戀愛御守。

清水寺 1分／075-541-2097／東山區清水1-317／9:00～17:00自由參觀（清水寺需參觀費）※預計整修至2025年

---

04 參觀15分

八坂塔（法觀寺）
やさかのとう（ほうかんじ）

聖德太子依夢中神明指示建造的五重塔，安置佛舍利後命名為法觀寺。現在的塔由足利義教重建，第一層內部開放參觀。塔高46公尺。茶室、聽鐸庵位於境內，因風起時可聽見五重塔青銅風鈴聲而得名，已被列為國家重要文化財。

清水寺 15分／075-551-2417／♀東山區清水坂八坂上町388／10:00～15:00／不定休／400日圓（小學生以下禁止入場）

清水寺周邊

P.164 田舍亭 🄷 （4分）

石塀小路

HOTEL VMG RESORT KYOTO

京都靈山護國神社 ⛩

靈山觀音 卍

清水寺周邊
1:5,700
0　　　100m
N

坂本龍馬之墓 ⑤

♪步行2分

維新志士墓

建議往北朝石塀小路、高台寺、八坂神社前進，也可往西走到 ♀ 東山安井搭乘巴士

休庵（晉茶料理）

青龍寺 卍

寧寧之道

高台寺公園

高台寺 卍

維新之道

（5分）

WC

GOAL

くらふと一寧坂

ソウドウ東山京都

幕末維新博物館
靈山歷史館 ⑥

パークハイアット京都

龍馬坂

（8分）

正法寺 卍

一年坂

八坂通

八坂塔（法觀寺）④

庚申堂 卍

（2分）

旭亭

四季（舞妓裝束體驗）

洋食の店みしな

據傳坂本龍馬的送葬行列曾行經此地的陡峭坡道

真覺庵 卍

かさぎ屋

二年坂

P.40 文の助茶屋本店

奥丹清水店

從此地看到的八坂塔最美

（4分）

甘味茶屋梅園

忘我亭

日體寺 卍

松原通
（清水道）

如果不小心在這條坡道摔跤的話，記得到坡道旁的葫蘆店買個葫蘆！

清水三年坂美術館 Ⓜ
清水產寧坂青龍苑 P.41 Ⓡ Ⓢ

瓢箪屋

興正寺別院 卍

西光寺 卍

P

產寧坂（三年坂）③

七味家本舖

土井志ば漬本舖

京料理 日月庵 P.40

善光寺堂 卍

清水坂

成就院 卍

安祥院 卍

五條坂

手打そば処 坂

古傚

清水順正おかべ家

寶性院 卍

きよみずビル

菓子司局屋立春

十三屋

古都夢

58カフェ

清水燒朝日堂

（4分）

地主神社 ②

ゆば泉

一布や P.40

京扇子伊藤常

レンタル着物岡本

清水新道（茶碗坂）

清水燒東五六

Ⓜ 近藤悠三記念館

（9分）

皐月亭

三重塔

清水寺 ①

實報寺 卍

本壽寺 卍

親鸞聖人御荼毘所

忠僕茶屋

舌切茶屋

六花亭

延命院 卍

從清水的舞台俯瞰京都市區街道！

清水寺周邊

⑤
參觀5分

坂本龍馬之墓
（京都靈山護國神社）
さかもとりょうまのはか
（きょうとりょうぜんごこくじんじゃ）

東山靈山斜坡上整片「舊靈山官修墳墓」中有坂本龍馬之墓。

清水寺 🚶16分／
♪075-561-7124／♀東山區清閑寺靈山町1／🕐9:00～17:00／💴300日圓

⑥
參觀30分

幕末維新博物館
靈山歷史館
りょうぜんれきしかん

全日本第一個以幕末維新時期為主題的綜合歷史博物館。收藏坂本龍馬、西鄉隆盛為首的討伐軍志士、新選組等幕府方面的資料5000件，常態展示100件左右。必看「斬龍馬之刀」與土方歲三愛刀「大和守源秀國」。設有3D影像、PC猜謎等設施，可以快樂學習參觀。

清水寺 🚶14分／
♪075-531-3773／♀東山區清閑寺靈山町1／🕐10:00～17:30（入館至17:00，黃金週、暑假、春假為9:00～18:30）／🚫週一（逢假日則翌日休）、過年期間／💴900日圓

高台寺
こうだいじ

地圖 p.33-B
清水寺🚶15分

　　正式名稱為高台壽聖禪寺，是1605（慶長10）年北政所寧寧為豐臣秀吉興建。現在保留下來的有祭祀豐臣秀吉與北政所寧寧的靈屋、開山堂、茶室傘亭與時雨亭（皆為重要文化財）等。小堀遠州打造的庭園為國家指定史跡名勝。

- 📞 075-561-9966
- 📍 東山区高台寺下河原町526
- 🕐 9:00～17:30
- 💴 600日圓
- * 夜間有特別參觀（3月上旬～5月上旬、8月1日～18日、10月下旬～12月上旬）

圓德院
えんとくいん

地圖 p.33-E
清水寺🚶15分，♀東山安井🚶5分

　　豐臣秀吉死後，其妻北政所寧寧在此度過19年的餘生。北庭為國家名勝，長谷川等伯繪於桐紋拉門上的畫作（重要文化財）非常值得一看。據傳境內的三面大黑天尊天為豐臣秀吉日日供奉的出人頭地守護神。

- 📞 075-525-0101
- 📍 東山区高台寺下河原町530
- 🕐 10:00～17:30（入場至17:00）
- 💴 500日圓，與高台寺的共通券為900日圓
- * 夜間點燈到21:30為止（3月上旬～5月上旬、10月下旬～12月上旬）

POINT

鴨隊長導覽／由於電線桿地下化，寧寧之道顯得特別有氣氛，很適合散步。部分路段留存的土牆也獨具風情。

西行庵
さいぎょうあん

地圖 p.33-B
清水寺🚶17分，八坂神社🚶5分

　　據傳為平安時代的歌人，西行法師在此結廬為庵的遺址，西行堂、主屋、茶室皆如庵總稱為西行庵。每年春秋的西行忌，小文忌時，都會在皆如庵舉行供養茶會。

- 📞 075-561-2754
- 📍 東山区鷲尾町524（圓山音樂館南邊）
- 🕐 10:00～17:00
- 🈺 不定休
- 💴 點茶與參觀1名3000日圓。早茶為奉獻金10000日圓～。兩者皆須2名以上才可預約

長樂寺
ちょうらくじ

地圖 p.33-C
清水寺🚶25分，八坂神社🚶10分

　　805（延曆24）年桓武天皇下令奉最澄為開山祖師建造。此處為平清盛之女，也就是安德天皇之母，建禮門院出家為平氏一族祈福的史跡名勝。寺內收藏以安德天皇的衣服縫製的旗子，始祖一遍上人像與布袋尊像千萬不可錯過。每月第2週日會舉辦抄經會。

- 📞 075-561-0589
- 📍 東山区日圓山町626（圓山公園東南後方）
- 🕐 9:00～17:00
- 🈺 週四
- 💴 500日圓。4月1日～5月10日與10月20日～11月30日的特別參觀期間為650日圓。此期間無休。

圓山公園
まるやまこうえん

地圖 p.33-B
清水寺🚶25分，♀祇園🚶3分

　　鄰接八坂神社、知恩院的閑靜池泉迴遊式庭園，以賞櫻勝地聞名，還可觀賞夜櫻。其中開得特別美麗的枝垂櫻被稱為祇園枝垂櫻，擁有

許多粉絲。公園後方立著坂本龍馬與中岡慎太郎的銅像。

📞 075-643-5405（南部みどり管理）、櫻花洽詢處為075-561-1350【（公財）京都市都市綠化協會】 📍 東山区円山町 ＊園內自由參觀

八坂神社
やさかじんじゃ

地圖 p.33-B
清水寺🥾20分，♀祇園🥾1分

據傳創建於656（齊明天皇2）年，但至今未有定論。供奉素戔嗚尊，因明治時代的神佛分離政策改名為八坂神社。祇園祭與除夕夜舉行的白朮祭最廣為人知，暱稱為「祇園さん」。7月舉行的祇園祭是八坂神社最著名的祭典。

📞 075-561-6155
📍 東山区祇園町北側625
🕐 24小時皆可自由參拜　＊自由參觀

知恩院
ちおんいん

地圖 p.35-I
清水寺🥾25分，♀知恩院前🥾5分

在法然上人的傳教據點興建的淨土宗總寺，高約24m的正門是世界規模最大的木造門。現在的正殿是1639（寬永16）年德川家光建造，有「忘記帶走的傘」、「從紙門上飛走的麻雀」等七個不可思議的傳說。

📞 075-531-2111／541-5142
📍 東山区林下町400
🕐 9:00～16:30（入場至16:00）
💴 友禪苑300日圓、方丈庭園400日圓、共通券500日圓　＊自由參觀

青蓮院
しょうれんいん

地圖 p.35-F
清水寺🥾40分，地鐵東山站🥾3分

相阿彌設計的庭園與據說是小堀遠州設計的霧島之庭很有名，還可看到豐臣秀吉捐獻的洗手盆。

📞 075-561-2345
📍 東山区粟田口三条坊町
🕐 9:00～17:00（入場至16:30）　💴 500日圓
＊春秋有夜間特別參觀與夜間點燈。3月中旬花燈路、4月下旬～5月上旬、10月下旬～12月上旬的18:00～22:00（入場至21:30）。800日圓。

POINT 鴨隊長導覽／走在頭頂上枝葉密布的安靜神宮道上，看見楠木時青蓮院就到了。

TEKU TEKU COLUMN

高台寺、北政所寧寧與豐臣秀吉

高台寺是北政所寧寧為了弔念豐臣秀吉興建的禪寺，收藏品中有重要文化財「豐臣秀吉像」、「墨書豐臣秀吉消息」等，與豐臣秀吉有關係的眾多文物。與北政所寧寧有關的則有信紙盒、餐具類等物品。從建寺當時一直保存下來的靈屋中，展示著豐臣秀吉與北政所寧寧的座像，寧寧像下方就是其墓地。北政所寧寧在圓德院度過餘生，其外甥木下利房曾以此地為其在京都時的居所。

 購物&美食

清水寺周邊／日式雜貨

一布や
いっぷや

地圖 p.33-H
🚏五条坂 🚶5分

　位於茶碗坂的和服小物雜貨店，和服布料縫製的拼接手提包與日式手工藝品一應俱全。該店使用易於清理的聚酯纖維和服布料，從拼接到縫製做工都非常細膩。

📞 075-532-2484
📍 東山区五条橋東6-540-16
🕙 10:00～17:00
🈺 無休
💴 餐墊600日圓、用藥手冊收納包1320日圓、圓形束口包660日圓

清水寺周邊／京料理

京料理 日月庵
きょうりょうり にちげつあん

地圖 p.33-H
清水寺 🚶5分

　餐廳位於熱鬧的清水寺參道途中。圖為推薦的日月懷石料理，每個月都會更換菜色。從前菜開始，陸續端上生魚片、溫物、烤物等。其他餐點如音羽御膳2100日圓、清水御膳2625日圓等也很值得一嘗。

📞 075-561-0077
📍 東山区清水2-232
🕙 11:00～21:30
　（20:30LO）
🈺 無休
💴 日月懷石3300日圓～

五条坂周邊／陶藝

藤平陶芸
ふじひらとうげい

地圖 p.32-G
🚏五条坂 🚶1分

　五条坂一帶集結許多販售陶瓷器的商店與工房。這邊從歷史角度來看，也算是京都燒的根據地，還留有藤平陶藝的登窯。可以在此嘗試著色體驗&捏陶成型體驗4300日圓～等方案。

📞 075-561-3979
📍 東山区五条橋東6丁目503
🕙 10:00～16:00（體驗）
🈺 週日、假日、黃金週、盂蘭盆節、過年
💴 著色體驗2100日圓～

高台寺周邊／會席、懷石料理

花咲 萬治郎
はなさき まんじろう

地圖 p.33-B
高台寺 🚶2分

　本店位於祇園的京都料理老店，此為花咲（P.78）的高台寺店。中午的迷你會席料理「寧寧御膳」4400日圓可品嘗

到用麩做的麵條、豆皮、蝦芋和水菜等瀧澤馬琴在作品中大為讚賞的京都食材。除此之外還可享用午間懷石料理6050日圓～。還有麩麵點心2200日圓等品項。

📞 075-551-2900
📍 東山区高台寺北門前通下河原東入ル鷲尾町518
🕙 11:30～14:30LO、17:30～21:00LO
🈺 不定休
💴 寧寧御膳4400日圓

二年坂周邊／日式喫茶

文の助茶屋本店
ぶんのすけちゃやほんてん

地圖 p.33-E
清水寺 🚶15分

　位於八坂塔旁，店內擺滿了明治時代的立鐘等復古民生用品與繪馬等。

📞 075-561-1972
📍 東山区下河原通東入ル八坂上町373
🕙 10:30～16:30LO
🈺 不定休（過年、假日、春秋季無休）
💴 蕨餅＋抹茶935日圓

ひさご

地圖 p.33-E
清水寺 🚶15分

　近八坂神社，擁有約70年歷史的老店。供應蕎麥麵、烏龍麵等20多種菜色，最受歡迎的是親子丼，選用丹波土雞，滋味豐富。切絲的豆皮蕎麥麵630日圓。

　觀光旺季時午餐時段人特別多，最好儘可能避開這個時段。

☎ 075-561-2109
📍 東山区下河原町484
🕐 11:30～19:30（19:00LO）
休 週一、五
　（逢假日則翌日休）
¥ 親子丼1060日圓

いもぼう平野家本店
いもぼうひらのやほんてん

地圖 p.35-H
知恩院 🚶1分

　芋棒料理的老店，新島八重也曾來此用餐，蝦芋與煮到入味的鱈魚乾是絕配。

☎ 075-561-1603
📍 日圓山公園内知恩院南門前
🕐 11:00～20:00LO
休 無休
¥ 芋棒御膳2750日圓～
＊ 參照P.71

清水産寧坂青龍苑
きよみずさんねいざか せいりゅうえん

地圖 p.33-H
清水寺 🚶6分

　餐飲店等8店鋪集中於一區，除了京都風味的餐飲店與伴手禮店，還有別具風情的草庵茶室與日本庭園。

よーじや清水産寧坂店
よーじやきよみずさんねんざかてん

販售下圖的吸油面紙（1包20張390日圓）等美妝用品的人氣店鋪。

☎ 075-532-5757
🕐 9:15～18:00（視季節變動）　休 無休
＊ http://www.yojiya.co.jp/

香舖 松栄堂
こうほ しょうえいどう

圖為產寧坂店特有的「ときの香」660日圓～，花色等可能會有所變更。

☎ 075-532-5590
🕐 10:00～18:00
休 無休

京・洛市「ねね」
きょう　らくいちねね

地圖 p.33-B
清水寺 🚶15分

　位於石坂路綿延不絕的「寧寧之道」上，一棟建築中聚集15間有個性的店鋪。

高台寺羽柴
こうだいじはしば

豐臣秀吉的軍中便當（需預約）售價3520日圓，將豐臣秀吉想出來的菜色加以變化。還有使用店家自製生豆皮的寧寧豆皮御膳2200日圓等。

☎ 075-531-0666
🕐 11:00～15:00LO，高台寺夜間點燈期間為11:00～20:00LO
休 10月6日

東山八百伊 高台寺店
ひがしやまやおい こうだいじてん

嚴選許多使用京都蔬菜的商品，如代表性的無添加「千枚漬」與受歡迎的「懷石蘿蔔乾」。

☎ 075-525-0801
🕐 11:00～17:00
休 週二

平安神宮～南禪寺

區域的魅力度

觀光客人氣指數
★★★★
街道散步氣氛
★★★

國寶：
南禪寺／方丈、龜山
天皇宸翰禪林寺御起
願文案，永觀堂／絹
本著色山越阿彌陀
圖、金銅蓮花文磬，
金地院／紙本墨畫溪
陰小菜圖、絹本秋景
冬景山水圖

標準遊逛時間：3小時
（平安神宮～無鄰菴～
南禪寺～永觀堂）

春天櫻花盛開與秋天紅葉季節特別受歡迎的超人氣景點

春季～初夏行駛的十石舟

岡崎公園以平安神宮為中心，美術館、動物園、圖書館聚集於此，是一大型文化區。這個地區除了平安神宮的神苑，另有借景東山的無鄰菴、擁有枯山水庭園的南禪寺、紅葉頗負盛名的永觀堂等，可享受觀賞庭園的樂趣。

賞花季節

4月上旬：櫻花（平安神宮、南禪寺、疏水道沿岸）
6月下旬～9月上旬：睡蓮（平安神宮）
11月下旬～12月上旬：紅葉（南禪寺、永觀堂）

 HINT

前往這個區域的方法

目的地	出發地點	巴士路線（地鐵）	下車站牌（車站）
平安神宮・京都傳統產業交流館・京都國立近代美術館・京都市美術館・無鄰菴	京都站（地鐵烏丸線）	地鐵烏丸・東西線（約15分）	東山站
	京都站烏丸口（♀京都駅前）	🚌5（約26～31分）	♀岡崎公園 美術館・平安神宮前
	清水寺（♀五条坂）	🚌86（約17分）	♀岡崎公園 美術館・平安神宮前
	祇園（♀祇園）	🚌46・86（約8分）	♀岡崎公園 美術館・平安神宮前
	銀閣寺（♀銀閣寺道）	🚌5・32（約9～14分）	♀岡崎公園動物園前
南禪寺・琵琶湖疏水紀念館・野村美術館・永觀堂	京都站（地鐵烏丸線）	地鐵烏丸・東西線（約17分）	蹴上站
	京都站烏丸口（♀京都駅前）	🚌5（約26～35分）	♀南禪寺・永観堂道（5）
	祇園（♀祇園）	🚌203（約12～14分）	♀東天王町
	銀閣寺（♀銀閣寺道）	🚌5・32・203・204（約6分）	♀東天王町

【活動&祭典】2月3日：節分祭（平安神宮）／4月1～15日：觀櫻茶會（平安神宮）／6月2～3日：京都薪能（平安神宮）／10月22日：時代祭（平安神宮）

遊覽順序的小提示

這個區域若僅鎖定少數景點，也可搭配清水寺或銀閣寺的行程規劃步行路線。從平安神宮出發，一般都會往無鄰菴、南禪寺、永觀堂方向步行。京都市美術館周邊與疏水道沿岸有許多長椅，在此小憩一番再繼續散步也是不錯的選擇。較不為人知的休息地點是kokoka京都市國際交流會館，裡面有咖啡廳與餐廳。

前往其他區域的方法

●前往銀閣寺

步行路線：從永觀堂步行約40分，哲學之道是很舒適的散步路線，途中也有咖啡廳與茶店等。

巴士路線：從♀岡崎公園動物園前搭乘5‧32路，從♀南禪寺‧永觀堂搭乘5路，從♀東天王町搭乘5‧32‧204路，請參照p.45附地圖的說明。

●前往八坂神社

步行路線：p.26介紹的八坂神社～平安神宮路線反過來走即可。

●前往清水寺

步行路線：p.26掌握區域的重點所介紹的路線反過來走即可。

巴士路線：p.26介紹的巴士路線反向搭乘即可。202‧206路的乘車處在♀東山二条‧岡崎公園口。

交通往返建議

由於有地鐵東西線（烏丸線在烏丸御池站換乘）可到，非常方便。費用從京都站到東山站、蹴上站都是260日圓，雖然比搭乘巴士貴了30日圓，但不用擔心時間與壅塞問題，可輕鬆抵達。若選擇在東山區的清水寺～銀閣寺一帶散步，回程時可用同樣的方式搭乘地鐵回京都站。

比較容易攔到計程車的地點

平安神宮前的冷泉通、♀岡崎公園 美術館‧平安神宮前、ロームシアター京都與對面的みやこめっせ前、南禪寺的中門旁，都有候客的計程車。這一帶有許多計程車往來，不會有搭不到的情況。從平安神宮一帶到京都站計程車車資約為1500日圓。

觀賞&遊逛

平安神宮
へいあんじんぐう

地圖p.44-A
地鐵東山站🚶12分，
♀岡崎公園 美術館‧平安神宮前🚶3分

　　平安神宮建於平安遷都1100年的明治28年，供奉開創平安京的桓武天皇與平安京最後一任的孝明天皇。大極殿、應天門、蒼龍樓、白虎樓等是以平安京的正廳、朝堂院的8分之5大小為雛形建造。列為國家指定名勝的神苑分為東、中、西、南4區，可觀賞四季各異的花草與景色。圖為屋頂鋪設碧綠屋瓦、兩層樓高的蒼龍樓。

📞 075-761-0221
📍 左京区岡崎西天王町
🕐 6:00～18:00。2月15日～3月14日與10月到17:30為止，11月～2月14日到17:00為止。
🆓 自由參觀
💴 神苑參觀600日圓（神苑於6月上旬其中1日與9月19日免費公開）

POINT

鴨隊長導覽／建議可從東山站沿白川沿岸步行，河中有鴨鳥戲水，春季櫻花相當美麗。

黑谷
金戒光明寺 P.54

往百萬遍
熊野神社前

本家八ツ橋西尾老舗
甘楽花子
丸太町通
熊野神社前
聖護院八ツ橋

京都ハンディ
クラフトセンター
御辰稲荷神社
岡崎入江町
京都聖マリア教会

東本願寺岡崎別院
岡崎神社
ホテルオークラ京都岡崎別邸
P.165 平安之森京都酒店

錦林小

左京税務署

東太町
東山
丸太町

武道センター
西神苑
本殿
中神苑

守り花
岡崎道
岡崎北御所町

岡崎局
洛々
東天王町
岡崎中町

聖護院山王町

スフレ＆
カフェローナ
茶寮 P.48
六盛 P.48
徳成橋

武徳殿

庭園入口
白虎楼
庭園入口

平安神宮 P.43

太極殿
蒼龍楼

南神苑

泰平閣
東神苑

グリル小宝
阿国楼
あやの小路
六方庵

岡崎天王町

B
左京区

GOAL 応天門
平安神宮会館

岡崎南御所町

大安（漬物）
岡北
山元麺蔵

滿願寺
京都近代化的發祥地，也是
美術館等聚集的文化區

南禅寺・永観堂道

川端署

冷泉橋
冷泉通

きあんなな治郎

WC

岡崎徳成町

京ローム
シアター

蔦屋書店
スターバックスコーヒー

京都市京セラ美術館別館

岡崎公園

岡崎最勝寺町

権太呂
岡崎法勝寺町
P.165 京都 白河院

岡崎法勝寺町

東大路通

岡崎徳成町

東山二条・
岡崎公園口

M 細見美術館

二条通
だる満

岡崎公園動物園前

京都市京瓷
美術館 P.46

10分
動物園正門前

南禅寺草川町

西福寺

東山二条

岡崎公園 ロームシアター京都・
みやこめっせ前

府立図書館

大鳥居

岡崎公園・美術館・
平安神宮前

京都市動物園

P.47 琵琶湖疏水紀念館

15分

B1 京都傳統産業博物館 P.46

みやこめっせ
聞名寺

京都國立近代美術館 P.46

M

慶流橋

琵琶湖疏水

広道橋
仁王門通

十石舟乗船場

無鄰菴 P.46

五右ヱ門茶屋

八千代

妙傳寺

東山仁王門

仁王門

本妙寺

據説摸了境内的「岩神」再
輕觸有病痛的部位就能疼癒

岡崎円勝寺町

茶乃ト瑞庵

京都観世会館

京都
KYOTO
TRAVELER'S
INN P.165

ラジオ

P.48 瓢亭

杉の子

南禅寺前

對龍山

金地院

並河靖之七寶紀念館

東山
仁王寺町
M

京都文教短大
小・中・高

満足稲荷神社

石泉院町

神宮道

長岡京小倉山荘

茶菓子平安殿
堀池町
定法寺町

kokoka京都市国際
交流会館

P.49 うつわや あ花音

京都 懐石美濃吉本店
竹茂楼 P.48
京の宿 せいしん庵
P.165

菊水

京都

東山

東山一条

マクドナルド

東山

おおくすの庭

三条広道口

市営地下鉄東西線

三条広道

蹴上

往三条京阪

古川町商店街

梅宮町

京都華頂大

パビリオンコート
ヤマナカカフェ

良恩寺
佛光寺

京都威斯
汀都酒店 P.165

START

往祇園

ファミリーマート

潤浄院町

粟田口鍛治町

粟田口華頂町

光照院

京都華頂大
女子中・高

蓮月茶や
良正院

粟田口三条坊町

P.39
青蓮院

粟田神社

入信院 保徳院

信重院

華頂道

黒門

P.39

知恩院

泉泰院

粟田口鳥居町

神社前的小路為舊東海道，自
古以來就以旅行安全之神廣為
人知

平安神宮・南禪寺

N

1:8,900

0   200m

步行4分

山科区

蹴上浄水

HINT
簡單聰明的巴士搭乘方法

往其他地區的主要乘車站

岡崎公園 ロームシアター京都・
みやこめっせ前出發
前往四条河原町：搭乘32、46路前
往（四条河原町）。

岡崎公園 美術館・平安神宮前出發
前往銀閣寺：搭乘5路前往（銀
閣寺道）。
前往哲學之道：搭乘5路前往（東天王町）。
前往南禪寺：搭乘5路前往（南
禪寺・永観堂道）。也可以步行前
往（步行10分）。

♀東天王町出發

前往京都站：搭乘 5 路前往（♀京都駅前）。

前往四条河原町：搭乘5路前往（♀四条河原町）。下一班巴士若還有一段時間才會來，也可以去看看32‧203路站牌的時刻表（參照下列內容）。

♀東天王町出發

前往銀閣寺：搭乘32路前往（♀銀閣寺前）。此路線僅單向前往銀閣寺方向，回程並不走這條路。

♀東天王町出發

前往銀閣寺：搭乘5‧203‧204路前往（♀銀閣寺道）。

♀東天王町出發

前往京都站：搭乘5路前往（♀京都駅前）。也可以搭乘32‧203路到四条烏丸、93‧204路到烏丸丸太町下車，轉乘地鐵到京都站。

前往四条河原町：搭乘32‧203路前往（♀四条河原町）。

前往祇園：搭乘203路前往（♀祇園）。

前往金閣寺：搭乘204路前往（♀金閣寺道）。

前往南禪寺
地鐵東西線蹴上站前往南禪寺的道路洋溢閒靜的氣氛，從京都各地前往南禪寺可以考慮搭地鐵。

從南禪寺到各地，可以到位於北側的♀南禪寺‧永観堂道搭車。

♀南禪寺‧永観堂道出發

前往京都站：搭乘5路前往（♀京都駅前）。

前往四条河原町：搭乘5路前往（♀四条河原町）。

前往銀閣寺：搭乘5路前往（♀銀閣寺道）。

♀岡崎公園 美術館‧平安神宮前出發

前往京都站：搭乘 5 路前往（♀京都駅前）。

前往四条河原町：搭乘 5‧46路前往（♀四条河原町）。

前往祇園：搭乘46路前往（♀祇園）。

並河靖之七寶紀念館
なみかわやすゆきしっぽうきねんかん

地圖 p.44-D
地鐵東山站 🚶 3分

活躍於明治大正時期的琺瑯創作家兼皇室工藝員・並河靖之的舊宅。除了把原有的工作坊當成展示室介紹他的作品，窯與第7代的小川治兵衛運用琵琶湖流水打造的庭園、明治27年秋季完工的京都町家建築構造的主屋部分區域也開放參觀。

- 📞 075-752-3277
- 📍 東山區三条通北裏白川筋東入ル堀池町388
- 🕐 10:00～16:30（入館至16:00）
- 🚫 週一、四（逢假日則翌日休）、夏冬季有休館、過年期間　💴 800日圓（入館費）

京都國立近代美術館
きょうとこくりつきんだいびじゅつかん

地圖 p.44-A
📍 岡崎公園 美術館・平安神宮前 🚶 1分

佇立於大鳥居西側的疏水道沿岸，收藏、展示眾多日本近代與現代美術作品，除了畫作外也有許多如河井寬次郎的陶藝品等工藝品。也會舉辦特展。

- 📞 075-761-4111
- 📍 左京區岡崎日圓勝寺町
- 🕐 9:30～17:00（入館至16:30）、週五六～20:00（入館至19:30）
- 🚫 週一（逢假日則翌日休）、過年期間
- 💴 視展覽而異

京都市京瓷美術館
きょうとしきょうせらびじゅつかん

地圖 p.44-A
📍 岡崎公園 美術館・平安神宮前 🚶 1分

收藏品與京都相關的美術工藝品眾多，除了舉辦大型的外國美術展外，也有許多公開募

集的展覽。

- 📞 075-771-4334
- 📍 左京區岡崎日圓勝寺町124
- 🕐 10:00～18:00（入館至17:30）
- 🚫 週一（逢假日則開館）、過年期間
- 💴 730日圓

京都傳統產業博物館
きょうとでんとうさんぎょうみゅーじあむ

地圖 p.44-A
📍 岡崎公園 ロームシアター京都・みやこめっせ前 🚶 1分

傳承、發揚京都傳統工藝的重要場所，非常受到矚目。從代表京都的京燒、清水燒、京友禪到日式蠟燭、釣竿等共計74種共500件工藝品齊聚一堂。舉辦各種活動如職人實際製作、體驗教室、藝廊展示等，可於官網確認。

- 📞 075-762-2670
- 📍 左京區岡崎成勝寺9番地1京都市勧業館「みやこめっせ」B1
- 🕐 9:00～17:00（入館至16:30）
- 🚫 無休（夏季設施檢查日、過年期間）　💴 免費

無鄰菴
むりんあん

地圖 p.44-E
📍 岡崎公園 美術館・平安神宮前 🚶 9分

由山縣有朋自行設計、監造的別墅，庭園為池泉迴遊式庭園，以東山為背景，流水引自琵琶湖疏水道。西式建築2樓的房間，就是明治36年山縣有朋與伊藤博文等人在日俄戰爭開戰前夕，決定外交方針的地方。參觀須事先預約。

- 📞 075-771-3909　📍 左京區南禅寺草川町31
- 🕐 9:00～18:00（10～3月為～17:00）
- 🚫 12月29日～31日
- 💴 600日圓（附飲品為1600日圓）

POINT
鴨隊長導覽／聽著蟬鳴（夏）步出無鄰菴前往南禪寺時，建議走南邊的小徑。這條路與北邊的仁王門通不同，相當幽靜。

琵琶湖疏水紀念館
びわこそすいきねんかん

地圖 p.44-E
地鐵蹴上站🚶 7分

　京都的自來水是透過琵琶湖疏水道引入。琵琶湖疏水紀念館展示了疏水道事業的歷史與可一窺參與工程者辛勞的史料，如疏水道工程設計圖、疏水道相關書畫、重現疏水道完工後船運興起船隻上下船閘的模型等。

📞 075-752-2530
📍 左京区南禅寺草川町17
🕐 9:00～17:00（入館至16:30）
🈺 週一（逢假日則翌平日休）、過年期間
💴 免費

南禅寺
なんぜんじ

地圖 p.45-F
地鐵蹴上站🚶10分、♀南禅寺・永観堂道🚶10分、♀東天王町🚶15分

　現在的建築雖然是桃山時代後復原，但南禅寺不愧是名列五山上位的大寺，正門與豐臣秀吉捐獻建造的方丈室等建築物半數以上都被列為國寶、重要文化財。位在方丈室前的枯山水庭園由江戶時代的小堀遠州所打造，與小方丈室的狩野派紙拉門畫都令人嘆為觀止。此外，位於境內琵琶湖疏水道流經的水路閣，以及再過去的南禅院也很值得一看。

📞 075-771-0365　📍 左京区南禅寺福地町
🕐 8:40～17:00（12～2月為～16:30）
　 入場到結束20分前
💴 方丈600日圓、三門600日圓。南禅院400日圓
＊ 自由參觀

POINT 鴨隊長導覽／從蹴上站1號出口出來，穿過紅磚隧道後可見到金地院前的小徑，氣氛閑靜。走過小徑後正門望出去的景色也美不勝收。

野村美術館
のむらびじゅつかん

地圖 p.45-C
♀南禅寺・永観堂道🚶 5分

　館內展示了野村財團第2代野村德七所收集的美術工藝品。除了重要文化財「佐竹本三十六歌仙切」、「千鳥蒔繪面箱」外，還有以香爐、茶壺、茶杯等茶具為主搭配能劇戲服，能劇面具等共計1700件的收藏、展示品。

📞 075-751-0374　📍 左京区南禅寺下河原町61
🕐 10:00～16:30（入館至16:00）
🈺 週一（逢假日則翌日休）　💴 800日圓
＊ 僅3月上旬～6月上旬與9月上旬～12月上旬開館

POINT 鴨隊長導覽／美術館前有條安靜的小路，某些時段會因學生上下學而有些擁擠。附近的野村碧雲莊一帶，住宅林立，別有一番風情。

永觀堂（禪林寺）
えいかんどう（ぜんりんじ）

地圖 p.45-C
地鐵蹴上站🚶15分、♀南禅寺・永観堂道🚶3分、♀東天王町🚶8分

　建於平安時代初期，人們為了表達對永觀律師為貧苦之人免費治病等善行的感謝，稱這裡為「永觀堂」。主神、回眸阿彌陀如來，展現呼喚正在念佛修行的永觀律師的神態，千萬不能錯過。這裡也是觀賞紅葉的著名地點，秋季會有夜間點燈。

📞 075-761-0007　📍 左京区永観堂町48
🕐 9:00～入場至16:00
💴 600日圓（含庭園參觀費）

六盛
ろくせい

地圖p.44-A
♀熊野神社前🚶5分、平安神宮🚶5分

餐廳位於琵琶湖疏水道沿岸，窗邊座位景色極佳。創業於明治32年，從以前到現在都只供應京料理。最為大家熟知的是供應至午間14：00為止的限定便當「手をけ弁当」3300日圓（服務費另計）。事先預約就可享用平安王朝創意料理。用餐需預約，也會舉辦日本料理用餐禮儀教室。

📞 075-751-6171
📍 左京区岡崎西天王町71
🕐 11:30～14:00LO、16:00～21:00（週六日、假日11:30～21:00），皆為20:00LO
❌ 週一（逢假日則翌日休）
💴 手をけ便當3300日圓（服務費另計）、會席料理12100日圓～（服務費另計）

スフレ&カフェコーナー茶庭
すふれあんどかふぇこーなーさてい

地圖p.44-A
♀熊野神社前🚶5分、平安神宮🚶5分

位在京都料理老店「六盛」內的舒芙蕾專賣店，可品嘗道地的法國風味甜點。以草莓等當季口味的舒芙蕾為首，種類多達十幾種以上，還有抹茶、蜂蜜＆椰子等獨創口味。搭配飲料的香草舒芙蕾套餐1320日圓相當受歡迎。

📞 075-751-6171
📍 左京区岡崎西天王町71六盛内1F
🕐 14:00～17:00LO
❌ 週一（逢假日則翌日休）
💴 舒芙蕾825日圓～

河道屋養老
かわみちやようろう

地圖p.189-C
♀熊野神社前🚶5分、平安神宮🚶10分

氣氛優雅的蕎麥麵店。保留原有風貌的主屋2樓有包廂，可在此放鬆好好享用蕎麥麵。推薦的養老鍋，把雞肉、油豆腐包、蝦、生豆皮、蔥、白菜等食材放入清淡的湯頭中，淋上金桔汁，最後加上寬麵就完成了，非常美味。受歡迎的鯡魚蕎麥麵1080日圓。

📞 075-771-7531
📍 左京区聖護院御殿西門前
🕐 11:00～20:00（19:00LO）
❌ 週二 💴 養老鍋3800日圓

瓢亭
ひょうてい

地圖p.44-E
地鐵蹴上站🚶7分

約於450年前創業，原為南禪寺參拜者休息的茶屋，由於位在東海道內側的街道上，江戶來的旅人也在此更換新草鞋。西側的別館供應晨粥4840日圓、松花堂便當6050日圓。

📞 075-771-4116
📍 左京区南禅寺草川町35
🕐 12:00～15:00（13:00LO）17:00～21:30（19:00LO）別館為8:00～11:00（10:00LO）、12:00～16:00（14:30LO）
❌ 本店為週三、別館為週四
💴 懷石料理午間為25300日圓～、晚間為31625日圓～

京懷石美濃吉本店 竹茂楼
きょうかいせきみのきちほんてん たけしげろう

地圖p.44-E
地鐵東山站🚶5分、♀神宮道🚶3分

創業於享保元年，是受到京都所司代認可的京料理老店。可在有質感的茶室風建築中細細品嘗料理，有午間懷石（翠），晚間則有（紅）等。

☎ 075-771-4185
📍 左京区粟田口鳥居町65
🕐 11:30〜14:00LO、17:00
　〜19:30LO、
　週六日、假日為11:30〜
　19:30LO
✖ 無休(不過視維修日有
　不定休)
💰 午間懷石8740日圓〜、
　晚間19800日圓〜

☎ 075-761-2311
📍 左京区南禅寺草川町60
🕐 11:00〜15:30(14:30LO)
　17:00〜21:00(20:00LO)
✖ 不定休
💰 湯豆腐全餐
　花 3300 日圓〜

南禪寺周邊／陶瓷器店

うつわや あ花音
うつわや あかね

地圖 p.44-E
地鐵蹴上站 🚶 3分

　主要販售京都年輕創作家的
手工器皿，由於每個作品都是
獨一無二，從中選購伴手禮或
自己喜歡的器皿也別有一番樂
趣。酒杯1個5500日圓〜，也
有筷架等。還有碗、茶杯等種
類豐富。位置近南禪寺，每年
會舉辦數次特展。

☎ 075-752-4560
📍 左京区南禅寺福地町83-1
🕐 10:30〜17:30
✖ 週一(逢假日則營業)
💰 筷架1個1100日圓〜

南禪寺周邊／豆腐料理

料庭 八千代
りょうてい やちよ

地圖 p.44-E
地鐵蹴上站 🚶 5分

　據說「八千代」原為安土桃
山時代御用的鮮魚批發店。店
家引以為傲的湯豆腐，是用特
製豆腐加上柴魚與昆布製作的
祕方湯頭烹煮而成，味道濃
郁。套餐搭配素食天婦羅與集
結京都、近江好味道的前菜
等。附豆皮料理的「竹」3400
日圓，還有附豆皮、生魚片的
「松」3900日圓。

☎ 075-771-4148
📍 左京区南禅寺福地町34
🕐 11:00〜15:00LO、
　17:00〜19:00LO
✖ 無休
💰 湯豆腐 梅2900 日圓〜

南禪寺周邊／豆腐料理

南禅寺順正
なんぜんじじゅんせい

地圖 p.44-E
地鐵蹴上站 🚶 6分

　擁有風情獨具的順正書院與
大有來頭的庭園。正因湯豆腐
是很簡單純粹的料理，所以店
家非常講究，令人想一嘗順正
特製的湯豆腐。供應湯豆腐全
餐 花與豆皮旬彩6600日圓〜
等。

南禪寺周邊／豆腐料理

奧丹 南禅寺
おくたん なんぜんじ

地圖 p.45-C
南禪寺 🚶 1分

　創業380餘年，深受美食家
認同，是日本歷史最悠久的湯
豆腐料理專賣店。豆腐堅持使
用精選的國產大豆與白川的天
然湧泉製作，店內提供湯豆腐
套餐等，附素食天婦羅、山藥
泥湯、芝麻豆腐、山椒葉味噌
豆腐、白飯、醃漬蔬菜。

☎ 075-771-8709
📍 左京区南禅寺福地町86-30
🕐 11:00〜17:00(16:15LO)、
　視季節有變動
✖ 週四
💰 湯豆腐套餐3300 日圓

平安神宮〜南禪寺

49

銀閣寺～哲學之道

區域的魅力度

觀光客人氣指數
★★★★
街道散步氣氛
★★★★
世界遺產
銀閣寺

國寶：銀閣寺／銀閣、東求堂 泉屋博古館／絹本著色秋野牧牛圖

標準遊逛時間：2小時
（銀閣寺～哲學之道～法然院～大豐神社～熊野若王子神社）

在簡樸文化的象徵・銀閣寺與哲學之道散步

　　銀閣寺是東山一帶很受歡迎的景點，來這裡一定要到哲學之道走走。哲學之道從熊野若子神社附近一直延伸到銀閣寺橋，是長約2km的散步小徑，因哲學家西田幾多郎曾在此散步沉思得名。分布在這條小路沿線上的神社寺院都很有氣氛，像是法然院中以砂堆小山表現清淨之水，令人印象深刻。

法然院的白砂壇

交通往返建議

　　前往銀閣寺的巴士站有 ♀銀閣寺道與離銀閣寺更近的 ♀銀閣寺前兩處。要前往 ♀銀閣寺前，可從與哲學之道並行的鹿谷通，搭乘往北的單行巴士32路，白天每20～30分一班。

前往這個區域的方法

目的地	出發地點	巴士路線	下車站牌
銀閣寺、白沙村莊 橋本關雪紀念館、法然院	京都站烏丸口（♀京都駅前）	🚌5・17・京都巴士18（約25～43分）	♀銀閣寺道
	四条河原町（♀四条河原町）	🚌5・17・32・203（約21～26分）	♀銀閣寺道、32為 ♀銀閣寺前
	祇園 （♀祇園）	🚌203（約18～21分）	♀銀閣寺道
	金閣寺 （♀金閣寺道）	🚌204（約26～38分）	♀銀閣寺道
哲學之道（南側）、熊野若王子神社、大豐神社	京都站 （♀京都駅前）	🚌5（約26～32分）	♀東天王町
	祇園 （♀祇園）	🚌203（約12～14分）	♀東天王町

遊覽順序的小提示

旅客一般會搭乘巴士到銀閣寺，回程沿著哲學之道往南步行，走到南端的熊野若王子神社後再從♀東天王町搭乘巴士前往各地（請參照p.45）。此外，位於哲學之道東側與之平行延伸的法然院前小徑，綠意盎然，風情獨具，從這條小路折返回銀閣寺也是不錯的選擇。

●道路壅塞時

畢竟是有熱門景點銀閣寺的區域，特別是在觀光旺季，白川通附近的道路壅塞，巴士內也擠滿了人。若想從銀閣寺前往京都站等地，建議可以考慮搭乘地鐵。

先從♀銀閣寺道搭乘203路前往♀烏丸今出川，再從這裡轉乘地鐵烏丸線。沒有塞車時，從銀閣寺搭乘計程車到京都站的費用約為2500日圓。

櫻花與雪柳競相爭豔的哲學之道

比較容易攔到計程車的地點

銀閣寺再往前的橋本關雪紀念館對面有計程車乘車處。

活動&祭典

7月25日：鹿谷南瓜供養（安樂寺）
7月25日：寶物除蟲公開會（真如堂）
11月5日～15日：十夜法會（真如堂）

賞花季節

4月上旬：櫻花（哲學之道）
11月下旬～12月上旬：紅葉（橋本關雪紀念館、真如堂）

簡單聰明的巴士搭乘方法

往其他地區的主要乘車站

♀銀閣寺道出發

前往京都站：搭乘17路前往（經由♀河原町丸太町、♀四条河原町抵達♀京都駅前）、搭乘京阪巴士57路前往（經由♀三条京阪前抵達♀京都駅）。搭乘京都巴士18路。

前往北野白梅町站：搭乘203路前往（♀北野白梅町）。要去嵯峨野可由北野白梅町站搭乘嵐山電車較快。

♀銀閣寺道出發

前往金閣寺：搭乘204路前往（♀金閣寺道）

♀銀閣寺道出發

前往京都站：搭乘5路前往（經由♀南禅寺・永観堂道、♀三条京阪前抵達♀京都駅前）

♀銀閣寺前出發

前往京都站：搭乘32路前往（♀四条河原町、♀四条烏丸）

銀閣寺～哲學之道

哲學之道・銀閣寺
1:13,000
0　　　　200m

隨興遊逛

銀閣寺周邊

ぎんかくじしゅうへん

東山山腳下琵琶湖疏水道岸邊的小徑，風情獨具，被選為日本百大特色道路之一。這條綠意盎然的小徑，兩旁的櫻花與紅葉美不勝收，深受人們喜愛。

遊覽順序的小提示

HINT

不僅疏水道沿線，法然院通也能感受當地風情。哲學之道一直延伸至熊野若王子神社，若有餘力可以走到最後。

如何前往此地

從JR京都站搭乘5・17路35分後乘♀銀閣寺道下車

---

02 參觀30分

銀閣寺（慈照寺）　〈世界遺產〉

ぎんかくじ（じしょうじ）

大推薦！

為1482（文明14）年足利義政興建的山莊東山殿。走入銀閣寺圍籬環繞的參道，穿過中門後便可見到以錦鏡池為中心的池泉迴遊式庭園。國寶銀閣（觀音殿）搭配銀沙灘・向月台的砂堆小山，讓人印象深刻。

本堂內有池大雅和與謝蕪村的紙拉門畫，書院則保存了富岡鐵齋的紙拉門畫。在本堂旁的國寶東求堂內的茶室同仁齋是現存最古老的書院建築。

♀銀閣寺道🚶10分／☎075-771-5725／♀左京區銀閣寺町2／🕐8:30～17:00（12月1日～2月底為9:00～16:30）／💴500日圓
＊開放特別參觀時，開放時間、參觀費會變動

---

01 參觀20分

白沙村莊 橋本關雪紀念館

はくさそんそう はしもとかんせつきねんかん

將日本畫家橋本關雪於1914年居住的宅邸，當作紀念館開放民眾參觀。美術館除了展示橋本關雪的作品，另外有從國內外收集的藏品。名列京都市指定名勝的庭園面積約1萬平方公尺，還有畫室、茶室等散布其中。

♀銀閣寺前🚶即到／☎075-751-0446／♀左京區淨土寺石橋町37／🕐10:00～17:00（入場至16:30，有季節性變動）／💴1300日圓。舉行特別展時費用另計

---

03 參觀20分

法然院

ほうねんいん

穿過正門，映入眼簾的是以大片白砂表現清水意象的白砂壇。法然院中有谷崎潤一郎等眾多名人的墓地。堂內平時不開放參觀，每年2次特別開放時，可參觀惠心僧都雕刻的主神阿彌陀如來像、堂本印象繪製的紙拉門畫等。

銀閣寺🚶8分／☎075-771-2420／♀左京區鹿ヶ谷御所／🕐段町30／6:00～16:00，本堂4月1日～7日與11月1日～7日特別開放（僅這時期的春季為9:30～、秋季為9:00～）／💴伽藍內部特別開放800日圓／自由參觀

名為銀閣寺垣的竹圍籬綿延50公尺

浄土院 卍

慈照寺

銀閣寺 02

銀閣寺參道

京つけもの小松

WC

志田

絽寺橋

8分

オク

●銀福

P 銀閣寺觀光駐車場 P.56
おめん R

世織茶屋

銀閣

鏡湖池

春天有櫻花、夏天
有綠葉隧道

よし 風の館
つ竹 P.56

うるしの常三郎

6分

児お家

スベル

哲
学
の
道

弥勒院

児童公園

法
然
院
通

05

工房おくきた

忘我亭

再願

田幾多郎教授
碑在這裡

花さ起

洗心橋

03 法然院

20分

南田町

ポム
Monk●

法然院參道兩側的砂堆
代表水,走完參道據說
可以淨身

處越後

15分

法然院橋

法然院
児童公園

每年7月25日 此
地會舉行「南瓜
供養」,分送煮
好的南瓜給參拜
者享用

桜橋

冷泉天皇桜本陵

04 安樂寺

橋

周邊廣域地圖 P.189

携

♪步行2分

学カフェ

卍 靈鑑寺 P.53

AL

桜谷川

哲學之道南邊處,遊覽大豐神社後朝南禪寺前進。
可以順著虛線走到 ♀ 錦林車庫前搭乘巴士前往

哲學之道
てつがくのみち

哲學之道從銀閣寺延伸到
熊野若王子神社,是琵琶湖
疏水道沿線約2公里的小
徑。因京都大學的哲學家・
西田幾多郎等人曾在此散步
得名。春季關雪盛開時會
形成一條櫻花隧道,夏季可
看到螢火蟲,秋季則有紅葉
妝點。散步途中可見到寫著
西田氏歌詠內容的石碑(鴨
隊長導覽)。

POINT

鴨隊長導覽/西田幾多
郎教授的石碑就在哲學
之道途中,試著沉浸在
哲學家的哲思中也不
錯。

銀
閣
寺
周
邊

配合特別公開時間
參觀文化財

哲學之道附近有平時
不開放參觀的文化財,
可以配合特別公開的時
間安排旅行。銀閣寺的
本堂、東求堂、法然院
的本堂內部在春季與秋
季,安樂寺則是春季、
初夏、秋季部分時期、7
月25日會特別公開。

此外,靈鑑寺(10:
00～16:30)在3月
底~4月上旬會特別開放
參觀,可觀賞如圖中日
光山茶花等豔麗花朵。

安樂寺
あんらくじ

因為後鳥羽上皇的兩位
妃子都在此出家,上皇遷
怒定法然上人的弟子安
樂、住連死罪。安樂寺是
法然上人為了供養兩位弟
子而建造的,一度曾經荒
廢,江戶時代才重建。

銀閣寺🚶10分/♪075-
771-5360/♀ 左京区鹿
ケ谷御所ノ段町21/
🕙10:00~16:00/休僅
4月上旬、5月上旬、5月
下旬~6月上旬、11月、
12月上旬的週六日與7月
25日開放。參觀日需洽詢
/¥500日圓

大豐神社
おおとよじんじゃ

地圖 p.55-F
♀宮ノ前町 ➔5分

藤原淑子在887（仁和3）年為了祈求宇多天皇生病痊癒而下令建造。

垂枝紅梅、山茶花、繡球花盛開的神社境內，有小而美的本殿、拜殿、附屬神社。大豐神社以哲學之道的「鼠之神社」廣為人知，附屬神社的大國社有狛鼠、日吉社有狛猿、愛宕社有狛鳶等坐鎮外，還有獨特的狛蛇。

♪ 075-771-1351
◷ 左京区鹿ケ谷宮ノ前町1　＊自由參觀

熊野若王子神社
くまのにゃくおうじじんじゃ

地圖 p.45-C
♀東天王町 ➔10分、♀宮ノ前町 ➔5分

由來為1160（永曆元）年後白河法皇迎接熊野權現作為禪林寺（永觀堂）的守護神。許多年輕人來此參求學・戀愛之神。以神木竹柏之葉製成的護身符，據說古時人們去紀州熊野三山、伊勢參拜時也會帶在身邊，可讓煩惱「一掃而空」。

♪ 075-771-7420
◷ 左京区若王子町2　＊自由參觀

POINT 鴨隊長導覽／通往神社境內的道路較具有開闊感，但進入神社後出現在眼前的是樹林茂密的小山。爬上旁邊的道路就看到同志社大學創始者新島襄與其妻八重之墓。

泉屋博古館
せんおくはくこかん

地圖 p.55-E
♀宮ノ前町 ➔即到

館藏以東洋藝術工藝品為主的住友家收藏品，其中中國古代青銅器與餐具、酒器占多數，種類繁多，相當引人入勝。

♪ 075-771-6411
◷ 左京区鹿ケ谷下宮ノ前町24
◷ 10:00～17:00（入館至16:30）
🚫 週一（逢假日則翌日平日休），
　 12月～3月中旬，7、8月有變動
💰 800日圓

真如堂
しんにょどう

地圖 p.55-C
♀真如堂前 ➔8分、♀錦林車庫前 ➔8分

創建於984（永觀2）年的天台宗禪寺，正確名稱為真正極樂寺。石板路的後方矗立著重要文化財的本堂。主神為慈覺大師圓仁以日本榧樹雕成的阿彌陀如來。

♪ 075-771-0915
◷ 左京区浄土寺真如町82
◷ 9:00～16:00（入館至15:45）
💰 參觀書院、庭園為500日圓
　 3月的特別開放為1000日圓（附花供曾菓子）
　 ＊自由參觀

黑谷 金戒光明寺
くろだに こんかいこうみょうじ

地圖 p.55-E
♀岡崎道 ➔10分

淨土宗總寺，在京都大家都稱為「黑谷」，同時也是法然上人初次結廬為庵之地。建於高地上如城郭一般的寺院建築，在幕府末期成為京都守護職會津藩的大本營。境內有許多值得一看的地方，如德川秀忠的正室江的供養塔、傳說中熊谷直實掛盔甲的松樹（上方照片），現在的樹已經是第四代了。

♪ 075-771-2204
◷ 左京区黑谷町121　◷ 9:00～16:00
💰 自由奉獻，春秋有特別參觀（收費）

哲學之道・銀閣寺

1:7,400

0　　　100m

周邊廣域地圖 P.189

美食

銀閣寺周邊／烏龍麵

名代おめん 銀閣寺本店
なだいおめん ぎんかくじほんてん

地圖 p.55-B
♀銀閣寺道 🚶10分

這間店的「おめん」來自其故鄉上州伊勢崎。據說是因為群馬縣部分地區的方言將「御麵」唸成おめん。除甜辣的金平牛蒡、芝麻、青蔥與生薑外，請跟當季的藥味蔬菜等8種辛香佐料一起享用。招牌是沾麵おめん。以國產100%小麥自製的麵條滑溜順口，入喉感極佳。湯品使用北海道產昆布及鰹魚，嘗起來滋味深厚。受歡迎的有おめん與天麩羅套餐2100日圓以及鯖魚壽司套餐1950日圓。

📞 075-771-8994
📍 左京区浄土寺石橋町74番地
🕐 11:00～21:00 (20:30LO)
🈚 不定休
💰 名代おめん 1210日圓

銀閣寺周邊／京料理

割烹 かつ竹
かっぽう かつたけ

地圖 p.55-A
♀銀閣寺前 🚶3分

最受歡迎的是「海鰻茶泡飯」1500日圓及「海鰻與京都蔬菜天麩羅」1300日圓等品項，可以盡享京都特色的午餐。將味道淡雅卻富脂肪的星鰻仔細烤製而成的「蒲燒星鰻」1500日圓，以及放上湯葉、螃蟹、水雲、雜魚山椒和酒蒸嫩雞的「五味雜炊」2100日圓也很推薦。晚上的懷石料理5500日圓～要事先預約。

📞 075-752-1189
📍 左京区浄土寺上南田町57-2
🕐 11:30～15:00、
　 17:00～22:00
🈚 第3週一
💰 海鰻茶泡飯 1500日圓

銀閣寺周邊／京料理

白沙村莊 橋本關雪紀念館
はくさそんそう はしもとかんせつきねんかん

地圖 p.55-A
♀銀閣寺前 🚶即到

中午事先預約的話，就可以在館內享用京都料理的同時，欣賞精彩萬分的庭園。就在紀念館旁邊的「お食事どころはしもと」宴席料理「白沙御膳」4000日圓～可以吃到季節無菜單料理（稅、服務費、入館費另計）。

📞 075-221-7321
📍 右京区浄土寺石橋町37
🕐 11:00～16:30LO，此外皆須預約
🈚 無休
💰「白沙御膳」4000日圓～（稅、服務費、入館費另計）

哲學之道周邊／和菓子‧日式喫茶

叶 匠壽庵 京都茶室棟
かのうしょうじゅあん きょうとちゃしつとう

地圖 p.45-C
♀東天王町 🚶10分

最受歡迎的是在立禮式茶席上品嘗抹茶與生和菓子，店內還可享用若王子春秋富餐盒。

📞 075-751-1077
📍 左京区若王子町2-1
🕐 茶席10:00～16:30、用餐11:00～14:30、下午茶10:00～16:10LO、販售點心10:00～17:00
🈚 僅3月下旬～5月中旬、10、11月營業（詳情需洽詢）

四条河原町

祇園

西陣

掌握區域的重點

享受白天與夜晚在京都鬧區散步的樂趣

四条河原町是京都鬧區的中心，雖說現代風格的建築物與店舖林立，但附近處處可見保留濃厚古都風情的區域與街道。最具代表性的是根據文化財保護法的規定、被選為傳統建築群保存地區的祇園新橋街道。

Ⓐ 先斗町　　　　　　夜

與來往行人擦肩而過都有點勉強的狹窄道路，兩側餐飲店林立。最近有些店家把茶屋改建成一般顧客導向的店面，可以隨意進出的店家有增加的趨勢。與西側的木屋町通不同，這裡適合成人的店佔多數，晚上來往的行人也很多，但卻不會給人吵雜的印象。路上常見到外國觀光客的身影。

Ⓑ 錦小路　　　　　早　日

錦市場就位於這條小路上，上午7點左右店家陸續開始營業。近年來外國觀光客有明顯增加的趨勢。販售昆布、京都蔬菜、紅豆等市場專門店比鄰而立，也有餐飲店與咖啡廳。還有販售熟食與便當的店家，來這裡買好餐點再去散步也不錯。店家晚上較早休息，大概18:00左右所有的店幾乎都關了，來往的行人也變得極少。參照p.72。

Ⓒ 寺町通　　　　　　　日

四条通附近的路段與新京極一樣擁擠，過了三条通的路段氣氛稍有不同，老字號的店舖較多。御池通以北接到寺町通沿途也有幾家老店，如賣茶的一保堂茶舖與賣點心的村上開心堂等。

Ⓓ 新京極通　　　　　　日

商店街中伴手禮店、餐飲、流行服飾店等店家一字排開，幾乎一整天人潮絡繹不絕。春季與秋季有許多因校外教學來訪的學生，特別擁擠。

TEKU TEKU COLUMN

錦天滿宮

錦天滿宮位於錦市場的東邊，以智慧、學問、經商、消災解厄、招福之神為大家所熟知。神社境內有電動籤詩，最前面的鳥居像是穿進兩旁的大樓般，相當有意思。

■白天散步路線

這個區域白天以逛街購物為主，可以到從四条大橋綿延至祇園的四条通上的伴手禮店、古董街新門前通、校外教學學生多的新京極、錦市場等地隨意逛逛。祇園的新橋通夜生活比較多采多姿，白天的話可以到巽橋附近以石板路為背景拍照留念。

■夜晚散步路線

祇園與先斗町晚上洋溢優雅風情，與白天大不相同。祇園與四条通之間的新橋地區和祇園角北側的花見小路附近非常值得一遊，旁邊的小路夜晚便成為隨處可見的居酒屋街，別有一番風情。花見小路傍晚有時會看見前往茶屋的舞妓與藝妓。

Ⓔ 祇園新橋 🈰 夜

白天幾乎沒有店家營業，來往的行人中觀光客比當地人多。店家大多是茶屋，觀光客只是路過，不過這裡畢竟是傳統建築群保存地區，道路景觀相當優美。傍晚路上和花見小路一樣，也可見到舞妓與藝妓的身影；晚上與白天不同，行人增加不少。

深受藝妓與舞妓信仰愛戴的辰巳大明神

新橋通優雅的街道

Ⓕ 新門前通 🈰

骨董店與古美術商家林立，來往的行人極少，都是來逛這些店家的人，一般觀光客很少走來此地。道路本身風景也很普通，讓人難以想像祇園新橋就在附近。

Ⓖ 祇園花見小路 夜

四条通南端可看到朱紅格子門窗搭配防護柵的建築比鄰而立。這裡有許多初次來訪者難以踏入的茶屋，不過最近以一般顧客為對象的店家有增加的趨勢。店鋪很多但道路並不擁擠，漫步在有氣氛的小巷弄中也相當有趣。店家多於21:00、22:00打烊，在那之後來往的行人也隨之減少。

TEKU TEKU COLUMN

漫步於市區中的歷史道路

鴨川與四条通之間的木屋町通附近，江戶時代諸藩的宅邸與御用商人的建築物比鄰而立，這裡也是幕府末期到明治維新期間發生許多動亂的地方，有池田屋騷動遺址、坂本龍馬寓居遺址等，留下了許多見證歷史的石碑，來這裡走走也不錯。

地圖標示

三条駅　三条京阪駅
市營地下鐵東西線
三条京阪前
若松通
三条大橋
鴨川
大和大路通（繩手通）
京阪電気鉄道本線
古門前通
藩邸遺址
新橋通
知恩院前
辰巳大明神
白川
新門前通
祇園新橋
巽橋
筒井精一郎殉難地碑
圓山公園
条大橋
四条通
一力亭
南座
祇園
八坂神社
祇園四条駅
花見小路
彌榮會館祇園角
橋
祇園甲部歌舞練場
建仁寺
安井金比羅宮

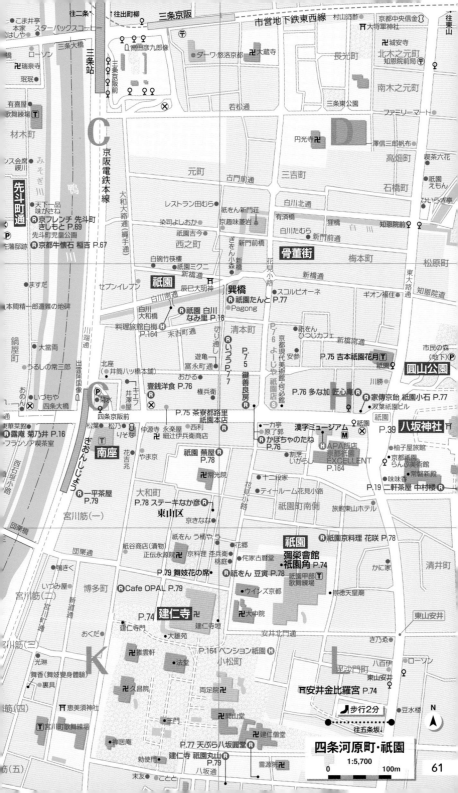

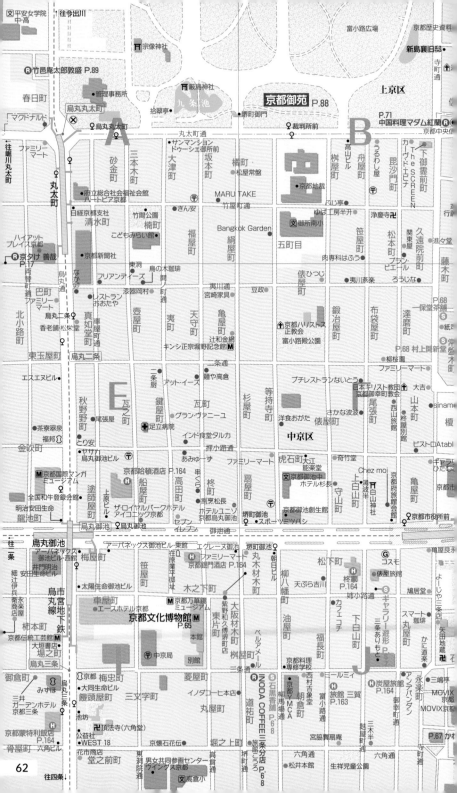

京都御苑 P.88

中京区

上京区

京都文化博物館 P.65

INODA COFFEE三条分店 P.68

往河原町今出川 | 往出町柳 | 医学部人間健康科学科 | 京都大学医学部附属病院
外来診療棟

出水町
ん大栄町
河原町通
袋町
西三本木通

東三本木通
中之町
南町

南部総合研究1号館・
ウイルス再生第1号棟
南病棟

京阪鴨東線

春日上通

じんぐう
まるたまち

八起庵

天理教河原町大教会

山紫水明処
（頼山陽旧跡保存会）

丸太町橋

河原町丸太町
C

河原町丸太町

川端丸太町

東丸太町

びっくりドンキー

駒之町

キッチンカフェ・エル

鴨川公園

川端丸太町京阪前

山上

下堤町

割烹はらだ

末丸町

いず重北店

中町通

ファミリーマート

石長松菊園

中川町

秋楽町

聖護院蓮華蔵寺町

川端署

まんざら
指物店

中京年金事務所

つるや

ローソン

とんかつ処やまなか

銅駝美術工芸高

料理処 はな

大文字町

新先斗町

石原町

レイン京都河原町二条

難波町

法雲寺卍

卍善導寺

ザ・リッツ・カールトン京都

樋之口町

夢屋

レモン館

新間ノ町二条

二条通

東山二条
岡崎公園口

ギャラリー田澤

れすとらん西島

二条大橋

川端二条

人見

町二条
G

川端二条

赤垣屋

卍頂妙寺

左京区

正住寺町

卍専念寺

日本銀行

島津創業記念資料館

トヨタレンタカー

新東洞院通

新間ノ町通

京都市役所前

がんこ高瀬川
二条店

孫橋町

懐古庵

仁王門通

一之船入町

史跡高瀬川一之船入

創作中華
一之船入

左近太郎

川端二条

上樋木町

福本町

寂光寺卍

京都
大倉飯店
P.164

佐久間象山
大村益次郎
遭難之碑

フレスコ

大菊町

菊鉾町

和国町

要法寺卍

田中人形

京都市役所前

エルう

かもがわホール

川端御池

讃州寺町

大丸太町

新丸太町

御池（地下街）

御池大橋

永原屋茂八（レンタサイクル）

わらべうた

旅館ますや

河原町御池

P.17

京都
バス

豆水楼 木屋町本店 R

酒のやまもと

河原町信金

河原町御池（京都バス）

デイリーヤマザキ

七軒町

滋賀

往四条

カトリック教会

武市瑞山寓居之跡

槻王法林寺

超勝寺

山科二条

高瀬川

こま井亭

一日昇庵尚心亭

京都朝日会館

加茂川館 P.163

村山酒舗

京都中央信金

河原町三条
観光情報センター

めなみ

五色豆本家舩はいせ

三条京阪

大将軍神社

城安寺卍

長光寺

MOS三条

恵比寿町

明治屋

三条大橋

市営地下鉄東西線

山科三条

北木之元町

喫茶華宮

ローソン

三条京阪

ダーワ・悠洛京都

卍大蔵寺

東大路通

長浜ラーメン
みよし

瑞泉寺

スターバックス

高山彦九郎像

元町町

酢屋

THE賀茶花園飯店
京都三条 P.163

坂本龍馬寓居遺跡

コーヒー

三条大橋

三条京阪前

東山区

南木之元町

三条東公園

ミーナ京都

京都十字屋本店 P.168

先斗町歌舞練場

若松通

京都ロフト

材木町

若松通

大和大路通

縄手通

先斗町通

京阪電鉄本線

みそぎ川

元町 古門前通

ルビエスタプレミオ京都

あじびる

京都BAL

往祇園四条方

M 京都徳力版画館

水道局疏水事務所

秋月橋

冷泉通

夷川ダム

琵琶湖疏水

熊野神社

清水寺

三十三間堂

京都站

御所

平安神宮

62-63

44-45

34-35

60-61

32-33

55

南禅寺

四条河原町

86

東山区

北木之元町

歩行2分

● ● ●

三条京阪・丸太町

1:6,900

0   100m

N

四条河原町～先斗町

區域的魅力度

觀光客人氣指數
★★★★

街道散步氣氛
★★★

標準遊逛時間：2小時
（四条河原町路口～
寺町通～錦市場～三
条通）

隔一條街
風景也隨之一變的京都鬧區

　　四条河原町位於東西向延伸的四条通與南北向縱走的河原通的交叉處，是京都最熱鬧的地區，繼續走會經過寺町通、新京極通、曾為平安京主要道路的三条通等，平民化的商店街中有幾處深受當地民眾信仰的寺院神社，展現京都特有的風貌。

先斗町的川床

　　可感受夏日風情的鴨川納涼川床，每年5月1日開始營業，5月的「皋月川床」與9月的「惜別川床」白天也營業，6月1日起的「盛夏川床」從傍晚才開始營業。川床至9月底結束。有舉行川床活動的店家，資訊請詳見鴨川納涼床共同組合的官網：www.kyoto-yuka.com。在貴船p.138～、三尾p.125～也可看到同樣的川床。

交通往返建議

　　從京都車站前往四条河原町一般都是搭乘巴士，雖然不須換車很方便，但考慮到近年市區塞車狀況，還是搭地鐵會比較順暢。此時，從四条站（四条烏丸）走路到四条河原町約15分。回程也建議搭地鐵。回來時也推薦到錦市場走走逛逛。

活動&祭典

5月1日～24日：鴨川舞蹈
（先斗町歌舞練場♪075-221-2025）
5月1日～9月底：鴨川納涼川床（位於鴨川西岸二条到五条間的日本料理店）

HINT

前往這個區域的方法

目的地	出發地點	巴士路線	下車站牌（車站）
四条河原町・新京極・先斗町	京都站烏丸口（♀京都駅前）	🚌4・5・17・205（經河原町通）・京都巴士17（約14～19分）	♀四条河原町（巴士站名相同但站牌有好幾處，位於河原町通和四条通上）
	清水寺（♀五条坂）	🚌80・207・京阪巴士（約8～10分）	
	銀閣寺（♀銀閣寺道）	🚌5・17・32・203（約21～26分）	
	金閣寺（♀金閣寺道）	🚌12・59・205（約33～38分）	

遊覽順序的小提示

　　請參考攜帶地圖或p.60-61的地圖隨興散步。

前往其他區域的方法

●前往祇園

步行路線：從四条河原町路口步行至南座前約5分。

●前往清水寺

步行路線：從四条河原町路口步行至八坂神社約15分。從八坂神社出發，反過來走p.29介紹的路線即可。

巴士路線：從♀四条河原町搭乘86・207，京阪巴士，到♀清水道或♀五条坂下車。京阪巴士在♀五条坂下車。

●前往京都站

人車多時從祇園附近前往京都站的方法，請參照p.34附地圖的說明。

比較容易攔到計程車的地點

　　無論是四条通或河原町通都有計程車乘車處，隨時都有計程車排班等待，很容易找到。路上來往的計程車也很多。

　　人車多時若要前往京都站，建議到河原町通的京都丸井南側上車。四条通塞車時路上幾乎動彈不得，會耗費很多時間。

賞花季節

4月上旬：櫻花（木屋町通、高瀨川、鴨川沿岸）

觀賞＆遊逛

蛸藥師堂（永福寺）
たこやくしどう（えいふくじ）

地圖p.60-B
♀四条河原町　5分

　　京都十二藥師第12號靈場。從前這個寺院的僧侶善光為生病的母親買了章魚，卻受到責難。善光向藥師如來許願，章魚竟變成八卷經卷，母親的病也就此痊癒。許多祈求病體康復的人會來此參拜。

☎ 075-255-3305
📍 中京区新京極通蛸藥師東側町503
🕐 自由參觀

京都文化博物館
きょうとぶんかはくぶつかん

地圖p.60-A
地鐵烏丸御池站　3分

　　簡單明瞭地介紹京都歷史與文化的綜合文化設施，有本館與原為日本銀行京都分行，現列入重要文化財的別館。館內有以真實的資料與影像介紹京都歷史、文化的綜合展示室，放映

京都相關電影的劇場等。若想小憩一番，可到由舊日本銀行金庫室重新裝潢的前田珈琲。

☎ 075-222-0888
📍 中京区三条高倉
🕐 10:00〜19:30，特別展為〜18:00（週五為19:30）。入場各別為關閉前30分
❌ 週一（逢假日則翌日休）、12/28〜1/3
💰 500日圓，特別展等須另外付費

POINT　鴨隊長導覽／烏丸通到寺町通一帶之間的三条通上零星分布幾座西洋建築，可以好好觀賞街道景致。

購物&美食

イオリ 大丸京都店
いおり だいまるきょうとみせ

地圖 p.60-E
地鐵四条站 🚶 3分

和菓子老舖‧笹屋伊織推出的摩登日式咖啡廳。甜點皆使用京都和菓子店才有的高品質食材，紅豆採用丹波大納言，葛粉採用吉野葛，抹茶則為宇治出產。迷你抹茶聖代與餡蜜套餐1320日圓，可一次品嘗到最受歡迎的抹茶聖代與餡蜜。還有販售許多禮盒式伴手禮，適合買回家送給珍視的對象。

📞 075-241-7033
📍 下京区四条通高倉西入ル
　立売西町79
　大丸京都店地下樓層
🕐 10:00～20:00 (19:30LO)
🈺 1月1日
💴 迷你抹茶聖代與餡蜜套餐
　1320日圓

🛍 烏丸通周邊／和菓子 🛍

鼓月 四条烏丸店
こげつ しじょうからすまてん

地圖 p.188-F
地鐵四条站 🚶 1分

昭和38年開發出來的「千壽仙貝」以波浪狀餅乾夾住奶油，為本店人氣商品。也有形似直徑73毫米的千壽仙貝，讓女性跟小孩都容易入口的直徑47毫米版「姬千壽仙貝」。另外外觀為菊花狀，內有蛋黃餡的烤饅頭「華」，則滿溢奶油與香草的香氣。

📞 075-221-1641
📍 中京区烏丸通四条上ル
🕐 9:00～19:00 (週日、假日
　至18:00)
　茶房為10:00～17:30
　(17:15LO)
🈺 1月1日

🔱 四条通周邊／京料理

田ごと本店
たごとほんてん

地圖 p.60-F
🚏 四条河原町 🚶 3分

午餐推薦招牌料理光悅水指便當3300日圓～。茶壺造型的雙層圓形餐盒中，盛裝以京都蔬菜等15種食材烹調的菜餚與什錦菜飯。宴席料理午晚餐時段都是6300日圓～。1樓為桌席，3樓有下嵌式和式座位，窗外都可欣賞雅致的小庭院。

📞 075-221-1811
📍 下京区四条通河原町西入ル
🕐 11:30～15:00、
　17:00～21:00 (20:00LO)
🈺 無休
💴 便當3520日圓～

🔱 河原町通周邊／和食

志る幸
しるこう

地圖 p.60-F
🚏 四条河原町 🚶 1分

昭和7 (1932) 年創業的割烹料理店，深受好評的利久餐盒2700日圓，有風味高雅的什

錦飯與5道菜餚，還附白味噌豆腐湯。也可以單點味噌湯或一道料理，什錦飯單點800日圓。

📞 075-221-3250
📍 下京区河原町通四条上ル一筋目東入ル
🕐 11:30～最後入店14:00、14:30LO、17:00～最後入店20:00、20:30LO
🚫 週三(逢假日則翌日休)
💴 炊飯800日圓

先斗町周邊／肉料理

京都牛懷石 稲吉
きょうとぎゅうかいせき いなよし

地圖 p.61-C
📍 四条河原町 🚶 5分

能盡情品嘗將稀少的京都牛做成壽喜燒或牛排的肉料理專賣店。

可以選牛排、壽喜燒、涮涮鍋等主菜的稲吉全餐，有松17600日圓、竹13200日圓、梅8800日圓。樓下還附設有京都日式摩登風格的酒吧，也可僅前往酒吧同樂。夏天也會面向鴨川擺出納涼床。

📞 050-3503-0909
📍 中京区先斗町通三条下ル梅之木町150
🕐 11:00～14:00LO、17:00～22:00LO
酒吧為～20:00～翌日1:30LO
🚫 無休
💴 稲吉全餐 梅8800日圓、午餐全餐4290日圓～

河原町通周邊／鰻魚

かねよ

地圖 p.60-B
📍 河原町三条 🚶 3分
📍 四条河原町 🚶 7分

明治末期創業的鰻魚老店。蒲燒鰻魚堅持採用創業以來的江戶燒烤法與醬汁。招牌的錦糸丼(中)2600日圓～是在鰻魚丼上，鋪上添加高湯並經過兩折的玉子燒。另有上蒲燒2900日圓～。每個月會舉行一次落語會，附鰻魚飯2600日圓。

📞 075-221-0669
📍 中京区新京極六角東入ル松ケ枝町
🕐 11:30～21:00
(20:30LO)
🚫 週三
💴 錦糸丼(中)2600日圓～

寺町通周邊／京懷紙等

京懷紙 ぴょんぴょん堂
きょうかいし ぴょんぴょんどう

地圖 p.60-F
📍 四条河原町 🚶 3分

販售手刷版畫圖樣和紙製作的京懷紙、祝賀信封、小信封、藝妓與舞妓專用的名片等，種類齊

全。藝妓專用的名片上繪製當令花卉等圖樣，色彩艷麗，也有可印上姓名的商品。懷紙用來盛接和菓子，是參加茶席、茶道學習的必備用品。

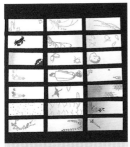

📞 075-231-0704
📍 中京区寺町四条上ル京極一番街ビル1F
🕐 11:00～19:00
🚫 無休
💴 方形染紙有圖案20張入770日圓～

姉小路通周邊／雜貨

ギャラリー遊形
ぎゃらりーゆうけい

地圖 p.62-J
地鐵京都市役所前站 🚶 5分

可以買到老字號旅館「俵屋旅館」的各式各樣客房用品。

四条河原町～先斗町

店主親自挑選材料參與設計的雜貨及女性睡袍，無論何種商品都擁有高級質感，觸感舒適。香皂3個838日圓、6個裝1430日圓，小毛巾770日圓。

- ☎ 075-257-6880
- 📍 中京区姉小路通麩屋町東入ル姉大東町551
- 🕙 10:00～18:00
- 🚫 不定休
- 💰 肥皂6入1430日圓

🛍 寺町通周邊／西點

村上開新堂
むらかみかいしんどう

地圖 p.62-F
地鐵京都市役所前站 🚶 5分

熱門商品好事福盧494日圓，在挖出果肉的橘皮中灌入現榨果汁，冷卻後便成為果凍，只在每年的11月～3月左右期間販售，建議預訂以免向隅。罐裝餅乾5400日圓～、蛋糕一片205日圓也很受歡迎。將屋齡90年的日本建築重新翻修作為咖啡廳，隨處皆展現日本的傳統美與時尚設計。

- ☎ 075-231-1058
- 📍 中京区寺町通り二条上ル
- 🕙 10:00～18:00
- 🚫 週日、假日、第三週一、年初。有夏季休業
- 💰 好事福盧1個508日圓

🍴 三条通附近／喫茶

INODA COFFEE 三条分店
いのだこーひ さんじょうしてん

地圖 p.60-A
地鐵烏丸御池站 🚶 5分

這家店創業於1940年。特調咖啡750日圓，使用自家烘焙5種咖啡豆煮成較濃的咖啡，再加入鮮奶或砂糖特調的原創飲品。咖啡相當濃醇，甚至有很多老顧客會帶兒孫來上門光顧。堺町通稍微往下走的地方可找到這家店的總店。

- ☎ 075-223-0171
- 📍 中京区堺町通三条東入ル
- 🕙 10:00～20:00
- 🚫 無休
- ※2022年3月開始整修，重新開幕時間未定

🛍 寺町通周邊／茶

一保堂茶舖
いっぽどうちゃほ

地圖 p.62-F
地鐵京都市役所前站11號出口 🚶 6分

1846年，因山階宮希望「保留一種好茶」而賜了一保堂的封號。店內以抹茶為首，還有玉露、煎茶、焙茶等約有40種日本茶齊聚一堂。店內咖啡廳可以從泡茶開始享受品茶的樂趣（所有的茶皆附和菓子）。

- ☎ 075-211-4018
- 📍 中京区寺町通二条上ル
- 🕙 10:00～17:00
- 🚫 無休（年初除外）
- 💰 煎茶100g 702日圓～
- ＊ 喫茶室「嘉木」為 🕙 10:00～17:00（16:30LO）
- 🚫 過年期間

🛍 三条通周邊／香

石黒香舖
いしぐろこうほ

地圖 p.60-A
地鐵烏丸御池站 🚶 5分

店裡飄盪著濃濃的懷舊感，是能感受京都特色的「香袋」專賣店。來自天然檀木、鮮豔京友禪或西陣織金襴的商品選擇很多。束口袋418日圓～。另外從手機掛繩、打掃小物到以季節花卉為靈感的香袋都有。下圖為描線束口袋（大）6600日圓。

- ☎ 075-221-1781
- 📍 中京区三条通柳馬場西入ル
- 🕙 10:00～18:00
- 🚫 週三（逢假日則營業）
- 💰 束口袋418日圓～

京・木綿 乙
きょう・もめん おつ

地圖 p.60-I
地鐵四条站 🚶5分

此和服店由二手和服販賣商的彼方此方屋所監製。例如以木棉布料製成平常就可輕鬆穿著的和服，再試著加上裂織的腰帶之類，陳列許多既時尚、帶點小氣質的環保原創設計款。價格約在2萬日圓～為主，也可以訂製。

📞 075-344-4566
📍 下京区仏光寺通柳馬場東入ル仏光寺東町1-121
🕐 11:00～18:00
休 週一、第2週二
💴 和服約2萬日圓～

味彩のと与
あじさいのとよ

地圖 p.60-E
地鐵四条站 🚶5分

從明治時代就持續經營的川魚老餐廳。位在錦小路的のと与西店二樓，以備長炭烤製的鰻魚為本店招牌，擁有酥脆外皮

和柔軟的肉質，祕傳醬汁也備受好評。附上許多小菜的鰻御膳3700日圓，價格平易近人。

📞 075-231-0813
📍 中京区錦小路通柳馬場東入ル東魚屋町173
🕐 11:00～16:00(15:00LO)
休 週三（逢假日則營業，於前後日補休）
💴 鰻御膳3700日圓

棲家 本店
すみか ほんてん

地圖 p.60-F
📍 四条河原町 🚶5分

氣氛優雅的京都家常菜餐廳，從各地進貨、種類豐富的

燒酎，可與使用當季食材烹調的料理一起享用。京都家常菜各650日圓起，也供應各種單點料理。照片從前方依序為3種京都家常菜拼盤為1000日圓。

📞 075-212-2102
📍 中京区四条河原町北二筋目東入ル紙屋町370-1-14 2F
🕐 18:00～翌1:00(24:30LO)
休 不定休 💴 3種京都家常菜拼盤1000日圓

京フレンチ 先斗町 きしもと
きょうふれんち ぽんとちょうきしもと

地圖 p.61-C
📍 四条河原町 🚶7分

巧妙運用京都蔬菜的京都風法式料理店。在茶屋改造成的店內，品嘗簡單洗鍊的美好滋味。午餐全餐為3960日圓～、晚餐全餐為5720日圓～。5～9月還有川床座位。

📞 075-221-7321
📍 中京区先斗町三条下がる若松町141
🕐 11:30～14:00(13:30LO)、17:00～22:00(21:00LO)
休 週二（逢假日則營業）
💴 午餐全餐3960日圓～

細細品嘗京都蔬菜

京都的大自然孕育出的傳統京都蔬菜

很多京都蔬菜外觀與形狀獨特，
但無論是味道或營養都不會讓人失望。
搭配自己喜愛的蔬菜，盡情享用一番。

賀茂茄子
是日本國內最大的茄子，古代見於
鳥羽、伏見，90年前左右成為賀茂
的特產。大多塗上味噌燒烤食用。

蝦芋
芋頭的一種，外皮有兩種顏色
交織的紋路，因為像蝦所以有
此名稱。

金時紅蘿蔔
不僅是表面，連中心都是
紅色的。吃起來有甜味，
是點綴什錦飯、酒糟、燉
煮料理不可或缺的食材。

竹筍
洛西的大平原一帶為其主要產地。
吃起來不會澀，口感較鬆軟。除了
可用來做山椒葉涼拌筍、煮嫩竹筍
外，也可直接切片食用。

萬願寺辣椒
大又厚且有甜味為其特
徵。可用燒烤、燉煮、
油炸等各種方式烹調。

主要的京都蔬菜產季月曆

	1月	2月	3月	4月	5月	6月	7月	8月	9月	10月	11月	12月
竹筍			3月下旬～5月上旬									
賀茂茄子				5月中旬～9月下旬								
萬願寺辣椒				5月中旬～10月上旬								
鹿谷南瓜						7月上旬～8月中旬						
丹波大納言紅豆									10月中旬採收			
聖護院白蘿蔔										10月下旬～2月下旬		
金時紅蘿蔔											11月上旬～1月	
蝦芋											11月上旬～12月中旬	

鹿谷南瓜
江戶時代從青森引進京都的南瓜，在鹿谷栽種後漸變為葫蘆型。

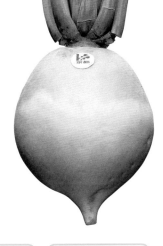

丹波大納言紅豆
丹波栽種的紅豆顆粒大，有光澤及獨特的香氣，常用來製作京都和菓子。

聖護院白蘿蔔
160年前尾張國進貢條狀白蘿蔔，聖護院的農家在當地栽種成圓形。可川燙後沾味噌食用或用於關東煮。

可品嘗京都蔬菜的店家

高瀬川くりお
たかせがわくりお

地圖 p.61-C　　♀四条河原町🚶7分

　可品嘗到隨著四季更迭的當季京都蔬菜而聞名。店前陳列著今日蔬菜，令人胃口大開。照片為賀茂茄子田樂715日圓。此外還有九條蔥、萬願寺唐辛子等多采多姿的蔬菜。

📞 075-344-2299
📍 下京区船頭町 237-1
🕐 17:00～22:00(21:00LO)
休 無休
¥ 浸煮京都採摘蔬菜
　968 日圓

中国料理 マダム紅蘭
ちゅうごくりょうり まだむこうらん

地圖 p.89

　可在京都傳統的町家建築中享用京都蔬菜。圖為萬願寺辣椒炒宮保腰果花枝1800日圓。單點料理990日圓～，午餐時段供應迷你懷石料理2800日圓（2人以上可點餐）。

📞 075-212-8090
📍 中京区寺町丸太町東
　入ル北側
🕐 11:30～14:00、
　17:00～21:30
　（LO各為30分前）
休 週一（逢假日則翌日休）

いもぼう平野家本店
いもぼうひらのやほんてん

地圖 p.35-H

　京都蔬菜中又以使用獨特蝦芋的芋棒料理最為知名。蝦芋與鱈魚乾愈煮愈軟而成的芋棒料理，是傳承了300年的傳統料理。

📞 075-561-1603
📍 日圓山公園内知恩院南門前
🕐 11:00～21:30
休 無休
¥ 芋棒御膳2750 日圓～

逛逛京都人的廚房
錦市場

地圖 p.60-E·F

♀ 四条河原町 🚶 3分

錦小路是從錦天滿宮通到壬生的小路，長約2km，其中從寺町通到高倉通之間長約400m的路段為錦市場所在地。錦小路寬約3.2公尺，兩側有販售魚類、蔬果、乾貨、家常菜等的店舖，共約140家。大部分的店舖早上7:00～8:00開始營業，18:00左右打烊。公休日每家店舖不同，週三休息的店較多。據說這裡從鎌倉時代開始就有販售鮮魚的店家，因應仁之亂等歷經興衰，直到江戶時代才發展為正規的魚市，成為繁榮的錦市場，時至今日仍然有許多販售魚類的店家。

打田漬物 錦小路店
うちだづけもの にしきこうじてん

將當季蔬菜的滋味仔細醃漬其中。從酸莖、紫蘇漬等京都漬物經典款到長山藥山葵味等獨特商品都有，常備70～80種。幾乎所有的食品都可以試吃後再買。也可以從整排的漬物桶挑選喜歡的帶回家。

♪ 075-221-5609
♀ 中京区錦小路通柳馬場西入ル
🕐 9:30～17:30
休 1月1日

伊豫又
いよまた

此為創業於1617年的海鮮仲介商老店，曾將魚類進貢給皇室。現在於陳列丹後特產的「丹後TABLE」特產直銷商店中，設有陳列空間，店址就在錦市場中段，販售鯖魚壽司跟稻荷壽司。

♪ 075-221-1405
♀ 中京区錦小路通麩屋町西入ル南側
🕐 11:00～16:00
休 週一、二、三、四

京こんぶ 千波
きょうこんぶ ちなみ

昆布專賣店，店內所到之處都擺滿昆布。店頭有利尻昆布、尾札部昆布、羅臼昆布等昆布種類豐富，可秤重購買。佃煮、鹽昆布等加工品種類也很多，材料都是使用精挑細選的新鮮食材，再以傳統烹調方式製作。

♪ 075-241-3935
♀ 中京区錦小路通柳馬場西入ル中魚屋町
🕐 9:00～18:00 休 無休

野村佃煮
のむらつくだに

1931年於錦市場開業的熟菜店，以熟菜博得人氣後，轉為佃煮店營業至今。所販售的山椒小魚風味圓潤，爽口的山椒辛香會在嘴中擴散開；賀茂錦的昆布鮮味與用柴魚熬出的風味完美交織，羅列許多能感受到京都特色的商品。

♪ 075-253-1178
♀ 中京区麩屋町通錦小路下ル桝屋町502
🕐 10:00～17:30
休 週四

麩嘉 錦店
ふうか にしきみせ

店內備齊京都料理不可或缺的麩，種類相當豐富。將生麩混合青海苔包起國產紅豆，再以竹葉包覆起的笹笹麩饅頭1個240日圓，備受喜愛，推薦買回家當伴手禮。生麩還有其他種類如蓬麩734日圓、道時麩765日圓等。

♪ 075-221-4533
♀ 中京区錦小路通堺町通角
🕐 10:00～17:30
休 週一、1～8月的最後週日

祇園

京都景點中最發人思古之幽情的
花街・祇園

　防護柵搭配朱紅外牆…祇園的街道上保留了許多歷史悠久的建築物，從四条通往南邊的花見小路走便可見到上述風景。最近有許多店家將茶屋改建，讓初次來訪的旅客也能安心進入，夜晚來祇園逛逛是不錯的選擇。另外，四条通北邊的新橋通有優雅的建築群可觀賞，橫跨白川的巽橋則是拍照留念的人氣景點，也可以到祇園南邊的六波羅蜜寺一帶走走。

遊覽順序的小提示

　這裡有許多京料理、甜食、咖啡廳一類的店，可以散步順便用餐。由於離清水寺～八坂神社（p.28～）很近，建議行程可以安排在一起。傍晚時分來到祇園，在花見小路遇見舞妓的機率很高。也可參考p.58-59的地圖。

前往其他區域的方法
●往清水寺
步行路線：從八坂神社出發走p.29介紹的路線。
巴士路線：從♀祇園搭乘🚌202・206・207・京阪巴士。
●往平安神宮
步行路線：利用p.29介紹過的至南禪寺路線。
巴士路線：從♀祇園搭🚌86在♀岡崎公園 美術館・平安神宮前下車。或是搭🚌46在♀岡崎公園ロームシアター京都・みやこめっせ前下車。

【賞花季節】4月上旬：櫻花（白川河畔）

區域的魅力度

觀光客人氣指數
★★★★★
街道散步氣氛
★★★★★

標準遊逛時間：1小時
（南座～花見小路～
建仁寺～新橋通）
國寶：建仁寺／紙本
金地著色風神雷神圖

交通往返建議

　從京都站前往祇園一般都是搭乘巴士，四条通與東大路通上有好幾處祇園的巴士站牌，需多加留意。人車多的觀光旺季，可以考慮搭乘地鐵。從地鐵四条站步行到南座約需15分。

比較容易攔到
計程車的地點

　四条通上的南座前通常都有計程車排班候客，路上來往的計程車也很多。搭乘計程車到京都站可走川端通或河原町通，最好先詢問司機路況再決定。

活動&祭典

4月1日～30日：都舞
（祇園甲部歌舞練場）
8月8日～10日、16日：
萬燈會（六波羅蜜寺）
11月1日～10日：祇園舞
（祇園會館）
11月8日：舞藝妓獻花
（吉井勇碑周邊）

祇園

前往這個區域的方法

目的地	出發地點	巴士路線	下車站牌
祇園	京都站烏丸口（♀京都駅前）	🚌86·臨·206（約17～21分）	♀祇園
	清水寺（♀五条坂）	🚌所有在此停車的市巴士·京都巴士·京阪巴士（約4～6分）	♀祇園
	平安神宮（♀岡崎公園 美術館·平安神宮前）	🚌46·86（約8分）	♀祇園

觀賞&遊逛

建仁寺
けんにんじ

地圖 p.61-K
♀祇園 🚶10分

臨濟宗建仁寺派的總寺。從重要文化財的敕使門開始林立的寺院建築群是仿照中國的百丈山建造而成。除了俵屋宗達親筆繪製的國寶《風神雷神圖屏風》、海北友松的畫作《雲龍圖》（兩者皆為複製品）外，茶席周邊的建仁寺圍牆也很有名。

📞 075-561-6363
📍 東山区大和大路通四条下ル小松町
🕐 11月1日～2月28日為10:00～16:30、3月1日～10月31日為10:00～17:00
受理皆為關閉30分鐘前
💴 自由參觀。本坊為600日圓

 POINT
鴨隊長導覽／由於花見小路於週六·日有賽馬，時常大塞車。在小巷子裡也要注意車子。

彌榮會館祇園角
やさかいかんぎおんこーなー

地圖 p.61-L
♀祇園 🚶10分

用約1小時的時間介紹7項傳統藝術 —— 京舞、茶道、琴、花道、雅樂、狂言、文樂。尤其著重源自京都的京舞，有祇園的舞妓現場表演，穿著美麗的服飾展現優雅的舞姿。

📞 075-561-1119
📍 東山区花見小路四条下ル　弥栄会館内
🕐 每日18:00～、19:00～（但12月～3月的第2週為週五～週日，僅假日）
❌ 7月16日、8月16日、過年期間
💴 3300日圓

安井金比羅宮
やすいこんぴらぐう

地圖 p.61-L
建仁寺 🚶 3分

起源於平安時代祭祀崇德上皇的觀勝寺，之後從讚岐將金刀比羅宮延請過來鎮守此處。以斬斷惡緣締結良緣聞名，境內有穿過大石許願的「斬惡緣結良緣碑」，今日懷有煩惱的人們仍然是絡繹不絕。

吉本祇園花月

よしもとぎおんかげつ

地圖 p.61-H
京阪祇園四条站 🚶 6分

從電視上大家所熟悉的人氣新秀到實力派老將，受歡迎的藝人齊聚一堂。可以觀賞單口相聲、各種藝能，還有吉本新喜劇。平日1天有1次公演（段子與祇園吉本新喜劇），週六、日、假日1天2次，共有502席。

📞 075-532-1500
📍 東山区祇園町北側323　祇園会館内
＊ 開館時間、入場費視公演而異
http://www.yoshimoto.co.jp/gion/

📞 075-561-5127
📍 東山区東大路松原上ル下弁天町70
🕐 24小時(授與所為9:00～17:30)
🚫 週一　💰 金比羅繪馬館入場費500日圓 ＊ 自由參觀

六波羅蜜寺

ろくはらみつじ

地圖 p.193-K
建仁寺 🚶 10分

951（天曆5）年創設的西國第17號靈場，平安後期成為平家一族的據點。本堂建於1363年，不要錯過重要文化財空也上人像。每年12月13日～31日的空也踊躍念佛也很有名。

📞 075-561-6980
📍 東山区五条通大和大路上ル東
🕐 8:00～17:00。寶物館8:30～17:00
　　（最後入館16:30）
💰 參觀600日圓

購物&美食

祇園

四条通周邊／甜食

鍵善良房

かぎぜんよしふさ

地圖 p.61-H
♀ 祇園 🚶 3分

創業於江戶中期享保年間歷史悠久的御用甜點店。招牌葛切1200日圓，蜜糖的甜味與清淡的葛粉條融合成絕妙的好滋味。蜜糖有黑蜜與白蜜2種，搭配薄茶600日圓一起享用更能凸顯其美味。使用甜度大獲好評的阿波和三盆糖的「菊壽糖」、「おちょま」可買來當作伴手禮。

📞 075-561-1818
📍 東山区祇園町北側264
🕐 9:30～18:00。茶房為10:00
　　～17:00（16:45LO）
🚫 週一（逢假日則翌日休）
💰 葛切1200日圓

四条通周邊／甜食・日式喫茶

茶寮都路里 祇園本店

さりょうつじり ぎおんほんてん

地圖 p.61-H
♀ 祇園 🚶 3分

秉持著「把日本茶的好傳達給大眾」的信念，販售由宇治茶與宇治抹茶製成的甜點等品項。

為了保存抹茶原有的香氣、味道、顏色，幾乎所有的甜點都是手工製作。店內高人氣的特選都路里聖代1441日圓、後味舒爽的抹茶長崎蛋糕聖代1210日圓。

📞 075-561-2257
📍 東山区祇園町南側祇園辻利本店ビル2・3 F
🕐 10:00～21:00（平日為20:00LO；週六日、假日為19:30LO）
🚫 無休
💰 都路里聖代1441日圓

「特選都路里聖代」

壹錢洋食
いっせんようしょく

地圖 p.61-G

📍 四条京阪前 🚶 2分

大正後期，有些店家以一錢的價格販售進口麵粉加九条蔥抹上醬汁的煎餅。這裡就是長期供應這種「壹錢洋食」的餐廳。氣派的店面瀰漫著一股懷舊的氣氛。使用柴魚片、肉、蔥等精選食材，做出菜單上僅有的一道餐點。

📞 075-533-0001
📍 東山区祇園町四条縄手通角北側238
🕐 11:00～深夜1:00（週六～深夜3:00，週日、假日10:30～22:00）
💤 無休　💰 壹錢洋食750日圓

よーじや 祇園店
よーじや ぎおんてん

地圖 p.61-H

📍 祇園 🚶 3分

招牌商品為人盡皆知的吸油面紙。吸附肌膚上多餘的油脂，能實際感受到素顏有如上妝一般。5包入1960日圓。蠶絲護手霜30g為715日圓。較為寬廣的2樓空間，化妝品、化妝用品一字排開，也有完備的臉部美容室。

📞 075-541-0177
📍 東山区祇園四条花見小路東北角
🕐 11:00～19:00（視季節變動）
💤 無休
💰 吸油面紙5包1組為1960日圓

多な加 匠心庵
たなか しょうしんあん

地圖 p.61-H

📍 祇園 🚶 3分

午餐時段的迷你懷石料理3300日圓～，晚餐時段店家精選京懷石料理7150日圓～，無論哪個午餐都很划算。與白飯一起送上的店家自製的山椒小魚很受歡迎。在祇園小巷弄的安靜空間中，可以盡情享用使

用當季食材製作的京料理。下圖為秋季午間的迷你懷石料理，共有11道菜。不能使用信用卡。

📞 075-525-3152
📍 東山区祇園町北側286
🕐 11:30～13:30、17:00～21:00LO
至少前一日需預約
💤 週日（視季節變動、有臨時休業）
💰 午餐3300日圓～，晚餐7150日圓～

かぼちゃのたね

地圖 p.61-H

📍 祇園 🚶 3分

以鰻魚料理自豪的店。鰻魚丼定食2420日圓，每日中午特餐（前菜3種、海鮮2種、南瓜可樂餅、飯、湯、醃漬物）2970日圓。全餐除了提供鰻魚宴席料理（小菜、海鮮、照燒鰻魚肝、鰻魚柳川鍋、蒲燒鰻

等）4600日圓外，還有多種可盡情選擇。

📞 075-525-2963
📍 東山區祇園町北側267祇園了郭ビル1F
🕐 12:00～13:30、18:00～售完為止
🚫 週二
💰 午間定食1720日圓～

八阪神社周邊／甜品店

家傳京飴 祇園小石
かでんきょうあめ ぎおんこいし

地圖 p.61-H
📍 祇園 🚶 1分

最受歡迎的黑糖戚風聖代1210日圓（下圖）。使用含礦物質且甜度低，被認為對瘦身有幫助的高級黑糖。除外，黑糖蕨餅740日圓、黑糖奶酪720日圓及夏季限定的任性刨冰1020日圓，每個都想吃看看。

📞 075-531-0331
📍 東山區祇園町北側286-2
🕐 10:30～17:00（16:30LO）營業時間視季節變動
🚫 週二、四
💰 黑糖戚風聖代1210日圓

祇園周邊／天婦羅

天ぷら 八坂圓堂
てんぷら やさかえんどう

地圖 p.61-L
📍 祇園 🚶 5分

京都風天婦羅店，店面為傳統茶室建築。供應當令海鮮與京都蔬菜天婦羅，如遠近馳名的玉米天婦羅、講究的活車蝦天婦羅等。也非常推薦午間全餐6600日圓～（下圖為各式全餐的示意圖，食材會因當日進貨狀況而異）。

📞 075-551-1488
📍 東山區八坂通東大路西入ル
🕐 11:00～16:00、16:00～21:00（20:15LO）
🚫 無休
💰 晚餐全餐10000日圓～（稅、服務費另計）

巽橋周邊／大阪燒

祇園たんと
ぎおんたんと

地圖 p.61-H
📍 四条京阪 🚶 5分

窗邊的座位可就近觀賞白川與巽橋的景色，是美食外的另一種享受。眾多菜色中推薦「特製大阪燒」1700日圓，放入Q彈的燉牛筋等9種食材的麵糊不斷翻面煎烤，再加一個生蛋享用，柔滑的口感非常對味。醬汁有3種可供選擇。

📞 075-525-6100
📍 東山區八坂新地清本町372
🕐 12:00～15:00（14:30LO）、17:00～22:00（21:30LO）週五為16:00～
🚫 週四 💰 大阪燒880日圓～

巽橋周邊／壽司

いづう

地圖 p.61-H
📍 祇園 🚶 5分

於1781（天明元）年創業。以京都飲食文化為人熟悉的鯖魚壽司，經過時間演進，昆布、魚、飯搭配得相得益彰，改變了壽司的風味。可以多吃幾家，找出自己喜歡的口味，也是京都壽司的醍醐味。可在本店嚐到現點現做的壽司。

祇園

77

📞 075-561-0751
📍 東山区八坂新地清本町367
🕐 11:00～22:00
　　（週日、假日為～21:00）
🚫 週二（逢假日或祭典則營業）
💴 鯖姿壽司1人份6貫2640日圓

ステーキなか彦
すてーき なかひこ

地圖 p.61-G
京阪祇園四条站 🚶 3分

　主廚就在面前煎製完成的菲力牛排60克，再配上前菜、烤青菜、沙拉、甜點，還可以選擇要蒜香飯、咖哩飯或香雅飯，令人超滿足的套餐4180日圓，除外也有許多洋食餐點。店址位在祇園町南側富有風情的一隅，由茶屋改建而成。

📞 075-551-5529
📍 東山区祇園町南側570-1
🕐 11:30～14:00(13:30LO)、
　　17:00～21:00(20:00LO)
🚫 週日、假日的週一
＊週一僅提供晚餐
💴 午餐全餐為4180日圓～

祇園京料理 花咲
ぎおんきょうりょうり はなさき

地圖 p.61-L
京阪祇園四条站 🚶 10分

　小魚山椒飯附上生魚片、南瓜饅頭、天婦羅和點心的中午便當2160日圓～。受顧客喜愛的迷你宴席料理（上圖）4400日圓有前菜、生魚片、下酒菜、燉物、炸物、紅味噌湯與飲品。還有午間宴席料理7200日圓～、晚間舞全餐12100日圓等。

📞 075-533-3050
📍 東山区祇園町南側570-17
🕐 12:00～14:00LO、
　　17:30～21:00LO
🚫 無休
💴 午、晚宴席料理4180日圓～

祇をん 豆寅
ぎおん まめとら

地圖 p.61-L
♀ 祇園 🚶 3分

　單個直徑約3～5公分的豆壽司，是為了舞妓在塌塌米上也能以櫻桃小嘴享用而製作出來的。午間豆壽司膳在木盒內放15種的壽司；放在隅切膳中的

12道小巧料理的豆皿膳6800日圓～；當然也能品嘗到放入箱中的豆壽司。另外也推薦品嘗晚間10780日圓的豆壽司懷石料理。

📞 075-532-3955
📍 東山区祇園町南側570-235
🕐 11:30～15:00 (14:00LO)
　　17:00～最後入店20:30
🚫 無休
💴 午間豆壽司膳4800日圓

祇園 蕪屋
ぎおん かぶらや

地圖 p.61-G
京阪祇園四条站 🚶 5分

　在這裡能盡情享受使用產地直送鮮魚和當季蔬菜的創作料理、宴席料理和京都家常菜。店內也準備種類豐富的日本酒和燒酎。推薦每月不同的創作宴席全餐。視情況有下嵌式座位、塌塌米席、桌席或吧檯座可選。

📞 075-551-0900
📍 東山区祇園花見小路四条下ル一筋目西入ル南側
🕐 17:00～22:00 (21:00LO)
🚫 不定休
💴 創作宴席料理4730日圓～

建仁寺周邊／咖啡廳

Cafe OPAL
カフェ オパール

地圖p.61-K
♀祇園🚶8分

在使用町家的獨棟咖啡廳，可享用手作餐點。照片中的甜點拼盤1800日圓有自製芭菲、果凍、義式脆餅和蛋糕等4種。與飲品搭配成套餐可折200日圓。

📞 075-525-7117
📍 東山区大和大路通四条下ル三丁目博多町68
🕐 12:00〜19:00
❌ 週二、三
　（逢假日則翌日休）
💴 甜點拼盤1800日圓

建仁寺周邊／京料理

建仁寺 祇園丸山
けんにんじ ぎおんまるやま

地圖p.61-K
♀清水道🚶5分

讓人感受京都傳統的茶室建築餐廳，供應當季食材做成的京料理，春天有竹筍、夏天有海鰻、香魚，秋天有松茸，冬天有間人港松葉蟹、河豚等。用餐需預約，下圖為晚餐時段的懷石料理（示意圖）。

📞 075-561-9990
📍 東山区建仁寺南側
　（從建仁寺正門前往東）
🕐 11:00〜15:00(13:30LO)、
　17:00〜22:30 (19:30LO)
❌ 不定休
💴 午間懷石10120日圓〜、晚間懷石18975日圓〜

建仁寺周邊／體驗

舞妓花の席
まいこはなのせき

地圖p.61-K
♀祇園🚶6分

茶屋等地的舞妓若無熟人引薦，一般人很難跟她們坐在一起用餐。這家餐廳可以觀賞舞妓的舞蹈，時間為45分，還能用自己的相機與舞妓拍照。提供抹茶與乾菓子。

📞 075-451-1881
📍 東山区祇園南側「ぎをん丸梅」
🕐 週六日、假日的14:00〜、
　15:00〜
💴 1人5500日圓
※ 因新冠肺炎疫情而停止併桌，僅提供預約包廂

南座周邊／蒸蕪菁

一平茶屋
いっぺいちゃや

地圖p.61-G
京阪祇園四条站🚶3分

這家店一年到頭都能吃到京都蔬菜中冬季具代表性的聖護院蕪菁。蒸蕪菁是將蕪菁泥混和熱糯米粉做成丸子狀，上面放上鰻魚或馬頭魚、雞肉、百合根、香菇蒸煮，再淋上濃稠的吉野葛芡汁的料理。口味承襲傳統，採用薄鹽醬油調味。季節無菜單料理9900日圓。

📞 075-561-4052
📍 東山区宮川筋1-219
🕐 12:00〜21:00
❌ 週四
💴 蒸蕪菁定食4400日圓

京都站～東・西本願寺

踏出一步
與車站附近的悠久歷史不期而遇

京都站附近的百貨公司與飯店建築群，包含車站本身，乍看之下都是大都市的風景。不過一走到道路上，便可見到洋溢古都風情的古老寺院與庭園。有壯麗的東・西本願寺，往西邊走是江戶時代的花街，島原的青樓，依然保有當時的風貌。京都的象徵，東寺五重塔也是不可錯過的景點。

 HINT

遊覽順序的小提示

決定行程重點後再開始散步，若要去東寺一帶搭乘巴士比較理想。可搭乘16・19・42・78路，但這幾條路線的公車白天每1小時只有1～2班，下車站牌各為東寺西門、南門、東門。

前往其他區域的方法
請參考p.178「前往各地的巴士乘車處一覽表」前往。

 HINT

前往這個區域的方法

目的地	出發地點	巴士路線・鐵道	下車站牌（車站）
京都鐵道博物館	京都站烏丸口（♀京都駅前）	🚌86・88（約7～8分）	♀梅小路公園・京都鉄道博物館前
東寺	京都站烏丸口（♀京都駅前）	🚌16・19・42・78（約8～19分）	♀東寺西・南・東門前
	近鐵京都站	近鐵線（約2分）	東寺站

【活動&祭典】 每月21日：弘法市集（東寺）

區域的魅力度

觀光客人氣指數
★★★
街道散步氣氛
★
世界遺產
東寺

國寶：
東本願寺／教行信証、西本願寺／飛雲閣、唐門、書院、北能舞台、黑書院及傳廊等 東寺／金堂、五重塔、大師堂、蓮花門、木造五大明王像等

標準遊逛時間：2小時
（京都站～涉成園～東本願寺～西本願寺～梅小路～島原）

比較容易攔到計程車的地點

京都站烏丸口、八条口都有站前乘車處。路上來往的計程車也很多。

賞花季節

4月上旬～中旬：櫻花（涉成園）
9月下旬～10月下旬：大波斯菊（東寺）
11月中旬～下旬：銀杏（東本願寺等地）

觀賞&遊逛

涉成園
しょうせいえん

地圖p.82-B
京都站🚶10分

　涉成園據傳是平安時代前期（九世紀末）左大臣源融興建的六條河原院遺址，後來由詩人石川丈山設計庭園。從前有枳殼構成的圍籬，通稱枳殼邸。庭園以印月池為中心，配置了閬風亭、縮遠亭、臨池亭，四季花木扶疏，各有千秋。屬於東本願寺（真宗本廟）境內設施，已被指定為名勝。

📞 075-371-9210（東本願寺本廟部參拜接待所）
📍 下京区下珠数屋町通間之町東入ル東玉水町
🕐 9:00～17:00（16:30最後入園）、11～2月～16:00（15:30最後入園）　🈺無休
💰 庭園維持奉獻金每人500日圓　※高中生以下為250日圓起(500日圓以上贈導覽手冊)

東本願寺
ひがしほんがんじ

地圖p.82-B
京都站🚶7分

　真宗大谷派的本山。正式名稱為真宗本廟，1602（慶長7）年，教如上人在德川家康所捐獻的土地上另外興建本願寺，後被移至此地。高28公尺的御影堂門為京都三大門之一，正面有世界規模最大的木造建築，御影堂轟立在眼前。

📞 075-371-9181　📍 下京区烏丸通七条上ル
🕐 5:50～17:30（11～2月為6:20～16:30）
✳ 自由參觀

POINT
鴨隊長導覽／東本願寺附近的烏丸通雖然是大馬路，但道路兩旁成排的銀杏讓人放鬆。

西本願寺　　〈世界遺產〉
にしほんがんじ

地圖p.82-A
京都站🚶15分

淨土真宗本願寺派的本山。御影堂（圖）放置親鸞聖人的木像，右手邊還有阿彌陀堂。被認為是伏見城遺址的國寶唐門，終於結束睽違40年的修復工程。推薦1天4次的（10時、11時30分、13時45分、15時30分）「御西的僧侶」境內導覽。

📞 075-371-5181
📍 下京区堀川通花屋町下ル
🕐 5:30～17:00　✳ 自由參觀

京都水族館
きょうとすいぞくかん

地圖p.82-C
京都站🚶約15分、♀七条大宮・京都水族館前🚶3～5分

9座多采多姿的展示區大受好評。重現鴨川生態的「京之川」、充滿魄力的「京之海」大水槽與日本大鯢都是精采之處。

📞 075-354-3130（10:00～18:00）
📍 下京区観喜寺町35-1（梅小路公園内）
🕐 10:00～18:00（視季節變動。最後入館為閉館前1小時）
🈺 無休(有臨時休)　💴 2200日圓

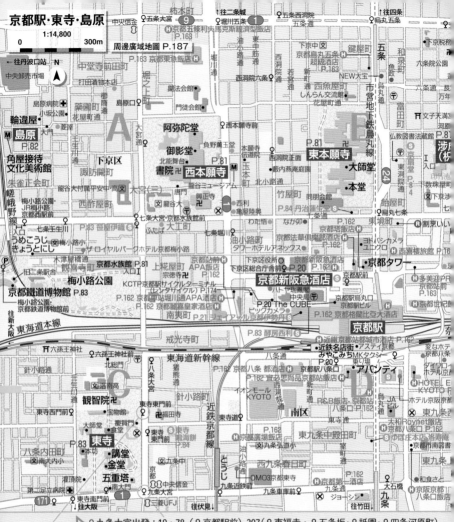

1:14,800
0　　　　300m
周邊廣域地圖 P.187

九条大宮出發：19・78（♀京都駅前）207（♀東福寺・♀五条坂・♀祇園・♀四条河原町）

♀東寺東門前出發：42（♀京都駅前）207（♀東福寺・♀五条坂・♀祇園・♀四条河原町）

島原街道
しまばらのまちなみ

地圖 p.82-A
丹波口站 🚶 7分

　島原是江戸時代京都唯一幕府公認的繁榮花街，至今仍保留了當時的正門與擁有格子門窗的建築。碩果僅存的青樓建築・**角屋接待文化美術館**（相關資訊如下）令人遙想起當年宴席的盛況，現已列入重要文化財。

📞 075-351-0024　📍 下京区西新屋敷揚屋町32
🕐 10:00～15:40　🈳 7月19日～9月14日以及12月16日～3月14日之間、週一（逢假日則翌日休）
💴 入館費成人1000日圓。2樓的特別開放參觀為預約制，1日4次，所需30分，費用另為800日圓

京都鐵道博物館
きょうとてつどうはくぶつかん

地圖 p.82-C
♀梅小路公園・JR梅小路京都西站前🚶即到

展示與鐵道有關的資料、立體模型與實體車輛，不是鐵道迷也能盡享魅力的博物館。建於大正時代被列為國家重要文化財的扇形車，以及轉車台都值得前來一看。蒸汽火車Steam號的體驗乘車活動很受歡迎。館內也設有餐廳跟商店。

📞0570-080-462　♀下京区観喜寺町
🕐10:00～17:00（入館16:30）
🚫週三（假日及3月25日～4月7日、黃金週、7月21日～8月31日則開館）、過年期間
💰1200日圓
　（搭乘蒸汽火車Steam號費用另為300日圓）

東寺（教王護國寺）　〈世界遺產〉
とうじ（きょうおうごこくじ）

地圖 p.82-C
近鐵東寺站🚶3分、♀東寺南門前🚶即到

與弘法大師（空海）有關的真言宗總寺，五重塔歷經多次火災，現在的塔是1644（寬永21）年德川家光捐錢興建的。

值得參觀的設施很多，如桃山時代的金堂、室町時代的大師堂與講堂（重要文化財）等。弘法大師忌日的每月21日都會舉行法會，境內擺滿了日用品與骨董的攤子。

📞075-691-3325　♀南区九条町1
🕐8:00～17:00（最後進場16:30）
💰金堂、講堂800日圓
　（五層塔下層特別參觀時為1300日圓）
　寶物館為3月20日～5月25日、9月20日～11月25日時特別開放，9:00～，費用另為500日圓

購物＆美食

京都站～東・西本願寺

🔱 **京都站周邊／便當、熟食、伴手禮**

酵房西利
こうぼうにしり

地圖 p.82-D
京都站西口2樓南北自由通道

將京都漬物中的西利，以自古以來的發酵技術加以活用，因此成立的新品牌「酵房西利」。使用以優質甜味跟香氣為傲的白味噌，仔細將嚴選魚類、雞肉細細醃漬的西京漬880日圓～，還有多種西京燒便當1290日圓～備受喜愛。也有販售LABRE乳酸發酵的甘麴「AMACO」。

📞075-344-0008
♀京都站西口2樓「京銘菓・名菜処 京」內
🕐11:00～18:00
🚫無休
💰銀鱈西京燒便當1590日圓

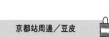
京都站周邊／豆皮

ゆば庄本店 洛寿庵
ゆばしょうほんてん らくじゅあん

地圖 p.82-D
京都站八条口🚶5分

擁有120年歷史的京都豆皮老店，承襲從前的製作方法製作豆漿，再以獨特的方法撈取豆皮。豆皮口感細膩，不需搭配其他食材，就能品嘗到豆漿原本的風味，也是一大魅力。熱門的現撈豆皮200g756日圓，可以加山葵與醬油冷食，冬天也可以用微波爐加熱食用。

📞075-691-5510
♀南区東九条北烏丸町8
🕐10:00～18:00　🚫週三
💰現撈豆皮200g864日圓

西本願寺周邊／和菓子

笹屋伊織
ささやいおり

地圖 p.82-A
♀七条大宮🚶1分

創立於江戶時代1716年。圖

片的「銅鑼燒」1條1620日圓，是擁有約140歷史著名和菓子。只有在每月弘法大師的忌日（21日）前後3天才有販售，最好事先預訂。以醬油風味的外皮包起黑芝麻餡的「胡麻鼓」1個194也廣受歡迎。

♪ 075-371-3333
📍 下京区七条大宮西入ル花畑町86
🕐 9:00～17:00
🈺 週三（逢20～22日則營業）
💴 銅鑼燒1條1620日圓

🛍 東本願寺周邊／日式蠟燭 🛍

丹治蓮生堂
たんじれんしょうどう

地圖 p.82-B
京都站 🚶 7分

京都唯一一家以「生掛」的手工技藝製作蠟燭的日式蠟燭店。師傅在細棒上包上和紙，再以藺草莖纏繞製作燭芯，然後插在竹籤上塗蠟，最後經過著色程序便完成。

♪ 075-361-0937
📍 下京区七条通烏丸西入ル中居町114
🕐 10:00～19:00
🈺 週日、假日不定休
💴 1條170日圓～

🔱 東本願寺周邊／日本料理 🔱

割烹 いいむら
かっぽう いいむら

地圖 p.82-B
京都站 🚶 5分

平日中午供應700日圓定食，每天更換菜色內容（週四的鰻魚蓋飯則為900日圓）。午餐菜單只有一種，每日限定50份，不接受預約最好早點到。晚餐供應可品嘗9～10道料理的京懷石5500日圓～。

♪ 075-351-8023
📍 下京区七条通烏丸東入ル
🕐 11:30～售完為止、17:00～22:30（22:00LO）
🈺 週日。中午則週六、假日也休。逢週日、一連休時僅週日晚營業
💴 午餐700日圓、晚餐5500日圓～

🔱 涉成園周邊／京扇子 🔱

京扇堂
きょうせんどう

地圖 p.82-B
京都站 🚶 15分

創立於1832（天保3）年的京扇老店。華麗的舞扇、裝飾扇種類豐富，15公分的裝飾扇1944日圓等小飾品也很齊全。提供京扇繪製體驗服務（2300日圓，所需時間90分，作品完成後約1個月後寄送），需預約，也可參觀製作過程（僅限平日）。

♪ 075-371-4151
📍 下京区東洞院通正面上ル筒金町46
🕐 9:00～17:00（週日、假日為10:00～18:00）
🈺 過年期間
💴 婦人用扇3300日圓～

🔱 東寺周邊／和菓子 🔱

東寺鳴海餅
とうじなるみもち

地圖 p.82-C
東寺東門 🚶 2分

精挑細選食材用心製作的人氣和菓子，和菓子水無月有3種口味，只有抹茶口味整年都吃得到。和菓子數量有限，需預訂。在店內可以搭配抹茶一起享用的服務暫時停止中。

♪ 075-691-7217
📍 南区西九条東寺道通猪熊角
🕐 10:00～18:00
🈺 週一（逢假日則營業，翌日休）
💴 抹茶水無月5個1190日圓

三十三間堂～京都國立博物館

佛像一字排開的佛堂氣勢十足

這個區域是東山散步路線的起點。千手觀音像、木造風神、雷神像多達1001具佛像並列的三十三間堂與京都國立博物館令人嘆為觀止。與豐臣秀吉、淀夫人有關的寺院神社也集中在這附近。

 HINT

遊覽順序的小提示

可與清水寺～八坂神社的行程安排在一起。

前往其他區域的方法
前往京都站與南禪寺方向的巴士路線參照p.29。
●**前往清水寺　步行路線**：從三十三間堂到♀五条坂步行約需20分
●**前往東福寺・泉涌寺　巴士路線**：參照p.86地圖內♀東山七条出發的路線。

 HINT

前往這個區域的方法

目的地	出發地點	巴士路線	下車站牌
三十三間堂・京都國立博物館・豐國神社・方廣寺	京都站烏丸口（♀京都駅前）	🚌206・208・86・（約6～9分）	♀博物館三十三間堂前
	清水寺（♀五条坂）	🚌202・206・207（約4分）	♀東山七条
		🚌206・86（約5分）	♀博物館三十三間堂前
河井寬次郎紀念館	從上述出發地點搭乘206路線♀馬町下車。		

【活動＆祭典】1月15日最近的週日：始弓式（三十三間堂）
【賞花季節】4月下旬～5月上旬：杜鵑花、皋月杜鵑花（智積院）

區域的魅力度

觀光客人氣指數
★★★
街道散步氣氛
★★

國寶：
三十三間堂／本堂、風神像、木造千手觀音坐像等　智積院／紙本金地著色櫻楓圖等
豐國神社／唐門

標準遊逛時間：2小時
（三十三間堂～京都國立博物館～豐國神社～方廣寺）

交通往返建議

清水寺路線請參考p.28，也可以從京都站步行到三十三間堂，約需30分

比較容易攔到計程車的地點

一般都是直接攔路上往來的計程車，停在三十三間堂前等處的計程車也很多。

三十三間堂・國立博物館

1:10,700

0　　　　200m

周邊廣域地圖 P.189

往三条

🚏五条坂出發🚏往祇園
⬆ 80・86・臨・202・206・207
（參照p.32）

🚏博物館三十三間堂前出發
⬆ 86（🚏祇園・🚏知恩院前・🚏
三条京阪前・🚏四条河原町）

⬆ 86（🚏五条坂・🚏祇園・🚏岡
崎公園 美術館・平安神宮前）

⬇ 206（🚏五条坂・🚏祇園・🚏東
山二条・岡崎公園口・🚏北大
路BT）

⬇ 208（🚏泉涌寺道・🚏東福寺・
🚏東寺南門前）

🚏博物館三十三間堂前出發
⬅ 86・88・206・208（🚏京都駅前）

86・88（🚏京都駅前・🚏梅小路
公園・京都鉄道博物館前）

🚏東山七条出發
⬇ 202・207・208（3系統也可、
🚏泉涌寺道・🚏東福寺）

觀賞　遊逛

三十三間堂
さんじゅうさんげんどう

地圖 p.86

🚏博物館三十三間堂前 👣 1分

　正式名稱為蓮華王院，1164（長寬2）年後
白河上皇命平清盛建造，1266（文永3）年重
建。全檜木建築的佛堂內殿有33個柱間，正
中央有湛慶的名作 ── 千手觀音坐像，左右各
放置了500具千手觀音立像，兩旁的雲座則立
著風神、雷神像。

　📞 075-561-0467　📍 東山区三十三間堂廻町
　🕐 8:30～17:00（11月16日～3月31日為9:00
　　～16:00）、入場到30分前為止
　💴 600日圓

京都國立博物館
きょうとこくりつはくぶつかん

地圖 p.86

🚏博物館三十三間堂前 👣 即到

　建於1895（明治28）年的紅磚特別展示館

（重要文化財）是由片山東熊設計建造，主要
用來舉辦特展。常設展示館則展示了考古、陶
磁器、繪畫、雕刻等京都寺院神社寄放的文
物。也會舉行特展。

　📞 075-525-2473
　📍 東山区茶屋町 527
　🕐 9:00～17:30（週五、六～20:00）。入館至閉館
　　前30分為止。特別展期間則延長
　🚫 週一（逢假日則翌日休）、有臨時休館
　💴 參觀費視展覽而異

方廣寺
ほうこうじ

地圖 p.86

🚏博物館三十三間堂前 👣 4分

　天台宗禪寺，1586（天正14）年豐臣秀吉
將大佛安置於此地。境內的梵鐘銘刻有「國家

安康‧君臣豐樂」，據傳因將家康2字斷開而引發了大坂冬‧夏之役。

📍 東山区正面通大和大路東入茶屋町527-2
🕐 9:00～16:00（最後入場15:30）
💴 本堂參觀200日圓

豐國神社
とよくにじんじゃ

地圖p.86
🚏 博物館三十三間堂前🚶4分

1598（慶長3）年辭世的豐臣秀吉被封為「豐國大明神」供奉於此，1880（明治13）年重新修整。國寶大唐門據傳是伏見城的城門。寶物館中展示許多豐臣秀吉相關物品。

📞 075-561-3802
📍 東山区大和大路正面茶屋町
🕐 寶物館為 9:00～16:30（受理）
💴 300日圓　＊自由參觀

河井寬次郎紀念館
かわいかんじろうきねんかん

地圖p.86
🚏 馬町🚶2分

建於1937（昭和12）年，陶藝家河井寬次郎參考飛驒高山的民家親自設計。與他的作品相同，從住宅到擺設都可感受其尊崇美與質樸的藝術家精神。

📞 075-561-3585
📍 東山区五条坂鐘鑄町569
🕐 10:00～17:00（最後入場16:30）
🚫 週一（逢假日則翌日休）、8月11日～20日左右、12日24日～1月7日左右
💴 900日圓

購物&美食

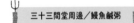
三十三間堂周邊／鰻魚鹹粥

わらじや

地圖p.86
🚏 博物館三十三間堂前🚶2分

鰻魚鹹粥（雜炊）專賣店。鹹粥中有不沾醬汁的烤鰻魚、麻糬、香菇、蛋等食材，搭配放入切段鰻魚、烤青蔥的湯品一起享用。

📞 075-561-1290
📍 東山区七条通本町東入ル
🕐 11:30～15:00（14:00LO）、16:00～20:00（19:00LO）、逢週六日、假日則全天營業
🚫 週二　💴 1人份為6831日圓

🛍️ 三十三間堂周邊／京都點心

甘春堂東店
かんしゅんどうひがしみせ

地圖p.86
🚏 博物館三十三間堂前🚶5分

2樓有茶房撗，可品嘗當季高級生菓子與抹茶880日圓及栗子紅豆湯935日圓等。最受歡迎的伴手禮茶壽器，是外觀與茶杯如出一轍的和菓子。

📞 075-561-1318
📍 東山区川端正面東入ル茶屋町511-1
🕐 9:00～17:00（點心為10:00～17:00）
🚫 1月1日
💴 茶壽器3024日圓

三十三間堂周邊／麩、豆皮

半兵衛麩
はんべえふ

地圖p.86
🚏 五条京阪前🚶1分

1689（元祿2）年創業，使用優質的井水製作生麩與豆皮的專賣店。むし養い全餐3850日圓包含味噌烤三色食材、醋拌烤麩等菜色。也可以購買店內商品。

📞 075-525-0008
📍 東山区問屋町通五条下ル上人町433
🕐 9:00～17:00（販售）、11:00～最後入店14:30，茶房需預約
🚫 過年期間
💴 むし養い全餐3850日圓

京都御所

區域的魅力度

觀光客人氣指數
★★★
街道散步氣氛
★

國寶：
相國寺／無學組元墨
蹟　廬山寺／慈惠大師
自筆遺告

標準遊逛時間：2小時
（京都御苑～廬山寺～
梨木神社）

必遊的市中心休憩場所

位於市區卻十分安靜的京都御苑，櫻花與銀杏等樹木欣欣向榮。御苑內的御所一直到明治2年都是皇居。梨木神社、與紫式部有關的廬山寺等附近寺院神社也很值得參觀。

遊覽順序的小提示

御苑內的道路鋪滿了白色碎石，散步時選擇留下自行車胎痕的地方比較好走。夏天可以去梨木神社以染井名水潤喉解渴。

前往這個區域的方法

交通往返建議

人車多的觀光旺季建議搭乘地鐵。

比較容易攔到計程車的地點

到丸太町通、烏丸通、今出川通等地攔路上來往的計程車。

目的地	出發地點	地鐵	下車站
京都御苑·御所·梨木神社·廬山寺	京都站（地鐵烏丸線）	地鐵烏丸線（約8分、約10分）	丸太町站、今出川站
	二条城前站(地鐵東西線)	在烏丸池站轉乘烏丸線（約4分、約6分）	丸太町站、今出川站

觀賞　遊逛

京都御苑·御所
きょうとぎょえん·ごしょ

地圖 p.89
地鐵今出川站🚶5分（御苑從丸太町站即到）

御所內有歷代天皇即位的紫宸殿、清涼殿、小御所、御常御殿等。小御所的東邊為有瀑布與溪流造景的優雅庭園。

御所
📞 075-211-1215（宮内庁京都事務所參觀係）
📍 上京区京都御苑3番（參觀事項請參照p.178-179）
御苑
📞 075-211-6364
📍 上京区京都御苑　＊ 御苑內自由參觀

【活動＆祭典】5月15日：葵祭（御苑內開放參觀）／10月22日：時代祭（御苑內開放參觀）／9月第3周六、日：萩祭（梨木神社）　【賞花季節】3月下旬～4月上旬：桃花（京都御苑）／9月上旬～下旬：胡枝子花（梨木神社）

梨木神社

なしのきじんじゃ

地圖 p.89
京都御所 🚶 8分

　供奉三條實萬・實美父子，神社洗手淨身處的水井名為「染井」，為京都三大名水之一。為賞胡枝子花（萩）的名勝地，9月下旬的週日前後會舉辦萩祭，非常熱鬧。

📞 075-211-0885
📍 上京區寺町通広小路上ル
＊ 自由參觀

盧山寺

ろざんじ

地圖 p.89
京都御所 🚶 8分、梨木神社 🚶 1分

　元三大師良源在938（天慶元）年所建造。據說是紫式部的宅邸，《源氏物語》等書都是在這裡完成的。源氏之庭裡妝點著青苔搭配白砂，美麗的桔梗花盛開。節分的鬼法樂是相當有名的民俗藝能。

📞 075-231-0355　📍 上京區寺町通広小路上ル
🕐 9:00～16:00
🚫 2月1～10日、過年期間　💴 500日圓

♀烏丸今出川出發
59（♀金閣寺道・♀竜安寺前）
201（♀四条大宮）
203（♀北野白梅町）
59（♀四条河原町）
201（♀百万遍・♀祇園）
203（♀出町柳駅前・♀銀閣寺道）

♀烏丸丸太町出發
10（♀北野天満宮前・♀御室仁和寺）
93（♀妙心寺前・♀太秦映画村道・♀嵐山天龍寺前）
204（♀北野白梅町・♀金閣寺道）
10（♀四条河原町・♀三条京阪前）
93（♀東天王町）
202（♀祇園・五条坂）
204（♀東天王町・♀銀閣寺道）

地圖上標示：往北大路／承天閣美術館／相国寺／室町小路／京菓子資料館／俵屋吉富／同志社大学／同志社大／大聖寺／普広院／瑞春院／クラーク記念館／今出川／同志社女子大／礼拝堂／烏丸今出川／冷泉家住宅／カーサ・ビアンカ／今出川新町／上京区／虎屋／虎屋菓寮／金剛能楽堂／宮内庁／京都事務所／烏丸中立売／P.164 御苑西側／京都布萊頓飯店 P.164／KBS京都／P.164 京都皇家酒店／護王神社／澤井醤油本店／聖アグネス教会／烏丸下立売／下立売御門／京都第二赤十字病院／聖ヨゼフ修道院／竹邑庵太郎敦盛 P.89／丸太町／ノク京都／烏丸丸太町／林光院／慈照院／同志社幼稚園／大宮御所御門／石薬師御門／御所雪月／御所東小／河原町通／清和院御門／府立大病院／清和院／P.89 廬山寺／府立医大病院／府立医大附属病院／P.89 シェ・キクスイ／荒神口／京都仙洞御所／京都市歴史資料館／新島襄旧邸／P.71 中国料理 マダム紅蘭／厳島神社／下御霊神社／裁判所門／京都地裁／行願寺

京都御所

1:22,000
0 ─── 400m
周邊廣域地圖 P.188

P.164 御苑西側／P.88／京都御苑／京都御所／烏丸／地下鐵烏丸線／紫宸殿／建礼門／烏丸下長者町

美食

🍴 京都御所周邊／蕎麥麵

竹邑庵太郎敦盛

ちくゆうあんたろうあつもり

地圖 p.89
地鐵丸太町站 👟 3分

　將蕎麥子連殼磨粉製作的蕎麥麵，香氣逼人。附大量九条蔥的敦盛蕎麥麵一斤930日圓，一斤半980日圓，二斤1300日圓。

📞 075-256-2665
📍 椹木町烏丸西入ル下ル（楠小路内）
🕐 11:00～14:30LO、18:00～20:30、晚上僅週一～五
🚫 週日、假日
💴 敦盛蕎麥麵930日圓～
＊ 小學生以下不可入店

🍴 京都御所周邊／歐風料理

シェ・キクスイ

しぇ・きくすい

地圖 p.89
♀荒神口（往北）👟 即到

　以南法普羅旺斯料理為基底的歐風家庭料理餐廳。午餐有2種全餐料理，以魚為主菜的全餐1518日圓，而國產牛肉類全餐為1815日圓。都各附前菜、湯品、咖啡跟麵包。

📞 075-252-2697
📍 上京區河原町通荒神口下ル
🕐 11:30～14:00LO、18:00～21:15LO、晚上需預約
🚫 不定休
💴 午餐全餐（魚）1518日圓、午餐全餐（肉）1815日圓

二条城～壬生寺

造訪江戸時代畫下句點的歷史舞台

二条城由德川家康興建，同時也是著名的德川慶喜大政奉還之地。參觀完二条城後還可以盡情走訪與新選組關係密切的寺院，壬生寺等充滿歷史氣息的景點。

遊覽順序的小提示

二条城有許多景點，有二之丸御殿的大廳、白書院、庭園、本丸等，就算是大概參觀一下也要花上近1小時。從二条城步行至南邊的壬生寺約需30分，地圖請參照p.188。逛完這個區域大約要3小時，建議選擇幾個景點，善用時間觀光。

前往其他區域的方法

從二条城附近前往嵐山可搭乘JR嵯峨野線，前往平安神宮與南禪寺所在的東山方向，則可搭乘地鐵東西線。

前往這個區域的方法

目的地	出發地點	巴士路線・地鐵	下車站牌（車站）
二条城	京都站烏丸口（♀京都駅前）	🚌9・50（約16分）	♀二条城前
	京都御所（地鐵丸太町站）	在烏丸御池站轉乘東西線（約5～12分）	二条城前站
壬生寺	京都站烏丸口（♀京都駅前）	🚌26・28・臨（約14～16分）	♀壬生寺道

區域的魅力度

觀光客人氣指數
★★★
街道散步氣氛
★
世界遺產
二条城

國寶：
二条城／二之丸御殿、大廳、御殿黑書院、御殿白書院等

標準遊逛時間：3小時
（二条城～二条陣屋～壬生寺）

交通往返建議

這裡有地鐵與巴士行經，交通工具多。人車多的觀光旺季可利用JR嵯峨野線前往。

比較容易攔到計程車的地點

計程車會在面對二条城入口的堀川通上排班候客，也會停在附近的飯店。

【活動＆祭典】4月上旬：觀櫻茶會（二条城）／4月21日～29日：壬生狂言（壬生寺）／5月1～4日：神泉苑狂言（神泉苑）／10月10日前後：壬生狂言（壬生寺）　【賞花季節】4月上旬：櫻花（二条城、神泉苑）

觀賞　遊逛

二条城 〈世界遺產〉
にじょうじょう

地圖 p.91
地鐵二条城前站 🚶 5分，♀二条城
前 🚶 2分

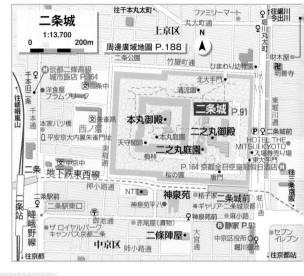

二条城
1:13,700
0　　200m
往千本丸太町　ファミリーマート　往堀川今出川
上京区
丸太町通　堀川丸太町
二条公園　財木屋
京都二條高級　竹屋町通　卍 明善寺
城市飯店 P.164　ひまわり幼稚園
二条城中　北大手門
千本通　清流園　東堀川通
平安食房プラムクリーク　朱雀門
本家八ッ橋　本丸御殿・　二条城 P.91
平安京大内裏朱雀門址　・本丸庭園　二之丸御殿 P 二条城前
天守閣跡・　HOTEL THE MITSUI KYOTO
二条　中京中　二之丸庭園　入場券売り場
嵯峨野線　梅林　P.164 京都全日空皇冠假日酒店 H
地下鉄東西線　桜の園　往三条京阪
二条駅前　押小路通　唐門
二条駅東口　NTT・　神泉苑
御池通　神泉苑平八　二条城前
ザ ロイヤルパーク　赤尾屋（漬物）　格子家 ギャリア・二条城前
キャンパス京都二条　神泉苑前　麩嘉
中京区　静家 P.91
姉小路通　中京区役所前
往京都　二條陣屋　堀川御池
セブンイレブン
往京都駅

　1603（慶長8）年德川家康為了守護京都御所，同時作為其在京都的行館而興建。二条城為桃山時代的武家風格書院建築，裡面有二之丸御殿（國寶）、二之丸庭園（特別名勝）等，很多值得一看之處。

📞 075-841-0096
📍 中京区二条通堀川西入二条城町
🕐 8:45～16:00（閉城17:00）
🚫 12月29～31日、其他休城日請洽詢辦公室
💴 620日圓、二之丸御殿1030日圓

壬生寺
みぶでら

地圖 p.188-E
二条城 🚶 30分，♀壬生寺道 🚶 5分

　創建於991（正曆2）年，主神為延命地藏菩薩。境內除了擁有特殊舞台構造的大念佛堂、稻荷堂、水掛地藏堂、弁天堂、阿彌陀堂以外，還有近藤勇半身像與新選組隊士之墓供人祭祀憑弔。

📞 075-841-3381　📍 中京区坊城仏光寺北入ル
🕐 8:30～16:30
💴 任生塚為 200 日圓

POINT
鴨隊長導覽／壬生寺境內北邊的道路町家一字排開，氣氛平靜祥和。正門附近也很幽靜。

購物　美食

二条城周邊／豆皮料理

京ゆば処 静家 二条城店
きょうゆばどころ せいけ にじょうじょうてん

地圖 p.91
地鐵二条城前站3號出口 🚶 3分

　豆皮製造商經營的專賣店，豆皮由美山的工廠直送。招牌豆皮全餐7道2800日圓，8道3900日圓，9道4450日圓。

📞 075-813-1517
📍 中京区御池通黒門大文字町 233-4
🕐 11:30～14:30LO、17:30～19:30LO
🚫 不定休
💴 招牌豆皮全餐2800 日圓～

二条城周邊／化妝品

京乃雪
きょうのゆき

地圖 p.188-F
地鐵二条城前站 🚶 5分

　「京乃雪」系列商品是由27種以上日本與中國植物的發酵精華提煉而成，有天然香皂等4種商品。初次使用的人建議購買試用包裝1100日圓，可試用4種基本產品，還附櫻花束口袋。

📞 075-256-7676（ショップ専用）
📍 中京区二条通油小路東入ル西大黒町 331-1
🕐 10:00～18:00　🚫 週三、四
💴 天然肥皂80g2970 日圓

二条城～壬生寺

91

西陣

區域的魅力度

觀光客人氣指數
★★
街道散步氣氛
★★★★

國寶：
北野天滿宮／本殿、
拜殿、紙本著色北野
天神緣起等　千本釋迦
堂／本堂

標準遊逛時間：4小時
（北野天滿宮～上七
軒～千本釋迦堂～釘
拔地藏～西陣織會
館）

花街上七軒與可聽見織布機聲的傳統建築街道

北野天滿宮前的花街‧上七軒地區保留了格子窗的茶屋建築等，風情獨具。西陣的小徑上則有彷彿可聽見織布機聲的格子窗町家建築。北野天滿宮2月25日會舉行梅花祭，非常熱鬧。

織成館の手織物

交通往返建議

觀光時期要回程時，建議搭乘行駛於今出川通的51、59、201、203路，從♀烏丸今出川利用地鐵烏丸線。從西陣織會館步行20分可到地鐵今出川站。

HINT
遊覽順序的小提示

如果想要感受一下西陣的風情，建議參考p.94地圖的虛線從今出川通轉入旁邊的小路。
前往其他區域的方法
參考p.93的地圖。

比較容易攔到計程車的地點

堀川通與今出川通上來往的計程車很多。

HINT
前往這個區域的方法

目的地	出發地點	巴士路線	下車站牌
北野天滿宮‧平野神社‧千本釋迦堂	京都站（♀京都駅前）	🚌50（約30～33分）	♀北野天滿宮前
		🚌50‧205（約32～36分）	♀北野白梅町
	四条河原町	🚌10‧51‧203（約31～36分）	♀千本今出川、♀北野天滿宮前
西陣織會館‧晴明神社	京都站（♀京都駅前）	🚌9（約19～25分）	♀堀川今出川
	四条河原町	🚌12‧51‧59‧201（約23～30分）	♀堀川今出川

【活動＆祭典】每月25日：天神市集（北野天滿宮）／3月1日～4月3日：春季人偶展，秋季11月1日～30日（寶鏡寺）
【賞花季節】2月下旬～3月上旬：梅花（北野天滿宮）／4月上旬：櫻花（平野神社）

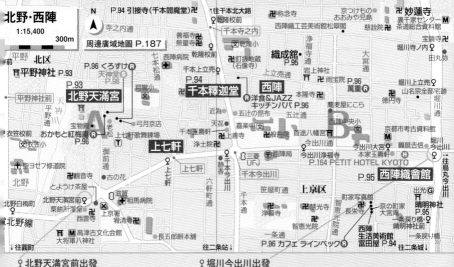

北野・西陣

1:15,400
300m

周邊廣域地圖 P.187

♀北野天滿宮前出發

↻ 55（♀二條驛前・♀四條大宮・♀四條烏丸）
↺ 10（♀嵐電妙心寺駅前・♀御室仁和寺）
↺ 10（♀烏丸丸太町・♀四條河原町）
↓ 50（♀二條城前・♀京都驛前）
↑ 50・51・52・55（♀立命館大學前）
↺ 51（♀四條河原町） 52・55（♀四條烏丸）
↓ 203（♀西大路四條・♀祇園） 203（♀銀閣寺道）

♀堀川今出川出發

↓ 9（♀二條城前・♀京都驛前） ↑ 9（♀上賀茂御薗橋）
↓ 12（♀二條城前・♀四條河原町・♀三條京阪前）
↑ 12（♀大德寺前・♀金閣寺道・♀金閣寺前）
↺ 51（♀北野白梅町） 51（♀烏丸今出川・♀四條河原町）
↺ 59（♀金閣寺道・♀竜安寺前） 59（♀四條河原町）
↓ 201（♀二條城駅前・♀四條烏丸） 201（♀烏丸今出川・♀祇園）
↺ 203（♀北野白梅町・♀四條大宮） 203（♀銀閣寺道）

西陣

觀賞＆遊逛

北野天滿宮
きたのてんまんぐう

地圖 p.93-A
♀北野天滿宮前 🚶1分，嵐電北野線北野白梅町站
🚶5分

　北野天滿宮祭祀學問之神・菅原道真，是掌管全國各地天滿宮的神社。由豐臣秀賴建造的本殿將桃山建築技術發揮到了極致，已被列為國寶。境內約有1500株梅樹競相爭豔。

📞 075-461-0005　📍 上京区馬喰町
🕐 9:00～17:00
💴 梅苑（2月上旬～3月下旬公開）為1000日圓
＊ 自由參觀

平野神社
ひらのじんじゃ

地圖p.93-A、攜帶地圖p.17-F
♀衣笠校前 🚶3分、
♀北野白梅町 🚶 7分

　794（延曆13）年平安遷都時，從平城京後宮遷至此地，成為平野皇大神守護京都。平野風格的正殿為重要文化財，境內有60種400株櫻花綻放。

📞 075-461-4450　📍 北区平野宮本町1
🕐 約6:00～17:00（櫻花季約到21:00、3月下旬～4月中旬可欣賞夜櫻）
＊ 自由參觀

隨興遊逛

西陣

にしじん

遊覽完賞花勝地北野天滿宮與平野神社後，再感受一下西陣織布小鎮的風情。走入大路旁邊與後方的小徑，便可見到格子門與防護柵等京都町家特有的景色。

01 參觀10分

千本釋迦堂
（大報恩寺）

1227（安貞元）年建造，本堂為當時遺留下來的建築。傳說興建千本釋迦堂時工頭高次鋸錯柱子，後來雖然在妻子阿龜的建議下順利舉行上樑儀式，但阿龜為了保全丈夫的名譽而自殺。

北野天滿宮 🚶10分／📞075-461-5973／📍上京区七本松通今出川上ル／🕘9:00〜17:00（開門）／境內自由參觀，寶物館、本堂參觀為600日圓

04 參觀45分

西陣生活美術館 富田屋

江戶中期開業的老字號和服批發店。現在的建築約建於130年前的明治時代，已列為日本國家登錄有形文化財，目前作為美術館開放給一般民眾參觀。「町家＋禮俗的故事」約45分，可以了解京都的風俗習慣，預約時記得留意來參觀前的注意事項。也有可學習京都禮俗的體驗活動（收費），如茶道體驗及和服體驗。

📍一条戻橋・晴明神社前🚶3分／📞075-432-6701／📍上京区大宮通一条上ル／🕘9:00〜16:00（最後入館）入館須先預約／🈚無休／💴2200日圓〜

02 參觀5分

引接寺
（千本閻魔堂）

由百人一首歌人之一的小野篁創建，供奉少見的閻魔法王像。閻魔王相當於今日的法官，兩側有擔任檢察官的司命像與擔任書記官的司錄像。境內有紫式部供養塔。這裡5月1日〜4日會舉行閻魔堂狂言，8月14日晚上則進行六齋念佛。

📍乾隆校 前🚶3分／📞075-462-3332／📍上京区千本通鞍馬口下ル閻魔前町34／🕘9:00〜16:30／自由參觀

西 陣
1:12,900
0　　　200m

周邊廣域地圖 P.187

N

往千本北大路

02 引接寺（千本閻魔堂）　乾隆校前　千本通

周邊廣域地圖 P.187

七本松通　西陣病院　千本通

千本上立売　P.96 洋食＆JAZZ キッチンパパ（洋食）　弘法石佛　卍

01 千本釋迦堂

P.93　翔鸞小　近為　五山の昆布　天喜

北野天滿宮　S天神通 P.96　R くろすけ P.96　千本玉壽軒

宝物殿　老松　淨土院　卍

R おかもと紅梅庵　御前通　千本上七軒　上七軒

北野天滿宮前　上七軒歌舞練場　千本今出川

とようけ茶屋　古の花　上七軒

滋賀　相馬病院　茶屋並列別具風情的道路　靜香　六軒町通

上京喜

前往此地的方法

從JR京都站搭乘50・101路30分後在📍北野天滿宮下車

織成舘
おりなすかん

手工紡織的博物館，利用保留織織業建築特色的傳統住宅作為展示空間。建築內部可見梁柱、狹窄的正面搭配有深度的空間、汲取自然光的天窗等。館內展示依江戶中期文物史料重現的能裝束，及全國各地的手工紡織服裝。

西陣織會館⊆15分／📞075-431-0020／♀上京区浄福寺通上立売上ル大黒町693／🕙10:00～16:00／休週一、過年期間／¥500日圓（體驗3名起須預約，5000日圓）

在安靜有氣氛的石疊小路散步

町家比鄰而立，氣氛閒靜

町家比鄰而立，氣氛閒靜

晴明神社
せいめいじんじゃ

大推薦！

1007（寛弘4）年由一条天皇創建，供奉天文陰陽博士·安倍晴明。神紋為被稱為晴明桔梗印的陰陽道符咒，有宇宙萬物消災淨化的意涵。境內有據傳樹齡300年的神木與消災解厄的桃樹。

♀一条戾橋·晴明神社前⊆2分／📞075-441-6460／♀上京区堀川通一条上ル晴明町806／🕙9:00～17:00／自由參觀

西陣

西陣織會館
にしじんおりかいかん

西陣織550年的歷史一目了然。館內除了有傳統工藝師實際操演與直營店，在固定的時段也有和服秀表演。也提供可把作品帶回家的手工紡織體驗、舞妓裝扮拍照、和服體驗等服務（體驗需預約）。

♀堀川今出川⊆1分／📞075-451-9231／♀上京区堀川通今出川南入ル／🕙10:00～16:00／休週一、過年期間／¥入館免費（手織體驗2200日圓、舞妓變身體驗16500日圓）

遊覽順序的小提示

HINT

建議從北野天滿宮延伸的小路、保留茶屋風貌的上七軒散步到西陣的街道，這裡從前是可以聽見織布機聲的道路。

購物&美食

天神堂
てんじんどう

地圖 p.93-A
📍 北野天滿宮前 🚶 7分

相當受歡迎的店家，著名商品烤麻糬1個130日圓。焦香的麻糬裡面包的紅豆餡是用傳承下來的大鍋製作的，清爽不膩的甜味搭配Q彈的麻糬，非常美味。

📞 075-462-2042
📍 上京区今出川通御前通東入ル社家長屋町687
🕐 約9:00～17:00或售完為止
休 不定休　💰 1個130日圓

おかもと紅梅庵
おかもとこうばいあん

地圖 p.93-A
📍 北野天滿宮前 🚶 5分

梅花形狀的便當中有約30種料理。午餐紅梅餐盒3850日圓（服務費另計）～、白梅餐盒5500日圓～。紅梅餐盒有生魚片、芝麻豆腐拌生麩、自製山椒小魚飯等菜色。

📞 075-462-1335
📍 上京区北野神社東門前
🕐 11:30～15:00、17:00～22:00
休 週二（逢假日則營業）
💰 便當3850日圓（服務費另計）～

萬重
まんしげ

地圖 p.93-B
📍 今出川大宮 🚶 5分

京料理餐廳，可以一邊欣賞整理得相當美麗的庭園，一邊在茶屋與民俗藝術風格建築的舒適房間中放鬆用餐。店家引以為傲的宴席料理8000日圓～、午餐蒸籠餐盒4800日圓～。在京都站地下街Porta也有店鋪。

📞 075-441-2131
📍 上京区大宮通今出川上ル
🕐 11:30～最後入店19:30
休 不定休　💰 便當4800日圓～、宴席料理8000日圓～（皆稅、服務費另計）

くろすけ

地圖 p.93-A
📍 北野天滿宮前 🚶 5分

餐廳本身是有130年歷史的茶屋，風情獨具。店內供應使用嫩豆腐與當季食材做成的京都懷石料理，晚餐時段全餐8470日圓，くろすけ12100日圓。

📞 075-466-4889
📍 上京区今出川七本松西入ル真盛町699
🕐 11:00～14:30（14:00LO）17:00～21:00（20:30LO）
休 週二（逢假日與天神相關日則翌日休）
💰 午間全餐3300日圓～

カフェ ラインベック

地圖 p.93-B
📍 今出川大宮 🚶 5分

販售蘋果派與甜點的名店——松之助的姊妹店，京都町家的店面散發出的古典氣氛相當引人入勝。推薦黑醋栗鬆餅880日圓（下圖），黑醋栗果醬的甜味恰到好處，非常美味。

📞 075-451-1208
📍 上京区大宮通中立売上ル石薬師町692
🕐 9:00～18:00（17:30LO）※10:00前為早餐
休 週二、三（逢假日則翌日休）
💰 鬆餅1000日圓～

洋食&JAZZ Kitchen Papa
ようしょくあんどじゃずきっちんぱぱ

地圖 p.93-B
📍 千本上立売 🚶 1分

幕府時代末期營業至今的米店，在店後方開的洋食店。米就不用說了，也讓其他食材的優點更加突出。

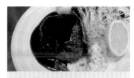

📞 075-441-4119
📍 上京区姥ヶ西町591
🕐 11:00～14:00LO、17:30～19:30LO，飯賣完打烊
休 週四
💰 漢堡排與炸蝦午餐1280日圓

金閣寺
嵐山
嵯峨野

金閣寺～仁和寺

區域的魅力度

觀光客人氣指數
★★★★★
街道散步氣氛
★
世界遺產
金閣寺、龍安寺、仁和寺

國寶：
仁和寺／金堂等、妙心院／梵鐘等、退藏院

標準遊逛時間：5小時
（金閣寺～龍安寺～仁和寺～妙心寺～法金剛院）

漫步於結合3座列入世界遺產各具特色寺院的「絹掛之路」

從金閣寺通往仁和寺的道路被稱為「絹掛之路」。名稱來自一個風雅的傳說，據傳宇多天皇在盛夏時想賞雪景，於是便命人在衣笠山掛上白色的絲絹。仁和寺南邊的妙心寺、法金剛院也很值得一遊。

比較容易攔到計程車的地點

♀金閣寺前往西大路通途中有計程車招呼站。

HINT　　　前往這個區域的方法

目的地	出發地點	巴士路線（地鐵）	下車站牌（車站）
金閣寺	京都站烏丸口（♀京都駅前）	🚌205（約31～43分）	♀金閣寺道
	北大路（♀北大路バスターミナル）	🚌M1・204・205（約9～11分）	♀金閣寺道
	四条河原町（♀四条河原町）	🚌12・59・205（約37分）	♀金閣寺道
	銀閣寺（♀銀閣寺道）	🚌204（約26～39分）	♀金閣寺道
龍安寺	四条河原町（♀四条河原町）	🚌59（約49分）	♀竜安寺前
	地鐵今出川（♀烏丸今出川）	🚌59（約25分）	♀竜安寺前
仁和寺	四条烏丸（♀四条烏丸）	🚌26（約33分）	♀御室仁和寺
	地鐵丸太町（♀烏丸丸太町）	🚌10（約28分）	♀御室仁和寺
	金閣寺（♀金閣寺道）	🚌59（約9分）	♀御室仁和寺
	嵐山（嵐電嵐山站）	在帷子之辻轉乘北野線（約15分）	御室仁和寺站
妙心寺	京都站（JR乘車處）	嵯峨野線（約10～12分）	花園站

遊覽順序的小提示

散步路線一般來說會安排從金閣寺出發,步行前往龍安寺、仁和寺。雖然是可以走得到的距離,人行道與車道也是分開的,但由於汽車往來頻繁,建議還是搭乘巴士較佳。🚌59路每12~15分左右才會來一班車,最好事先到巴士站牌查詢行駛時間。

前往其他區域的方法

●前往嵯峨野

電車路線:從嵐電御室仁和寺站搭乘電車至帷子ノ辻轉乘到嵐山站,約需20分,費用220日圓。JR花園站到嵯峨嵐山站4~5分,費用190日圓。

巴士路線:從♀御室仁和寺搭乘10・26・59路到♀山越中町下車,轉乘11路前往♀野々宮、♀嵐山天龍寺前。

●前往高雄

巴士路線:從♀御室仁和寺有JR巴士高尾・京北線開往高雄方向,至♀高雄約需16分。

交通往返建議

這條路線是從金閣寺出發前往仁和寺、妙心寺的走法,回程除了巴士外,也可以搭乘到嵯峨野很便利的嵐電或JR等電車,從嵯峨野回京都站搭乘JR相當方便。

賞花時期

4月中旬~下旬:櫻花(仁和寺)

7月中旬~8月中旬:睡蓮(法金剛院)

觀賞&遊逛

金閣寺(鹿苑寺) 〈世界遺產〉

きんかくじ(ろくおんじ)

地圖 p.101-C

♀金閣寺道🚶3分

1397(應永4)年足利義滿興建的別墅・北山殿在他過世後改為鹿苑寺,奉祀釋迦牟尼佛遺骨的3層舍利殿(金閣)遠近馳名。以鏡湖池為中心的庭園是室町時代具代表性的池泉迴遊式庭園,已被列入特別史跡・名勝。位於後山茶室建築的茶席,夕佳亭看到的景色也相當美麗。不動堂的主神・石不動明王(密佛)相傳為弘法大師所作,每年節分與8月16日會舉行開扉法會。

☎ 075-461-0013 ♀北区金閣寺町1
🕐 9:00~17:00(最後進場16:30)
💴 400日圓

POINT 鴨隊長導覽/從金閣寺或龍安寺出發的絹掛之路,汽車往來頻繁,也有巴士行駛,雖然有一側是山但景色談不上優美。

藁天神宮(敷地神社)

わらてんじんぐう(しきちじんじゃ)

地圖 p.101-C

♀わら天神前🚶1分

祭神為木華咲耶姬尊,是被稱為「藁天神」的安產之神,據說求來的稻莖護身符若有節則會生男孩,若沒有節則會生女孩。境內附屬的六勝神社由於也可以意為「能戰勝六件事」,因此集結了能庇佑必勝、成功、合格的守護神。

☎ 075-461-7676
♀北区衣笠天神森町10
🕐 8:30~17:00
＊自由參觀

金閣寺・龍安寺・仁和寺

1:12,300

0   300m

♪ 步行6分

周邊廣域地圖 P.186

御室八十八ヶ所霊場

A

B

衣笠赤阪町

衣笠氷室町

西園寺記念館前
立命館大西園寺記念館

宇多天皇大内山陵

N

圓融天皇火葬塚

衣笠中❌

衣笠山
▲201

P.102 京都府立堂本印象美術館Ⓜ 堂本印象前

右京区

後朱雀天皇圓乗寺陵
後冷泉天皇圓教寺陵
後三条天皇圓宗寺陵

一条天皇圓融寺北陵
堀川天皇後圓教寺陵

禎子内親王圓乗寺東陵

立命館大学前

まざ

石庭・龍安寺 P.102

方丈　車椅

絹掛之路

立命館大学国際平和ミュージアム
(2023年9月まで休館)

小松原北町

西源院(七草湯豆腐)

大珠院

鏡容池

竜安寺御陵ノ下町

10分

Ⓟ　山猫軒

❌立命館大

平緩的下坡

花田池

竜安寺前

京つけもの富川

仙寿院

勧修院

等持院 P.103

真如寺

府立鴨学校

常楽寺卍

卍轉法輪寺

竜安寺住吉町

住吉大伴神社

竹林の里

借景衣笠山
的等持院

六請神社

大雲寺

御室大内

等持院北町

金堂

仁和寺 P.102

五重塔

塔ノ下町

竜安寺衣笠下町

竜安寺嶺宮町

12分

竜安寺玉津芝町

等持院西町

竹茶屋

等持院中町

霊山寺

宇多野芝町

蓮華寺

御室桜　中門

御影堂

竜安寺五反田町

養節料理
竹トキ

等持院南町

黒書院　宸殿

宝蔵院

竜安寺西ノ川町

花園天授ヶ岡町

念佛寺卍

堀河天皇火葬塚

白書院

勅使門

御室会館

御室仁和寺前

御室仁和寺御殿

東門

りょうあんじ

とうじいん・
りつめいかんだいがく
きぬがさキャンパスまえ

嵐電等持院

往　光孝天皇
　　後冷泉陵

仁王門

御室

嵐山街道

谷口園町

谷口梅津間町

等持院南町

宇多野御池町

おむろ
にんなじ

御室小松原町

御室芝橋町

嵐電妙心寺駅前

Ⓣ

みょうしんじ

妙心寺北門前
北総門
蓮華院

リヨ

キッチンらくく

等持

東光庵

谷口
園成寺町

WONDER
CAFE

10分

天球院
寿聖院

雲祥院

御室岡ノ本町

谷口二条町

末祥院

智勝院

海福院

京都先端科学大附属中・高

大将軍坂田町

宇多野
御屋敷町

雙ヶ岡
▲116

大法院

龍泉庵

徳雲院

祥雲院

桂春院 P.103

双ヶ岡一ノ丘谷古墳

大龍院

大通院(山内家菩提所)

大雄院

花園猪ノ毛町

花園藤木町

玉鳳院

通玄院

GOAL

妙心寺
P.102

如是院

福寿院

東林院

往嵯峨嵐山

双ヶ岡中❌

霊雲院

聖沢院

大心院 P.103

玄源院

花園高

府立
医科大

162

一ノ丘古墳

妙心寺有住宿設施,
可體驗抄經與打坐

P.103 退藏院

法堂

山門

❌花園高

花園良北町

慈雲院

龍華庵

妙心寺道

G

常盤古御所町

京都ならびかおか病院

三ノ丘古墳

五位山古墳

双ヶ岡

南総門

P.104 阿ろろ Ⓡ

養源院

花園扇野町

H

法金剛院卍

妙心寺前

花園会館

照源院

花園巽南町

P.103

花園内畑町

花園駅前

花園

往嵐山

花園踏切町

双ヶ岡

花園木辻町

妙心寺前

ミール花園

花園木辻南町

丸太町道

嵯峨野線(山陰本線)

西ノ京馬代町

下立売通

洛陽

新丸太町通

はなその

❌花園小

花園中御門町

花園小松原町

❌花園大

100

衣笠西御所ノ内町
→往千本北大路
金閣寺（鹿苑寺）
P.99
START
衣笠東御所ノ内町
金閣寺道
金閣寺前
金閣寺日栄軒 P.104
北山文庫
金閣寺いただき
錦鶴 P.104
衣笠街道町
衣笠北天神森町
衣笠馬場町
12分
柏野小
おむらはうす
わら P.104
衣笠天神森町
花山天皇陵
衣笠北高橋町
衣笠総門町
藁天神宮（敷地神社）
P.99
うぶ餅茶屋
93
衣笠荒見町
柚多香
清盛塚
平野桜木町
わら天神前
蘆山寺通
和食NOWジョイ
マクドナルド
平野宮西町
衣笠大祓町
コープきぬがさ
境内約有200株
櫻花爭相綻放
北町
平野神社 P.93
平野鳥居前町
上京区
鳥居前町
和食さと
P.96 おかもと紅梅庵
P.96 天神堂
平野宮本町
北野天滿宮
P.93
每月25日「天神市集」
熱鬧登場
宝物殿
かごの屋
衣笠校前
衣笠小
セブンイレブン
上七軒歌舞練場
馬喰町
往烏丸今出川
北野紅梅町
北野東紅梅町
観音寺
聖ヨゼフ修道院
ハーバーカフェ
この花
今出川通
北野上白梅町
相馬病院
北野天満宮前
聖ヴィアトール会修道院
北野白梅町
紙屋川町
とようけ茶屋
粟餅所澤屋
上京署
きたの はくばいちょう
西雲寺
新建町
イズミヤ
大上之町
北野下白梅町
大将軍八神社
高津古文化会館
衣笠会館
ファミリーマート
西町
地蔵院椿寺
成願寺
北野白梅町
仁和小
東光寺
大将軍西町
大将軍川端町
西大路通
天神通
竪町
御前通
ポルコ・ロッソ
下横町
大将軍
鳳瑞町
大将軍東鷹司町
選佛寺
三助町
北野中
弘誓寺
カフェ・ド・モンカ
北野中学前
Bistro Osier
堀川町
大宮町
ヴェール・プレ
法輪寺
華開院
往烏丸丸太町
下之町
西ノ京円町
三井住友
円町
丸太町通
丸太町御前通
えんまち
西ノ京上平町
往西院
→往二条

HINT

簡單聰明的巴士搭乘方法

往其他地區的主要乘車站

♀金閣寺道出發

前往京都站（從北大路站搭乘地鐵）：搭乘204、205路前往（♀北大路BT）。

前往銀閣寺：搭乘204路前往（♀銀閣寺道）。

前往四条河原町、三条京阪：搭乘12、59路前往（♀四条河原町・♀三条京阪）。

♀金閣寺道出發

前往京都站（直達巴士）：搭乘205路前往（♀京都駅前）。

前往嵐電北野白梅町站：搭乘204、205路前往（♀北野白梅町）。

前往銀閣寺：搭乘204路前往（♀銀閣寺道）。

前往龍安寺、仁和寺：搭乘59路前往（♀竜安寺前、♀御室仁和寺）。

到京都站哪種方式比較快？

若車流量較多時，從♀金閣寺道搭乘巴士到北大路BT，再從該處搭地鐵往京都站會比較快。若有一日乘車券，就不須另外付費。

♀御室仁和寺出發

前往金閣寺：搭乘59路前往（♀金閣寺前）。

前往四条河原町：搭乘10、59路前往（♀四条河原町）。

前往京都站：搭乘26路、JR巴士前往（♀京都駅前）。

前往高雄：搭乘JR巴士高雄京北線前往（♀高雄）。

前往嵯峨野：無直達巴士。搭乘10、26、59路前往♀山越中町，再轉乘11路，前往♀嵐山天龍寺前。或是從御室仁和寺站在帷子之辻站轉乘嵐電北野線，前往嵐電嵐山站。

京都府立堂本印象美術館
きょうとふりつどうもといんしょうびじゅつかん

地圖 p.100-B
金閣寺 🚶12分

　　1966（昭和41）年開館。1891（明治24）年於京都出生的堂本印象，從西陣織圖案繪師升格為畫家，親自繪製了東寺與仁和寺等許多寺院的紙拉門畫，後於1975（昭和50）年9月逝世。1991（平成3）年美術館將收藏的作品捐給京都府，每年10～11月時都會舉辦1次特展。

📞 075-463-0007　📍 北区平野上柳町26-3
🕐 9:30～17:00（入館至16:30）
🚫 週一（逢假日則翌日休）、過年期間
💰 510日圓

龍安寺　　　　　〈世界遺產〉
りょうあんじ

地圖 p.100-A
🚏 竜安寺前 🚶1分

　　1450（寶德2）年細川勝元接手德大寺家的別墅改建而成，方丈前庭為日本國家史跡‧特別名勝。庭園的整片白砂中放置15個有大有小的石頭，被稱為「虎攜子渡庭」。位於方丈東北方的錢包洗手石盆，將禪宗格言以圖像化的方式表達，據說由德川光圀捐獻。

📞 075-463-2216　📍 右京区龍安寺御陵下町13
🕐 8:00～17:00（12月1日～2月底為8:30～16:30）
💰 500日圓

POINT　鴨隊長導覽／金閣寺到仁和寺之間名為絹掛之路，沿途可以欣賞寺院之美；龍安寺到仁和寺之間則是平緩寧靜的下坡路段。

仁和寺　　　　　〈世界遺產〉
にんなじ

地圖 p.100-D
🚏 御室仁和寺 🚶即到，龍安寺 🚶10分

　　仁和寺是平安時代的孝光皇帝在位時動工興建，888（仁和4）宇多天皇時期完工。到明治維新為止一直是皇子皇孫出家之處，被稱為「御室御所」，同時也是真言宗御室派的總寺。從二王門穿過中門後，可看到祭拜阿彌陀如來的金堂（國寶）、五重塔、鐘樓、觀音堂、御影堂（皆為重要文化財）一字排開。春天時名勝御室櫻盛開。裝飾著色彩艷麗的紙拉門畫的宸殿、春季與秋季特別開放參觀的靈寶館（500日圓）也千萬不要錯過。

📞 075-461-1155　📍 右京区御室大内33
🕐 9:00～17:00（服務處至16:30）。11月～2月營業至16:00，服務處至15:30）
💰 御所庭園800日圓　＊自由參觀（櫻花季500日圓）

POINT　鴨隊長導覽／絹掛之路沿途兩側有店家，但從仁和寺以西的周山街道開始氣氛變得寂寥。

妙心寺
みょうしんじ

地圖 p.100-H
仁和寺 🚶10分，嵐電妙心寺站 🚶3分

　　原為花園天皇的離宮，後來改為禪剎，是臨濟宗妙心寺派的總寺。南總門往北有七座佛堂排成一直線，是禪宗寺院中唯一擁有40多間別院的禪寺，別院中保留了許多各時代的著名庭園。正門、佛殿、法堂、大方丈等皆為重要文化財。聽講佛經、打坐體驗需事先洽詢（每週六、日等）。別院中平時就有開放的是桂春院、退藏院、大心院3座寺院。

📞 075-461-5226　📍 右京区花園妙心寺町1
🕐 9:00～12:00、13:00～16:00（參觀票券販售至15:30）
💰 700日圓

桂春院
けいしゅんいん

地圖 p.100-H
妙心寺北門🚶5分，JR花園站🚶15分

1598（慶長3）年創建，後來又興建了現在的方丈室、書院、茶室等，並改為桂春院。方丈室建於1631年，清靜之庭、思惟之庭、真如之庭、侘之庭4個庭園非常值得一看。

🕿 075-463-6578　📍 右京区花園寺ノ中町11
🕐 9:00～17:00（11月～2月至16:30）
💰 400日圓

大心院
だいしんいん

地圖 p.100-H
妙心寺北門🚶8分，JR花園站🚶8分

書院前方的阿吽庭不可錯過，以樹木營造出小山搭配苔地，眼前白砂與數組石頭交錯放置，是相當美麗的枯山水庭園。園中杜鵑花、牡丹花、石楠花等花朵盛開。這裡有可供住宿的地方，也是一個選擇。

🕿 075-461-5714　📍 右京区花園妙心寺町57
🕐 9:00～17:00　💤 不定休　💰 300日圓
＊ 跟宿坊電話確認後，以明信片來回的方式申請

退藏院
たいぞういん

地圖 p.100-G
妙心寺北門🚶6分，JR花園站🚶7分

1404（應永11）年波多野重通皈依妙心寺第三代無因宗因禪師而建。禪畫「瓢鮎圖」（國寶）為室町時代相當具代表性的畫作。還有余香苑、水琴窟，有枯山水的方丈室庭園與藤棚下所看到的景色美不勝收。

🕿 075-463-2855　📍 右京区花園妙心寺町35
🕐 9:00～最後進場17:00　💰 600日圓。抹茶500日圓

等持院
とうじいん

地圖 p.100-E
嵐電等持院·立命館大學衣笠校區前站🚶8分

1341（曆應2）年足利氏以夢窗國師為開山祖師所創建的寺院，為歷代足利將軍長眠之地，方丈北側的庭園可看到足利尊氏的墓地。因曾在小說《雁之寺》中出現而遠近馳名。靈光殿中有足利尊氏早晚參拜的利運地藏菩薩像，相傳為弘法大師所作，還有成列的足利歷代將軍木雕。夢窗國師打造的庭園、心字池、下圖的芙蓉池非常美麗，茶室、清漣庭也相當引人入勝。靈光殿的改建工程於2020年完工。

🕿 075-461-5786　📍 北区等持院北町63
🕐 9:00～16:30（服務處至16:00，過年期間～15:00）
💰 500日圓、抹茶500日圓

法金剛院
ほうこんごういん

地圖 p.100-G
JR花園站🚶5分

平安時代保存至今的山莊，1130（大治5）年鳥羽天皇的中宮·待賢門院將山莊改為法金剛院。主神·丈六阿彌陀如來為重要文化財，池泉迴遊式淨土庭園中有列為特別名勝的青女瀑布。別名蓮寺，7月中旬到8月中旬境內蓮花綻放。園內枝垂櫻、鳶尾花、繡球花、紅葉爭奇鬥艷，以西行為首的眾多詩人都曾留下歌詠其美景的詩歌。青女瀑布為珍貴的平安末期庭園遺跡。

🕿 075-461-9428　📍 右京区花園扇野町49
🕐 9:30～16:30（7月第1週六起3週為觀蓮會期，7:00～）　💤 12月30·31日　💰 500日圓

購物＆美食

金閣寺周邊／和菓子

金閣寺日栄軒
きんかくじ にちえいけん

地圖 p.101-C

🚶 金閣寺道 👟 1分

家族式經營的手工和菓子店，銘菓・金閣之華1個170日圓。將芝麻風味發揮得淋漓盡致的六方燒1個185日圓、殘月1個160日圓、栗銅鑼燒1個190日圓也都很受歡迎。

📞 075-463-4079
📍 北区衣笠街道町13
🕐 8:00～19:00後
休 不定休
¥ 金閣之華1個170日圓等

金閣寺周邊／湯豆腐

わら

地圖 p.101-C

🚶 金閣寺前 👟 3分

湯豆腐專賣店，頗受好評的湯豆腐980日圓。也很推薦湯豆腐定食，附芝麻豆腐、山藥泥、炸素菜、生薑飯。可在安靜的包廂用餐也是一大魅力，前往用餐前最好先預約。

📞 075-461-5386
📍 北区衣笠総門町13-3
🕐 12:00～21:00
　（20:00LO）
休 週三（逢假日則翌日休）
¥ 湯豆腐定食3250日圓

金閣寺周邊／京料理

錦鶴
きんかく

地圖 p.101-C

🚶 金閣寺前 👟 1分

直徑30cm的大容器中裝滿四季各異菜色的金閣餐盒相當熱門，是集結了京料理魅力的豪華餐盒。有附湯豆腐的餐盒2970～3520日圓。

📞 075-462-4949
📍 北区衣笠馬場町43
🕐 11:00～22:00
　（21:00LO）
休 不定休
¥ 金閣便當2970日圓～

金閣寺周邊／京料理

京料理　柚多香
きょうりょうり ゆたか

地圖 p.101-C

🚶 衣笠総門町 👟 即到

餐點都是點餐後才精心製作。中午推薦雙層六角形季節餐盒，附小杯餐後咖啡。晚上的季節宴席4500日圓～。

📞 075-465-7370
📍 北区平野桜木町13-3
🕐 11:30～14:00、17:30
　～21:30（20:00LO）
休 週四（逢假日則營業）
¥ 季節便當2400日圓～

妙心寺周邊／素齋

阿じろ
あじろ

地圖 p.100-H

妙心寺 👟 2分

供應妙心寺素齋的店，提供全餐7260日圓～。現撈豆皮全餐有9680日圓、12100日圓。也有中午限定，可輕鬆品嘗的緣高便當3630日圓。

📞 075-463-0221（本店）
📍 右京区花園寺ノ前町28-3
🕐 11:00～最終入店19:00
休 週三（逢假日則營業）
¥ 全餐7260日圓～

枯山水庭園的傑作

解析龍安寺的石庭

龍安寺石庭在日本庭園史上堪稱傑作。
由於造景單純，任何人觀賞都能有各種角度的解讀。
為了能更深入了解其中奧秘，這裡選取一篇解說文章以供參考。

　　龍安寺的石庭據推測建於室町時代後期，深受鎌倉時代中國傳來的山水畫影響。山水畫鼻祖宗炳談到關於山水畫「象徵」的技法，曾提到「萬里之遠盡收咫尺」。

　　從這個技法的來觀賞庭園，白砂象徵海洋，石群可視為島嶼，海洋讓人聯想到瀨戶內海甚至是更寬廣、無邊無際的海洋。

　　建造庭園者的思想背景中存在著佛教的空與無的概念，這是無庸置疑的。雖說如此，要將這個庭園理解為「空庭」或「無庭」，先不考慮可以理解空或無概念的人，一般人最後都會陷入思考兩難的困境，根本無法真正理解。

　　龍安寺的石庭還是以鑑賞藝術作品的角度觀賞較容易理解。75坪的庭園中僅設置了15個石頭，9成的空間都是白砂，可說是一種留白的藝術。若是要再增添什麼，勢必會予人繁瑣的印象。一般而言，藝術越是要追求深度，就越會回歸到單純質樸。

　　這樣看來，龍安寺的石庭之美首先可說是來自於傑出的空間配置。石頭的形狀、大小、遠近、高低以及與白砂之間的相乘效果維持著恰到好處的張力與平衡。

　　此外，庭園中完全沒有石燈籠、石橋、水池等造景，貫徹象徵主義這一點也很值得讚賞。如果有石燈籠，石頭與之相較就只是平凡的石頭，而不會讓人聯想到山或島嶼了。因為所有的造景都是石頭，反而容易讓人連想起山或島嶼。

嵐山～嵯峨野

從嵐山的地標·渡月橋散步至竹林小徑
遊覽嵯峨野

嵐山·嵯峨野春天有櫻花，秋季有紅葉，四季都可觀賞不同的景色。此地自古以來就是貴族與文人雅士隱居之處，有時也會在歷史與文學作品中登場。除了與《源氏物語》、《平家物語》有關係的寺院神社，靜謐的山村中古剎與小庵分布於各處，相當引人入勝。此外，舊嵯峨御所大本山大覺寺與賞月的名勝廣澤池所在的北嵯峨一帶，有寧靜廣闊的平原，很適合悠閒散步。

天龍寺的迴遊式庭園

●下車站牌的建議

若搭乘京都巴士62、94路，也可以在♀嵐山前的♀嵐山天龍寺前或♀野々宮下車。若要前往大覺寺，可搭乘市巴士28、91路或京都巴士94路，在♀大覚寺道下車，步行即到。

HINT　　遊覽順序的小提示

這個區域走完需要一天，通常會從渡月橋往北依序走訪名勝古蹟。觀光旺季的時期就算從♀鳥居本搭乘開往京都站等地的巴士，也會因塞車

交通往返建議

觀光旺季時渡月橋東側的三条通會大塞車，從渡月橋往北邊的清瀧一帶常見到排成一整列的車陣。這種時期往返京都站最好搭乘JR，此外也可以考慮搭乘嵐電從四条大宮往返。

比較容易攔到計程車的地點

JR嵯峨嵐山站前、大覺寺前、阪急嵐山站前等地都有計程車排班候客。觀光旺季等時期也可以在天龍寺前方攔到往來的計程車。

【賞花季節】2月中旬～3月上旬：紅梅（清涼寺）／4月上旬：櫻花（嵐山·渡月橋、舊嵯峨御所大本山大覺寺等地）／3月下旬～4月上旬：雪柳（常寂光寺、直指庵）／11月下旬～12月上旬：紅葉（祇王寺、常寂光寺等地）

而動彈不得，因此最好把行程的終點安排在渡月橋一帶。若時間有限，建議租借自行車遊覽各景點。舊嵯峨御所大本山大覺寺是起站，從這裡搭巴士返程，有空位的機率較高。

TEKU TEKU COLUMN

在《平家物語》的悲戀之地
遙想當時情景

　嵐山・嵯峨野有許多與《平家物語》相關人物有關的地方。其中之一的瀧口寺，是平重盛的家臣・齊藤時賴（出家後法號瀧口入道）為了切斷與建禮門院的侍女橫笛之間的戀情而出家，將來訪的橫笛拒於千里之外的悲戀之地。境內立著一座寫有詩歌的石碑，相傳是當時橫笛思念入道而用自己的血所寫下的（圖）。其他還有祇王寺、渡月橋附近的小督塚（地圖p.111-K）等，與《平家物語》有關的景點散布各處。

活動&祭典

3月15日：念佛狂言・松明式（清涼寺）

舊曆8月15日：賞月之夜（舊嵯峨御所大本山大覺寺・大澤池）

4月中旬：華道祭（舊嵯峨御所大本山大覺寺）

5月第3週日：三船祭（車折神社）

6月下旬：夏越大祓（野宮神社）

7月1～9月15日：嵐山鵜飼（大堰川）

8月23～24日：千燈供養（化野念佛寺）

10月1日～11月30日：靈寶館特別公開（清涼寺）

11月第2週日：嵐山紅葉祭（嵐山一帶）

HINT

前往這個區域的方法

目的地	出發地點	巴士路線（地鐵）	下車站牌（車站）
嵯峨野（渡月橋）	京都站（JR乘車處）	↦ JR嵯峨野線（約11～17分）	↦ 嵯峨嵐山站
	京都站烏丸口（♀京都駅前）	🚌28 （約40～45分）	↦ ♀嵐山天龍寺前
		🚌京都巴士72・73・76・83（約43～49分）	↦ ♀嵐山
	東映太秦電影村（♀太秦映畫村前）	🚌京都巴士62・63・66（約14分）	↦ ♀嵐山
	東映太秦電影村（♀太秦広隆寺前）	🚌11・京都巴士62・63・66・72・73・76（約10～11分）	↦ ♀嵐山
	東映太秦映畫村（太秦廣隆寺站）	嵐電嵐山本線（約11分）	↦ 嵐山站
	仁和寺（御室仁和寺站）	嵐電、在帷子之辻轉乘嵐山本線（約15分）	↦ 嵐山站
舊嵯峨御所大本山大覺寺	嵐電嵐山站（♀嵐山天龍寺前）	🚌28・🚌京都巴士94（約8～9分）	↦ ♀大覚寺
		🚌京都巴士62・72・92・94（約11分）	↦ ♀大覚寺道
	京都站烏丸口（♀京都駅前）	🚌28 （約53分）	↦ ♀大覚寺
	♀阪急嵐山駅前	🚌京都巴士94（約12分）	↦ ♀大覚寺

HINT

自行車租借資訊

租借處	場所／時間	費用／休息
トロッコおじさんのレンタサイクル嵯峨駅店 ☎075-881-4898	小火車嵯峨站前。 10:00～17:00（服務處至15:00）	1日1000日圓。1晚1600日圓。 電動式1日1700日圓。
らんぶらレンタサイクル ☎075-882-5110	嵐電嵐山站前。9:00～17:00（冬季10:00～）（服務處至15:00）	3段變速1日1100日圓。電動式1日1600日圓。無休。附足湯使用券。
阪急レンタサイクル嵐山 ☎075-882-1112	阪急嵐山站前。9:00～17:00（5～10月至～18:00）	1日900日圓（除11月外，平日2小時500日圓，4小時700日圓，有時間制）。無休。
新八茶屋 ☎075-861-0117	嵐山巴士站牌旁。 10:00～17:00（服務處至15:00）	1日900日圓。 須持本人文件證明。

嵐山～嵯峨野

掌握區域的重點

欣賞風情獨具的小徑與境內7景

嵐山·嵯峨野的最大魅力在於風景優美，綿延於如畫景色中的小路充滿獨特風情。此外，小而美的寺院神社庭園有很多吸引人的地方，四季各有不同「面貌」，來多少次都不會膩。遠離渡月橋一帶的喧囂，參考這張地圖沿著小徑散步吧。

Ⓐ 嵯峨鳥居本之道

化野念佛寺北側被稱為嵯峨鳥居本的地區，稻草屋頂與町家風格的民家並列於街道上，是被列為傳統建築群保存地區的美麗街道。

Ⓒ 落柿舍南側道路

從常寂光寺前往落柿舍方向時可走這條路，隔著稻草屋看過去的茅草屋落柿社別有一番風情。

Ⓔ 大河內山莊庭園

約2萬平方公尺的廣闊庭園。楓樹等林木蒼鬱茂盛，可以沿著林蔭下的小道散步遊覽，初夏與紅葉的季節特別值得一看。還有提供在庭園中享用抹茶的服務。

Ⓑ 化野念佛寺

以緊密排列的石佛、石塔的賽之河原聞名，境內後方有一片令人讚嘆的竹林，小徑的氣氛也相當不錯。

Ⓓ 常寂光寺

嵐山·嵯峨野一帶有許多紅葉勝地，與祇王寺都是必遊之地。從參道延伸出去的楓樹林蔭小道景色絕佳。

Ⓕ 天龍寺北側竹林

從野宮神社步行至大河內山莊，一路上嵐山地區具代表性的竹林小徑綿延不絕，美景如畫，已成為拍照留念的人氣景點。

TEKU TEKU COLUMN

散步小提示
想要遊遍這個地區的話……

慢慢散步遊覽嵐山・嵯峨野一帶的景點最少需要5小時以上，若想1天把這個地區的風景名勝全部逛完，可以考慮租借自行車（參照p.107）。

Ⓖ舊嵯峨御所大本山大覺寺·大澤池

大覺寺是嵯峨天皇將離宮改為寺院的御用寺院，東側有平安前期嵯峨天皇仿照中國洞庭湖打造的離宮庭池・大澤池。春天櫻花圍繞池畔，增添不少色彩。

Ⓗ寶筐院

雖具有相當的知名度，不過相對來說是可以安靜參拜的隱密紅葉名勝。一邊欣賞楓葉、青苔、竹林一邊在境內悠閒散步也是不錯的選擇。

Ⓘ野宮神社

神社境內小而美，一走到後方令人驚豔的大片青苔庭園出現在眼前，設置於其中的石燈籠相當有味道。此外，野宮神社附近也可看到竹林，洋溢嵐山一帶特有的閑靜風情。

Ⓙ天龍寺

庭園中央的曹源池與石群保留了夢窗國師造園當時的風貌。散步路線建議沿著曹源池沿岸的小徑步行，再上到庭園後方的小山丘，春季櫻花盛開時腳下的整片花海最為出色。

嵐山〜嵯峨野

TEKU TEKU COLUMN

利用3條電車路線交會的嵐山站避開塞車

搭乘電車到嵐山有JR嵯峨嵐山站、嵐電嵐山本線嵐山站、阪急嵐山線嵐山站幾種選擇。楓紅季節等時期，前往嵐山方向道路車多擁擠，可以考慮搭乘電車前往。

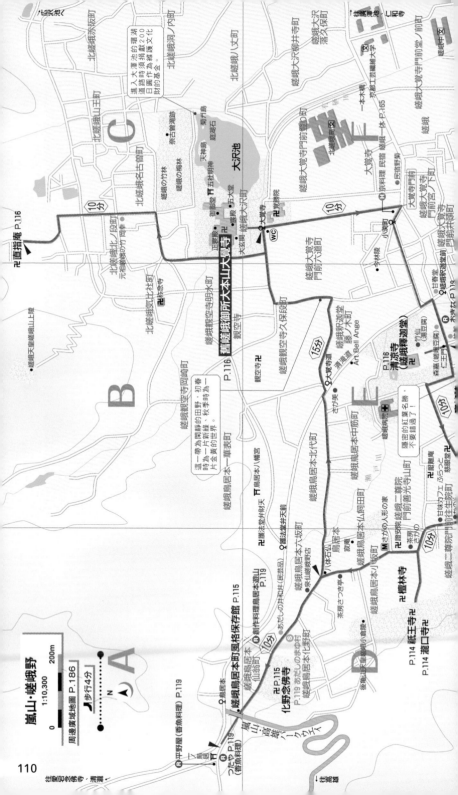

嵐山

あらしやま

嵐山自古以來就是貴族們遠離都市喧囂舉辦宴會的風雅場所。從聳立於渡月橋後方的嵐山到充滿獨特氣氛的竹林小徑等，是可以細細品味盡情散步的地方。

嵐電嵐山站前的店鋪種類齊全

渡月橋

常寂光寺卍 P.114 **GOAL**

日本唯一祭拜頭髮的神社，有很多美容相關業者前來參拜。

御髮神社

大河內山莊庭園 05

從此地看到的保津川景色極美，紅葉季節更是不可錯過！

往保津峽／往トロッコ龜岡站

小倉山トンネル

大河內山莊庭園受付

N 步行4分

嵐 山
1:10,300
0　　　　200m

西京区

保津川遊船乘船處

周邊廣域地圖 P.186

有此標記的為嵐山溫泉旅館

アイトワ
小倉池
トロッコあらしやま

R さがの楓カフェ 嵯峨公園

最具有嵐山風情的竹林小徑，但坡度相當陡峭。

味生

據說摸著野宮神社的神石（石龜）許願，1年之內願望就會成真。

嵯峨野線(山陰本線)

竹林の道 P.108 04 野宮神社

03 京都嵐山音樂盒博物館
よーじや嵯峨野嵐山店
よーじやカフェ

卍法然寺

5分

北門

7分

前往此地的方法
參照P.107

野々宮

8分

おづる

竹むら

うなぎ嵐山

R いわき P.118

P.118 老松(和菓子)

ぷらり嵐山

慈濟院 弘源寺

松巖院卍 卍 卍三秀院

書院

庫院

此地為拍攝借景嵐山的庭園的最佳地點

法堂 02 **天龍寺**

方丈 曹源池

勅使門 卍稲

越天楽 P.118

嵐山ちりめん細工館 P.118

ぎゃあてい

はんなりほっこりスクエア

駅の足湯

嵐山站
(嵐電)

卍臨川寺

らんぶらレンタサイクル
P.107・107-174

展望台

松籟庵
(豆腐料理)

龜山公園

三秀星火葬塚

等観院卍
永明院卍 宝厳院卍
西山興聖(湯豆腐)

P.117 嵐月 R

ご清遊の宿らんざん H

嵐翠 ラグジュアリーコレクションホテル京都

旅亭 嵐月

京都吉兆嵐山店

湯豆腐嵯峨野
湯豆腐

妙智院卍 卍
喜寧院卍 福

嵐山天龍寺前
(嵐電嵐山站)

START

琴きき茶屋 R

嵐山よしむら P.117

小督塚卍

新八茶屋
(自行車租借) P.107

渡月橋

嵐山山文華館

嵯峨嵐山文華館 WC

小船・遊覽船乘船處(嵐山通船)

人力車えびすやのりば

5分

01 渡月橋

嵐山公園

中の島公園

遊覽順序的小提示

HINT

若從嵐電嵐山站出發，建議先遊覽渡月橋再前往天龍寺。逛完大河內山莊庭園後還有餘力的話，可以繼續走嵯峨野散步路線(p.114)。

01 散步10分

渡月橋

とげつきょう

這座橋是嵐山景觀的代表，相傳其名稱來自於嵐山上皇說過的一句話「宛如明月橫渡湖面」，而取名渡月橋。渡月橋附近的大堰川是舉辦令人遙想起王朝時代遊船的三船祭之地，夏季也會舉行鸕鶿捕魚的活動。

天龍寺 〈世界遺產〉
てんりゅうじ

大推薦！

臨濟宗天龍寺派的總寺，在京都五山中名列第1。據傳1339（應曆2）年足利尊氏為了弔唁後醍醐天皇而將龜山離宮改為禪寺，為其起源。夢窗國師建造的曹源池庭園，借景嵐山，以砂、松、岩石將溪谷表現得淋漓盡致。

嵐電嵐山站🚶1分／☎075-881-1235／♀右区嵯峨天龍寺芒ノ馬場町68／🕐8:30～17:30閉門（10月21日～3月20日至17:00）／◉庭園500日圓（各堂參拜須追加300日圓），法堂參拜另付500日圓，法堂「雲龍圖」的特別參拜為週六日、假日與春秋的特別參拜日

京都嵐山音樂盒博物館
きょうとあらしやまおるごーるはくぶつかん

收藏了近代音樂盒之父・Guido Reuge所捐贈的骨董音樂盒與自動機關人偶等約2000件稀有的作品，從中精選100件展示。博物館的工作人員會實際操演說明，館內附設咖啡廳。

嵐電嵐山站🚶5分／☎075-865-1020／♀右京区嵯峨天龍寺立石町1-38／🕐10:00～17:00（服務處至16:15）／🈺週三（逢假日則營業）／◉成人1000日圓（有各種折扣）
※營業時間、公休日視季節變動

野宮神社
ののみやじんじゃ

《源氏物語》賢木卷中，光源氏深入嵯峨野探訪六条御息所時曾經登場的古老神社。境內設置了黑木鳥居，本殿奉祀天照大神，本殿旁則奉祀以戀愛之神聞名的野宮大黑天。

嵐電嵐山站🚶8分／☎075-871-1972／♀右京区嵯峨野宮町1／🕐9:00～17:00／自由參觀

大河內山莊庭園
おおこうちさんそうていえん

小倉山山腳下有一座廣闊的庭園，是當年歷史劇演員大河內傳次郎花費30年歲月建造而成。庭園內種植了松樹、櫻木、楓樹等，為四季增添不少美景。從大乘閣可遠眺比叡山，從茶室滴水庵往上走一點保津川的清流便盡收眼底。山莊內還有大河內傳次郎的紀念館。

嵐電嵐山站🚶15分、JR嵯峨嵐山站🚶15分／☎075-872-2233／♀右京区嵯峨小倉山田淵山町8／🕐9:00～17:00／🈺無休／◉1000日圓（附抹茶、點心）

嵐山

113

隨興遊逛

嵯峨野

さがの

嵯峨野不論在歷史、小說中都以紅葉勝地聞名，是條可遊覽田園風景及竹林中寺院、充滿氣氛的散步路線，沿途還能聽到隨風起舞的竹葉聲。

---

02 見學20分

落柿舍
らくししゃ

芭蕉的門人，向井去來所建的草庵，後來成為俳諧道場。名稱來自一個傳說故事，據說某位商人允諾買下這裡的柿子，不料過了一夜柿子竟掉落滿地，因而取名落柿舍。庭園中有刻著來去與芭蕉俳句的石碑。

JR嵯峨嵐山站🚶15分／📞075-881-1953／📍右京区嵯峨小倉山緋明神町20／🕐9:00～17:00(1～2月為10:00～16:00)／🈺12月31日、1月1日／💰300日圓

---

01 參觀10分

常寂光寺
じょうじゃっこうじ

慶長年間由日禎上人創建，為紅葉名勝，從茅草屋頂的仁王門向上延伸的參道兩側種滿楓樹。仁王門的仁王像是由運慶製作的，本堂據說是將伏見城的客殿移至此地改建而成。從境內的多寶塔（重要文化財）看見的嵯峨野、大文字山、比叡山等景色美不勝收。

📍嵐電嵐山站🚶20分／📞075-861-0435／📍右京区嵯峨小倉山小倉町3／🕐9:00～17:00(服務處至16:30)／💰500日圓

---

03 參觀10分

二尊院
にそんいん

嵯峨天皇下令興建，因供奉著釋迦如來、阿彌陀如來（重要文化財）2尊神像，被稱為二尊院。參道別名「紅葉馬場」，秋季楓葉變紅時格外美麗，平緩的石階與兩側的土塀別有一番風情。山中的時雨亭遺址據說是藤原定家選定百人一首之地。

📍嵐電嵐山站🚶15分／📞075-861-0687／📍右京区嵯峨二尊院門前長神町27／🕐9:00～16:30／💰500日圓

---

04 參觀10分

瀧口寺
たきぐちでら

因《平家物語》中的瀧口入道與橫笛的悲戀故事而被稱為瀧口寺。竹林圍繞的境內可看到新田義貞的首塚以及瀧口入道與平家一族的供養塔。

嵐電嵐山站🚶25分／JR嵯峨嵐山站🚶25分／📞075-871-3929／📍右京区嵯峨亀山町10-4／🕐9:00～17:00／💰300日圓

---

05 參觀20分

祇王寺
ぎおうじ

法然上人的門弟良鎮興建往生院，後來變成尼姑庵，現為大覺寺的別院。《平家物語》中此地為失去平清盛寵愛的祇王度過餘生之地，草庵控廳中的吉野窗（圓格子窗）相當雅緻。目前為嵯峨野中最受歡迎的紅葉名勝地。

JR嵯峨嵐山站🚶25分、嵐電嵐山站🚶30分／📞075-861-3574／📍右京区嵯峨鳥居本小坂町32／🕐9:00～17:00(服務處至16:30)／💰300日圓、與大覺寺的共通券600日圓

大推薦！

R 平野屋（香魚料理）P.119

一之鳥居旁有間茶屋，深社地毯上擺設了矮桌，如畫般的山景很適合拍照。

🎵 步行4分

GOAL

🚶 鳥居本

R つたや（香魚料理）P.119

07 嵯峨鳥居本町風格保存館

鳥居本八幡宮
卍 護法堂弁財天

R 創作料理鳥居本遊山 P.119

嵐山・高雄パークウェイ

06 化野念佛寺 P.119 あだしのまゆ村

●あだしの井和井（民芸品）

卍 護法堂弁天前

●泉仙嵯峨野店

●八体石仏

往高雄

茶房さつき亭●

鳥居本

寂庵●

後亀山天皇嵯峨小倉陵●

寿楽庵●

さがの人形の家

厭離庵為不開放參觀的尼姑庵，原為藤原定家的小倉山荘遺跡。據傳這裡也是藤原定家選定百人一首的地方。

M

卍 檀林寺

祇王寺

卍 盤安院

瀧口寺 **04**

●茶房さがの

厭離庵 卍

有紅葉馬場之稱的參道秋季最美麗，境內可見到皇家與名人之墓。

甘味カフェ
●ふらっと
●かのん

久遠寺 卍

あだし野

往保津峡

小倉山トンネル

N

嵯峨野
1:10,300
0 ——— 200m

周邊廣域地圖 P.186

二尊院 **03**

設有俳句投稿箱，何不吟一句詩

🎵 5分

落柿舎 **02**

僅存的閑靜田園風景

常寂光寺 **01** START

🎵 5分

前往此地的方法
JR嵯峨嵐山站或嵐電嵐山站（參照P.107）
🚶 20分

アイトワ●

御髪神社 ⛩

---

06 參觀15分

化野念佛寺
あだしのねんぶつじ

弘法大師興建五智山如來寺為其肇始，後來法然上人以此地作為念佛道場。

無數的石佛、石塔全是葬在此地的孤魂野鬼。相傳古語「あだし」為「虛幻、悲傷」之意，「あだしなる野辺（虛幻、悲傷的墓地）」取其中的「あだしの（化野）」便成了此地的地名。8月的千燈供養於23、24日兩日舉行。

JR嵯峨嵐山站 🚶 25分／☎075-861-2221／📍右京區嵯峨鳥居本化野町17／🕐 9:00～17:00（4、5、10、11月的週六日、假日為～17:00，12～2月為～16:00），服務台皆至30分前／💰 500日圓。千燈供養為17:30～20:30（受理1000日圓），燈明18:00～，21:00關門

嵯峨野

---

07 參觀15分

嵯峨鳥居本街道
さがとりいもとのまちなみ

1979（昭和54）年列為「傳統建築群保存地區」，以保護當地風情獨具的街道與景觀。接近愛宕神社的上地區可見古老的稻草屋頂農家，下地區則可見到町家建築的民家。這個地區有設立保存館，館內展示昭和初期當時的愛宕街道模型，可以自由參觀。

📍鳥居本 🚶 3分、JR嵯峨嵐山站 🚶 25分、嵐電嵐山站 🚶 30分／☎075-864-2406（京都市嵯峨鳥居本町並み保存館）／📍右京區嵯峨鳥居本仙翁町8／🕐10:00～16:00／🚫週一（逢假日、補休日為翌平日休）、12月26日～1月6日／💰免費

遊覽順序的小提示

HINT

一直往北走即可，沿途標識很多不會迷路。從化野念佛寺開始是最有氣氛的一段路，散步到境內後方，沿著景色怡人的小路走可見到一片竹林。列為傳統建築群保存地區的嵯峨鳥居本的街道一定要仔細逛一下。

寶筐院
ほうきょういん

地圖 p.110-E
♀ 嵯峨釈迦堂前 🚶 2分

2代將軍足利義詮去世後為其菩提寺，8代將軍足利義政當權的時代改為寶筐院。主神為木造十一面千手觀世音菩薩立像。矗立於墓地的三層石塔為足立義詮之墓，五輪塔為敵軍將領楠木正行的首塚。迴遊式的庭園以紅葉名勝聞名。

📞 075-861-0610
📍 右京区嵯峨釈迦門前南中院町9-1
🕐 9:00～16:00（11月至16:30）　💰 500日圓

清凉寺（嵯峨釋迦堂）
せいりょうじ（さがしゃかどう）

地圖 p.110-E
♀ 嵯峨釈迦堂前 🚶 1分

一般認為光源氏寫的就是源融的故事，清凉寺原為他擁有的別墅，895（寬平7）年遺族於其中興建了御堂。

主神釋迦如來像據傳為釋迦如來37歲時的樣貌，1953（昭和28）年在佛像內發現了絹製的五臟六腑，成為珍貴的史料。靈寶館舉辦特別公開時，可以參觀面容近似光源氏的棲霞寺主神・阿彌陀三尊。

📞 075-861-0343
📍 右京区嵯峨釈迦堂藤ノ木町46
🕐 9:00～16:00
💰 境內自由參觀，本堂、庭園參觀為400日圓（4～5月與10～11月的特別參觀為9:00～17:00，本堂與靈寶館的共通參觀券為700日圓）

舊嵯峨御所大本山大覺寺
きゅうさがごしょだいほんざんだいかくじ

地圖 p.110-C
♀ 大覚寺 🚶 1分

皇女正子內親王將平安時代嵯峨天皇興建的離宮「嵯峨院」，於876（貞觀18）年改為寺院。據傳境內的宸殿是將東福門院御殿（女御御殿）的宸殿移至此地改建而成，殿內存有狩野山樂繪製的紙拉門畫「牡丹圖」、「紅白梅圖」。從供奉主神五大明王的五大堂，觀月台可眺望大澤池（春、秋觀光季費用為300日圓）。

📞 075-871-0071　📍 右京区嵯峨大沢町4
🕐 9:00～16:30（入山）　💰 500日圓

直指庵
じきしあん

地圖 p.110-C
♀ 大覚寺 🚶 15分

1646（正保3）年隱元禪師的高徒在北嵯峨細谷結廬為庵，為其起源。

幕府末年近衛家女總管・津崎村岡將其重建，改為淨土宗。主神阿彌陀如來像前放著筆記本「思い出草」，有許多人將自己的煩惱寫在上面，境內後方立著思い出草觀音像。

📞 075-871-1880　📍 右京区北嵯峨北ノ段町3
🕐 9:00～16:00（11月中旬～12月上旬至16:30）、服務處至30分前
❌ 不定休　💰 500日圓

POINT 鴨隊長導覽／從大覺寺前往直指庵途中有一條連接廣澤池的道路，眼前盡是竹林與田園的閑靜景色。

嵯峨野觀光鐵道（嵯峨野TOROKKO小火車）
さがのかんこうてつどう

小火車從嵯峨站（地圖p.111-I）到龜岡站長約7.3公里，約需25分。從車窗可俯瞰保津川的水流，每過一個隧道變化多端的景色相當

賞心悅目。春天的山櫻花、秋季似錦的紅葉美不勝收，小火車總是在歡呼聲中駛抵終點。

TEKU TEKU COLUMN

保津川遊船

從TOROKKO龜岡站回嵐山可以搭船順流而下，乘船距離16公里，約需2小時，可欣賞溪谷之美與享受沿著急流而下的快感。

- ♪ 0771-22-5846（保津川遊船企業組合）
- ○ 3月10日～12月11日的9:00～15:00之間，每小時1班，每日共7班。冬季暖氣船為12月下旬～3月9日間，10:00～14:30，每日4班
- ㊡ 12月29日～1月4日、2月與9月的維修檢查日、暴雨或溪水暴漲時
- ¥ 4100日圓
- ＊ TOROKKO龜岡站搭巴士往乘船處約15分。從JR龜岡站🚶8分

- ♪ 075-861-7444（テレフォンガイド）
- ○ TOROKKO嵯峨站出發10:02～16:02、TOROKKO龜岡站出發10:30～16:30（皆每小時運行1班。有臨時車輛）
- ㊡ 週三不定休（逢假日、旅遊季則運行）、12月30日～2月底
- ¥ 單程880日圓
- ＊ 可在JR西日本主要車站的「綠色窗口」、全日本主要旅行社等，在1個月前購得預售券（指定席）。當日券在TOROKKO嵯峨、嵐山、龜岡各站8:40起開始發售。配備開放式車窗的富貴號的票券僅當日發售。最新時刻表請確認官網

購物＆美食

天龍寺周邊／蕎麥麵

嵐山よしむら
あらしやまよしむら

地圖p.111-L
嵐電嵐山站🚶3分

非常講究的蕎麥麵店，使用國產蕎麥粉，只供應現做的蕎麥麵。除了石臼現磨100％蕎麥麵1100日圓外，還有京都蔬菜

蕎麥麵1420日圓、附天婦羅綜合拼盤、蕎麥果實山椒小魚飯的天婦羅蒸籠御膳2200日圓等。窗邊座位可將渡月橋景色盡收眼底。

- ♪ 075-863-5700
- ♀ 右京区嵯峨天龍寺芒ノ馬場町3
- ○ 11:00～17:00（旺季為10:30～18:00）
- ㊡ 無休
- ¥ 十割蕎麥麵1100日圓等

天龍寺周邊／咖啡廳、餐點

琴きき茶屋
こときちゃや

地圖p.111-L
嵐電嵐山站🚶2分

店內可嘗到2種口味的櫻花麻糬，把從前就有的乾糧，道明

寺乾飯再蒸一次，然後以豆沙包覆在外或是夾在醃鹽的櫻花樹葉中食用。飯後在附設的甜品處「和食茶房さくら」也可以小憩一下。

- ♪ 075-861-0184
- ♀ 右京区嵯峨天龍寺芒ノ馬場1
- ○ 11:00～17:00（16:30LO）
- ㊡ 週四。週三不定休

天龍寺內／素齋

篩月
しげつ

地圖p.111-K
嵐電嵐山站🚶4分

除了供應五菜一湯的雪3800日圓（圖），還有月6000日

117

圓、花8500日圓等素齋全餐。
月與花全餐僅接受2人以上的預
約，雪全餐最好也先預訂。1個
人也可以點餐，餐點費用包含
庭園參觀費。

📞 075-882-9725
📍 右京区嵯峨天龍寺
芒ノ馬場町68
🕐 11:00～14:00
休 無休　💴 3800日圓～

天龍寺周邊／和菓子

老松
おいまつ

地圖 p.111-H
嵐電嵐山站 🚶 3分

　這間茶席用點心老店，專門製
作巧妙表現出嵐山及嵯峨野的自
然風景的創意點心。「山人艸
果」為蜜漬金柑的橙糖珠與裹蜜
胡桃的胡桃律（各3入1382日
圓）。另外將夏柑中間挖空，再
將榨出來的果汁與寒天混合，倒
回果實內部冷藏而成的「夏柑
糖」（1620日圓）也很受歡迎。

📞 075-881-9033
📍 右京区嵯峨天龍寺
芒ノ馬場町20
🕐 10:00～17:00、
點心為10:30～16:00LO
休 不定休
💴 夏柑糖（夏期限定）
1個1620日圓

天龍寺周邊／蕎麥麵店

いわを

地圖 p.111-I
嵐電嵐山站 🚶 1分

　店內有鯡魚蕎麥麵1000日圓、
炸蝦蕎麥麵1250日圓、另有京都
桌袱料理1250日圓、蛋汁炸蝦天
婦羅丼飯1600日圓等品項。

📞 075-861-3853
📍 右京区嵯峨天龍寺造路町19
🕐 11:00～視每日而異
休 週三（逢假日則營業）
💴 天婦羅炸蝦蕎麥麵1500日圓

天龍寺周邊／和服布料工藝品

嵐山ちりめん細工館
あらしやまちりめんざいくかん

地圖 p.111-I
嵐電嵐山站 🚶 1分

　販售和服布料的工藝小飾品
店家。店內有用和服布料做成
的壽司（圖）、可愛的兔子磁
鐵1650日圓～、獨特布料做成
的化妝包550日圓～等商品，
平時約有2000種商品陳列在店
中。

📞 075-862-6332
📍 右京区嵯峨天龍寺造路町19-2
🕐 10:00～18:00　休 不定休
💴 壽司1組1800日圓

天龍寺周邊／手工紡織品

越天楽
えてんらく

地圖 p.111-I
嵐電嵐山站 🚶 3分

　販售植物染、手織棉布等天
然材料製作的物品。

📞 075-863-6714
📍 京都市右京区嵯峨天龍寺
造路町6-34
🕐 10:00～16:00　休 不定休

常寂光寺周邊／咖啡廳・輕食

さがの楓カフェ
さがのかえでかへ

地圖 p.111-H
常寂光寺 🚶 3分

　在嵯峨野這一帶玩時，可來
這間舒適的花園咖啡廳休息一
下。在手作抹茶寒天上放了濃
茶冰淇淋、蛋糕捲等配料的特
選濃茶聖代很受喜愛。另有飲
品與蛋糕的套餐為900日
圓～。

📞 075-756-7415
📍 右京区嵯峨小倉山堂ノ前
町21-8
🕐 12:00～17:00
休 無休
💴 特選濃茶聖代800日圓

化野念佛寺周邊／繭人偶

あだしのまゆ村
あだしのまゆむら

地圖 p.110-D
化野念佛寺 🚶 3分

　店家運用每個繭不同的形狀做出動物與人偶，兔子800日圓～等。也有繭人偶製作體驗1300日圓，所需時間為1小時。別處沒有的獨特製作體驗，若行程有空的話不妨來試試。

　☎ 075-882-4500
　📍 右京区嵯峨鳥居本化野町
　　12-11
　🕐 9:00～17:00
　休 無休　💴 200日圓～

化野念佛寺周邊／糰子・香魚料理

平野屋
ひらのや

地圖 p.110-A
化野念佛寺 🚶 5分

　可以品嘗香魚、皐月鱒、松茸、牡丹豬肉鍋等當季山川食材的老店，以參拜愛宕神社時利用的茶店為大家所熟知。著名餐點「志んこ」是在揉好的糰子上灑上黑糖與黃豆粉的點心，搭配抹茶的套餐880日圓。香魚料理（6～10月左右）午餐9680日圓～，料理需預約。

　☎ 075-861-0359
　📍 右京区鳥居本仙翁町16
　🕐 11:30～21:00
　休 無休　💴 志んこ 880日圓

化野念佛寺周邊／香魚料理

つたや

地圖 p.110-A
化野念佛寺 🚶 5分

　創業400年的老字號以「香魚旅館（鮎の宿）」聞名的店家，可在奧嵯峨寂靜的大自然中品嘗夏季天然香魚料理12650日圓～（午），18975日圓～（晚）。

　☎ 075-871-3330（予約專用
　　FAX075-861-0649）
　📍 右京区嵯峨鳥居本仙翁町17
　🕐 11:30～18:30（入店）
　休 不定休
　💴 午餐12650日圓～、
　　晚餐18975日圓～

化野念佛寺周邊／創作料理

創作料理鳥居本遊山
そうさくりょうり とりいもと ゆさん

地圖 p.110-D
化野念佛寺 🚶 2分

　在擺設歐風古董家具的店內可品嘗到融合日式與西洋食譜的獨創全餐。午、晚全餐3850日圓～，圖為午餐時段6050日圓全餐，麵包無限供應。

　☎ 075-873-3122
　📍 右京区嵯峨鳥居本
　　一華表町6-3
　🕐 11:30～14:30LO、
　　17:00～20:00LO
　休 無休
　💴 午晚全餐3860日圓～

清涼寺周邊／京料理

おきな

地圖 p.110-E
📍 嵯峨釈迦堂前 🚶 1分

　店裡的嵯峨豆腐和魚類料理，美味備受好評。在沉穩寧靜的氣氛中享受精湛手藝製作的料理。除了湯豆腐定食、生魚片定食、天婦羅定食、鰻魚定食等單點品項外，晚餐全餐為11000日圓、午餐為4950日圓。

　☎ 075-861-0604
　📍 右京区嵯峨釈迦堂大門町11
　🕐 12:00～13:30入店、
　　18:00～19:30入店
　休 週三、第3週四
　💴 午餐4950日圓等

嵐山～嵯峨野

鈴蟲寺～西芳寺（苔寺）

區域的魅力度

觀光客人氣指數
★★★
街道散步氣氛
★★
世界遺產
苔寺

標準遊逛時間：3小時
（松尾大社～鈴蟲
寺～苔寺～桂離宮）

參拜鈴蟲鳴叫的禪寺，申請參觀苔寺、桂離宮

渡月橋南側有幾個特色景點，包括一年到頭都可聽見鈴蟲鳴叫的鈴蟲寺、青苔很美的苔寺、庭園與建築廣獲國際好評、遠近馳名的桂離宮等，是相當具有魅力的區域。

交通往返建議

巴士人較多時，可從京都站搭乘地鐵烏丸線到四條站轉乘阪急電車，坐到桂站再轉乘阪急嵐山線，下車站為松尾站。

 HINT

遊覽順序的小提示

前往鈴蟲寺的沿途都有小的指示看板所以不會迷路。
前往其他區域的方法
請參考以下介紹交通方式的內容，反過來走即可回到出發地點。

 HINT

前往這個區域的方法

目的地	出發地點	巴士路線（地鐵）	下車站牌（車站）
鈴蟲寺·西芳寺	京都站烏丸口（♀京都駅前）	🚌京都巴士73·83（約53～57分）	♀苔寺·すず虫寺
	嵐山（♀嵐山）	🚌京都巴士63·73·83（約11分）	♀苔寺·すず虫寺
桂離宮	京都站烏丸口（♀京都駅前）	🚌33·特33·京阪21·26·26B·27（約20～23分）	♀桂離宮前

觀賞　遊逛

鈴蟲寺（華嚴寺）
すずむしでら（けごんじ）

地圖 p.121
♀苔寺·すずむし寺🚶3分、阪急松尾大社站🚶15分

1723（享保8）年為了復興華嚴宗而建的禪寺，現為供奉大日如來的臨濟宗禪寺。因堂內每年會飼養5萬多隻鈴蟲，被稱為鈴蟲寺。

幸福地藏、提供茶與和菓子的著名和尚講道很受歡迎。

📞 075-381-3830　📍 西京区松室地家町31
🕐 9:00～17:00（服務處至16:30）
💰 500日圓（附講授佛法、點心）

【活動&祭典】4月20日後的第1個週日：神幸祭（松尾大社）／9月第1個週日：八朔祭（松尾大社）
【賞花季節】4月初旬～5月上旬：棣棠花（松尾大社）

西芳寺（苔寺）

さいほうじ（こけでら）

〈世界遺產〉

地圖 p.121／♀苔寺・
すず虫寺 🚶1分

相傳1339（曆應2）年由夢窗國師重建。庭園中鋪滿120多種美麗的青苔，以苔寺之名廣為人知。庭園分為上下兩段，黃金池南側的草庵風茶室・湘南亭為千利休的次男・少庵所建，已被列為重要文化財。此處也是世界遺產。

📞 075-391-3631　📍 西京区松尾神ケ谷町56
💰 參觀奉獻費 3000 日圓以上
＊ 參觀須事先申請請參考 p.179

桂離宮

かつらりきゅう

地圖 p.186-J

♀桂離宮前 🚶8分

桂離宮為八条宮（桂宮）家的別墅，從1615（元和元）年左右開始花費30年的歲月建造完成。裡面有古書院、中書院、新御殿、茶席的月波樓、松琴亭等，每座建築都很出色。

📞 075-211-1215（宮內廳京都事務所參觀課）
＊ 參拜需事先申請（參照 p.187）

鈴蟲寺〜西芳寺（苔寺）

美食

阪急松尾站周邊／雞肉料理等

とりよね

地圖 p.121

阪急松尾大社站 🚶1分

這家店最熱門的餐點是川燙活雞（下圖），1人份6050日圓。雞肉鮮美不在話下，只使用雞小骨熬煮的白色雞湯味道多層次，廣受好評。

📞 075-872-7711
📍 西京区嵐山朝月町66
🕐 11:00〜15:00LO、17:00〜22:00（21:00LO）
🈺 週三（逢假日則營業），另外有不定休
💰 季節點心便當 1925 日圓〜

阪急松尾站周邊／甘味処

至心庵

ししんあん

地圖 p.121

鈴蟲寺 🚶1分

通往鈴蟲寺大門的連續階梯中，位在石碑附近的甜品店。除了蕨餅、御手洗糰子、餡蜜等品項外，也有烏龍麵、蕎麥麵等單點料理與附小魚飯、漬物的定食餐點。

📞 075-381-9027
📍 西京区松室地家町35-3
🕐 10:00〜17:00
🈺 不定休
💰 御手洗團子附抹茶 850 日圓

廣隆寺～東映太秦電影村

區域的魅力度

觀光客人氣指數
★★★
街道散步氣氛
★

國寶：
廣隆寺／桂宮院本堂、木造彌勒菩薩半跏思維像2座、木造十二神將像12座、木造阿彌陀如來坐像等

標準遊逛時間：3小時
（廣隆寺～東映太秦電影村～車折神社～鹿王院）

第1號國寶彌勒菩薩的微笑與電影小鎮

太秦為平安遷都前從朝鮮半島遠渡而來的秦氏開拓之地。國寶彌勒菩薩遠近馳名的廣隆寺，是秦河勝將聖德太子賞賜的佛像奉為主神建造的寺院，為京都最古老的寺院。

太秦另一個有名的地方是主題樂園東映太秦電影村。

交通往返建議

從四条大宮發車的巴士請參考p.180-p.181。市營地鐵與嵐電都有1日不限次數乘坐的車票，請參照p.174。

！ HINT

遊覽順序的小提示

嵐電有4種划算的乘車券。①京都地鐵・嵐電1day票券1300日圓，可搭乘嵐電全線+京都市營地鐵全線；②嵐電・嵯峨野自由乘車券800日圓，可自由搭乘嵐電全線+京都巴士往嵐山方向系統全線；③嵐電・電影村套票2900日圓；④嵐電一日券700日圓。

比較容易攔到計程車的地點

東映太秦電影村入口處有計程車排班候客，也可以到嵐電嵐山本線太秦站前的三条通攔路上來往的計程車。

！ HINT

前往這個區域的方法

目的地	出發地點	巴士路線（地鐵）	下車站牌（車站）
廣隆寺・東映太秦電影村	京都站烏丸口（♀京都駅前）	🚌京都巴士72・73・76・83（約34～38分）	♀太秦広隆寺前
	三条京阪（♀三条京阪前）	🚌京都巴士62・63・65・66（約28～29分）	♀太秦映画村前
	嵐山（嵐電嵐山站）	嵐電嵐山本線（約10分）	太秦廣隆寺駅
車折神社	在嵐電嵐山本線車折神社站下車		

【活動&祭典】5月第1個週日：三船祭（車折神社）【賞花季節】10月～3月上旬：不斷櫻（廣隆寺）／11月下旬～12月上旬：紅葉（鹿王院）／3月下旬～4月上旬：櫻花（東映太秦電影村）

廣隆寺
こうりゅうじ

地圖 p.124
嵐電嵐山本線太秦廣隆寺站 🚶 1分

603（推古天皇11）年由聖德太子興建的寺院，秦河勝將聖德太子賜予的佛像奉為主神祭祀。裡面保留了一些古蹟，傳頌秦氏從朝鮮半島新羅地區渡海而來的豐功偉業。

千萬不可錯過放置於靈寶殿第1號國寶彌勒菩薩半跏思維像。這尊神像製作於飛鳥時代，右手像是輕碰臉頰的動作、彷彿含笑的神情，既優雅又神秘。安置聖德太子像的上宮王院太子殿11月22日開放參觀。

> 🎵 075-861-1461　📍 右京区太秦蜂岡町32
> 🕐 9:00～17:00（12～2月至16:30）
> 💴 靈寶殿為800日圓

東映太秦電影村
とうえいうずまさえいがむら

地圖 p.124
嵐電嵐山本線太秦廣隆寺站 🚶 5分

電影主題樂園。江戶城的廣大戶外布景裡，除了可參觀電視電影的錄影，也有歷史動作劇與街頭藝人表演活動。電影文化館介紹日本電影代表作與電影史上的導演及著名演員，同時也展示影像資料。透過專業化妝師的巧手變身為歷史劇大明星的正統歷史劇變裝服務也相當受歡迎。此外，這裡會舉辦很受孩子們歡迎的假面騎士秀等，新的娛樂設施也陸續登場。

> 🎵 ナビダイヤル 0570-064349
> 📍 右京区太秦東蜂岡町10
> 🕐 10:00～17:00（5、6月為9:00～），
> 　逢黃金週、暑假則時間延長
> 🚫 每年1月中旬左右全村公休　💴 2400日圓

車折神社
くるまざきじんじゃ

地圖 p.186-E
嵐電嵐山本線車折神社站 🚶 1分

供奉保佑生意興隆的清原賴業，清原賴業是天武天皇皇子舍人親王的子孫，經書與法律方面學識出眾。車折神社的前身為寶壽院，是1189（文治5）年為了祭弔清原賴業興建的，而現在的社殿據傳建於寶曆年間（1760年代）。向神石許願願望實現後，有獻上石頭還願的習俗，所以神社前高高堆滿了許多神石。

此外境內還有供奉才藝之神・天宇受賣命的

藝能神社，深受許多演藝工作者的信仰愛戴。

☎ 075-861-0039 ♀ 右京区嵯峨朝日町23
＊ 自由參觀

購物＆美食

廣隆寺周邊／洋食

キネマ・キッチン

地圖 p.124
嵐電嵐山本線太秦廣隆寺站 🚶 5分

店內陳列著懷舊的電影海報、劇本、攝影器材和腳本等。跟演員勝新太郎、市川雷藏有淵源的炸豬排飯是本店招牌。

☎ 075-871-6556
♀ 右京区太秦多藪町43
🕐 11:00～14:00
　　（週日、假日為～14:00）
🈳 無休
💴 炸豬排飯1500日圓

電影村周邊／京料理

京の料理 辰樹
きょうのりょうり たつき

地圖 p.186-F
嵐電嵐山本線太秦廣隆寺站 🚶 10分

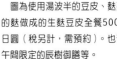

圖為使用湯波半的豆皮、麩嘉的麩做成的生麩豆皮全餐5000日圓（稅另計，需預約）。也有午間限定的辰樹御膳等。

☎ 075-861-8887
♀ 右京区太秦蜂ヶ岡町14
🕐 11:30～14:00、17:00～21:30（21:00LO）
🈳 週三、四
💴 辰樹御膳1800日圓

電影村周邊／和菓子

京都太秦 笹屋延秋
きょうとうずまさ ささやえんしゅう

地圖 p.124
嵐電嵐山本線太秦廣隆寺站 🚶 5分

招牌點心為千歲最中，中間的餡是保留大納言紅豆完整顆粒、花費3天時間用心熬煮製成。

☎ 075-872-3773
♀ 右京区太秦一ノ井町31-13
🕐 8:00～17:00
🈳 週四（逢假日則不定休）
💴 千歲最中1個160日圓

三尾

自古以來京都人氣第一的紅葉名勝
古剎散布於其中

　　從京都穿越到丹波的周山街道（國道162號），沿著高雄（尾）、槇尾、栂尾與清瀧川的水流延伸。這3個地區總稱為三尾，每個村落各有神護寺、西明寺、高山寺3寺矗立其中。自古以來便是紅葉勝地，一到秋季就特別熱鬧。

遊覽順序的小提示

　　遊覽神護寺、西明寺、高山寺後，回程從♀栂ノ尾搭乘巴士坐到位子的機率較高。走完三尾地區總共約需1小時，但因為都是石階（神護寺的石階約有400階）與上下坡，會比想像中累。建議12月的第1週來訪，此時觀光客銳減，若當年氣候無異常，還能看得到紅葉。

前往這個區域的方法

目的地	出發地點	巴士路線（地鐵）	下車站牌
高山寺·西明寺·神護寺	京都站烏丸口（♀京都駅前）	JR巴士高雄、京北線（約50～57分、經過二条站前、御室仁和寺）	♀高雄（神護寺）♀槇ノ尾（西明寺）♀栂ノ尾（高山寺）
	京都站（地鐵烏丸線）	地鐵烏丸線四条站下車，♀四条烏丸轉乘8路（盂蘭盆節與過年期間停駛）約41～51分	♀高雄
	嵐山（♀阪急嵐山站前）	京都巴士90路（僅11月紅葉季運行、需事先確認）約39分	♀西山高雄

【賞花季節】11月上旬～12月上旬：紅葉（三尾一帶）

區域的魅力度

觀光客人氣指數
★★★
街道散步氣氛
★★★★
世界遺產
高山寺

國寶：
神護寺／梵鐘、木造藥師如來立像等，高山寺／石水院、鳥獸人物戲畫等

標準遊逛時間：4小時（高山寺石水院～高山寺金堂～西明寺～神護寺）

交通往返建議

　　紅葉季節非常擁擠，為了避開擁擠時段，最好早晨提早出門，中午前回家，除此之外別無他法。搭乘計程車也一樣。

三尾

三尾

1:11,000
0 　　　　200m

周邊廣域地圖 P.186

栂尾

栂尾町
開山堂
錦水亭支店

高山寺 P.127
石水院
栂尾茶屋
とが乃茶屋
栂ノ尾
WC

金堂道
表參道

清滝川

福ヶ谷川

白雲橋

P.127 高雄 錦水亭

右京区

中川木材工芸
御前神社
瓦そば松右衛門

岡山街道

梅ヶ畑

槇尾

槇ノ尾
よしでん

槇尾町

P127 西明寺
指月亭
水墨画美術苑
（ギャラリー墨）

指月橋

西明寺表參道

灌頂橋

往栂王子

往槇王子

山本食堂
もみぢ家
レストハウスもみぢ家

高雄

清滝川

西山高雄

往鳥居本

高雄橋

和気清麻呂墓

嵐山・高雄
パークウェイ

高雄観光ホテル
硯石亭
もみぢ家別館

高雄
高雄茶屋
P.127

紅葉橋

高雄町

多宝塔
金堂

書院
鐘楼
護摩堂
楼門

P.126
神護寺

五大堂
毘沙門堂

大師堂

かわらけ投げ

地蔵院

清滝橋

錦雲峡

往清滝

步行4分

126

前往其他區域的方法

●前往仁和・龍安寺

巴士路線：從♀栂ノ尾搭乘JR巴士到♀御室仁和寺、♀竜安寺前下車。

●前往嵐山

巴士路線：從♀西山高雄搭乘京都巴士90路（僅紅葉季行駛）到♀鳥居本、♀大覚寺道等地下車，這班巴士的起終站都在阪急嵐山站前。

步行路線：從高雄到清瀧之間沿著清瀧川的健行路線約需1小時，從清瀧到化野念佛寺一帶步行約需40分。

觀賞&遊逛

神護寺

じんごじ

地圖 p.126-C
♀高雄（山城高雄）🚶15分

　　建造平安京的最高負責人，和氣清麻呂興建高雄山寺作為愛宕五坊之一，為其起源。受到和氣一族邀請入山的最澄與空海，在此地各自打下天台宗、真言宗的基礎。寺方收藏了主神木造藥師如來立像、相傳為源賴朝的肖像畫等國寶17件、重要文化財2833件。每年5月上旬舉辦的寶物除蟲式會展示主要寶物，金堂東側的梵鐘為日本三大名鐘之一，也是國寶。地藏院的庭園會舉辦消災解厄的丟素坯活動。

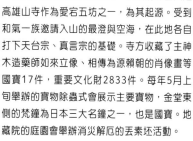

☎ 075-861-1769　♀ 右京区梅ヶ畑高雄町5
🕘 9:00～16:00
💰 600日圓（5月1～5日的「寶物除蟲活動」800日圓）、春秋的多寶塔特別參觀費500日圓

西明寺
さいみょうじ

地圖 p.126-B
♀槙ノ尾 🚶 5分

境內立著一株老槙樹，據傳是槙尾地名的由來。本堂是由5代將軍德川綱吉的生母桂昌院捐獻重建的。寺內有運慶製作的主神，釋迦如來立像，還有千手觀音菩薩像。

📞 075-861-1770　♀右京区梅ヶ畑槙尾町1
🕐 9:00～17:00　💰 500日圓

高山寺　〈世界遺產〉
こうさんじ

地圖 p.126-A
♀栂ノ尾 🚶 5分

原為774（寶龜5）年光仁天皇祈願興建的神願寺都賀尾坊。鎌倉時代的明惠上人奉後鳥羽上皇聖命，將此中興，改建成高山寺。寺方收藏了1萬多件國寶、重要文化財。過去曾為學問所的國寶・石水院（下圖）展示鳥羽僧正繪製的《鳥獸人物戲畫》（複製品）。

📞 075-861-4204　♀右京区梅ヶ畑栂尾町8
🕐 8:30～17:00
💰 石水院參觀費800日圓
　　紅葉入山費500日圓

美食

高雄茶屋
たかおちゃや

〈神護寺周邊／茶屋〉

地圖 p.126-C
♀高雄（山城高雄）🚶 7分

微甜的著名點心，紅葉麻糬（圖）是用手工製作的丹波大納言紅豆餡料包覆道明寺麻糬的甜點。

📞 075-872-3810
♀右京区梅ヶ畑高雄町5
　神護寺境内
🕐 約9:00～約17:00
🚫 紅葉期間無休，以外有
　　不定休
💰 紅葉餅、抹茶700日圓

指月亭
しげつてい

〈西明寺周邊／河魚料理〉

地圖 p.126-B
♀高雄🚶8分，♀槙ノ尾（JR巴士）
🚶即到

有紅燒鱒魚、月見山藥泥等菜色的山村定食1800日圓（菜色視季節而異），湯豆腐定食2500日圓。

📞 075-861-1801
♀右京区梅ヶ畑殿畑町16
🕐 10:00～17:00
　　（晚餐僅限預約）
🚫 不定休　💰 山村定食2000
日圓、山菜蕎麥麵1000日圓

高雄　錦水亭
たかお きんすいてい

〈西明寺周邊／料理旅館〉

地圖 p.126-B
♀高雄🚶12分，♀槙ノ尾（JR巴士）
🚶3分

料理旅館，也可只用午膳。松花堂餐盒（圖）4760日圓～，提供川床料理。

📞 075-861-0216
♀右京区梅ヶ畑殿畑町40
🕐 11:30～15:00、
　　17:30～21:30
🚫 不定休
💰 便當4760日圓～
＊ 川床料理午餐5月1日～9月
　　底為5200日圓～，晚餐6月
　　1日～9月底為8300日圓～

鷹峰～大德寺

區域的魅力度

觀光客人氣指數
★★
街道散步氣氛
★★

國寶：
大德寺／唐門、北丈、玄關等，大仙院／本堂、玄關等，高桐院／絹本墨畫山水圖2幅，孤蓬庵／井戶茶碗

標準遊逛時間：5小時
（光悅寺～常照寺～今宮神社～大德寺）

遊覽位於洛北寧靜地帶
與光悅、一休、利休有關係的寺院

鷹峰為江戶時代德川家康賜予本阿彌光悅的土地。在書道、陶藝等藝術領域展現豐富才能的光悅，與工匠們一起移住此地，打造了藝術村。這個地區集結了許多小巧雅緻的寺院，春季有櫻花，秋季有紅葉，景色極佳。

交通往返建議

從京都站搭乘地鐵烏丸線至北大路站下車。從北大路巴士總站到光悅寺可搭乘🚌北1路，大德寺方向可從北大路巴士總站轉乘🚌1・204・205・206路較快。

HINT

遊覽順序的小提示

從光悅寺、源光庵附近往下走到今宮神社、大德寺一帶絕對比反過來走來得輕鬆。從源光庵到大德寺🚶約30分。

前往其他區域的方法
●**前往金閣寺** 巴士路線：從♀大德寺前搭乘🚌12・204・205路到♀金閣寺道。

比較容易攔到計程車的地點

光悅寺・源光庵附近可到北山通、大德寺附近可到今宮通與北大路通攔車。

HINT

前往這個區域的方法

目的地	出發地點	巴士路線	下車站牌
光悅寺・源光庵・常照寺	烏丸線京都站	從烏丸線北大路站前往。從北大路BT搭🚌北1（約40～55分）	♀鷹峯源光庵前
大德寺・大仙院・高桐院	京都站烏丸口（♀京都駅前）	🚌205・206（約40～55分）	♀大德寺前
	♀四条河原町	🚌12・205（約30分）	♀大德寺前

【活動&祭典】4月第2個週日：安樂祭（今宮神社）／4月第3個週日：吉野太夫花供養（常照寺）
【賞花季節】4月上旬～中旬：櫻花（常照寺）／11月下旬～12月上旬：紅葉（光悅寺、源光庵、高桐院）

觀賞&遊逛

常照寺
じょうしょうじ

地圖 p.129
♀鷹峯源光庵前 🚶 2分

漆成朱紅色的正門,是寬永年間被稱為天下名妓第2代的吉野太夫捐獻建造的。境內有吉野太夫之墓,每到櫻花綻放的季節寺方會舉辦太夫道中並設置戶外茶席,增添熱鬧氣氛。

♪ 075-492-6775
♀ 北区鷹峯北鷹峯町1
🕐 8:30～17:00　¥ 400日圓、紅葉季500日圓

源光庵
げんこうあん

地圖 p.129
♀鷹峯源光庵前 🚶 1分

本堂為1694(元祿7)年興建當時的建築,其中圓窗「悟道之窗」與方窗「迷惘之窗」相當有名,兩窗都可觀賞庭園景色。本堂走廊上沾了血跡的天花板據說是伏見城遺跡。

♪ 075-492-1858　♀ 北区鷹峯北鷹峯町47
🕐 9:00～17:00(服務處至16:30)　¥ 400日圓

光悦寺
こうえつじ

地圖 p.129
♀鷹峯源光庵前 🚶 3分

1615(元和元)年本阿彌光悦在德川家康賜予的土地上與眾多工藝家一起興建藝術村。楓樹庭園中茶席散布各處,還可見光悦之墓。

POINT 鴨隊長導覽／從光悦寺、源光庵通往大德寺的千本通,路旁平民商店一字排開,一條下坡路通到底,中間沒有任何岔路。遠方可見京都市區的街景。

大虛庵的圍牆以其獨特造型聞名。

♪ 075-491-1399
♀ 北区鷹峯光悦町29　🕐 8:00～17:00
🚫 11月10日～13日
¥ 400日圓(紅葉季500日圓)

大德寺
だいとくじ

地圖 p.130
♀大德寺前 🚶 3分

始於鎌倉末期的小庵,後來逐漸成為洛北第一的大寺院。以國寶唐門為首,寺方擁有許多文化財,方丈前庭園為特別名勝。應仁之亂後,一休宗純成為住持,與千利休私交甚篤一事也廣為人知。寺院一般不開放參觀,22座別院中平常開放參觀的有高桐院、大仙院、龍源院、瑞峯院4座寺院。

♪ 075-491-0019　♀ 北区紫野大德寺町53
🕐 曝涼展／10月第2週日的9:00～16:30、在本坊公開寶寶(雨天則停止)　¥ 1500日圓、秋季特別參觀9/14～10/6,1000日圓　＊自由參觀

大德寺別院

大仙院
だいせんいん

地圖 p.130
♀ 大德寺前 🚶8分

列為國寶的本堂留存最古老的床之間與玄關，為室町時代的方丈建築，裡面有狩野元信等室町時代畫家的紙拉門畫（重要文化財）。圍繞於本堂四周的枯山水庭園是特別名勝，也是傳達禪宗思想的傑作。

📞 075-491-8346
📍 北区紫野大德寺町54-1
🕐 9:00～16:30
💴 400日圓。抹茶300日圓（附點心）

購物＆美食

大德寺周邊／素齋

大德寺 一久
だいとくじ いっきゅう

地圖 p.130
大德寺 🚶 1分

由大德寺一休禪師賜名，素齋料理已有500多年的歷史。午餐餐盒4840日圓，大德寺素齋料理本膳8470日圓～。也提供大德寺納豆（9～20時），用餐需預約。

📞 075-493-0019
📍 北区紫野大德寺下門前町20
🕐 12:00～18:00（入店）
🈺 不定休
💴 大德寺素齋料理本膳8470日圓～

♀大德寺前出發

⬅ 12・M1（♀金閣寺道）➡ M1（♀北大路BT）
⬅ 204（♀金閣寺道）➡ 204（♀北大路BT・♀銀閣寺道）
⬅ 205（♀金閣寺道・♀京都駅前）➡ 205（♀北大路BT・♀四条河原町）
⬇ 206（♀四条大宮・♀京都駅前）➡ 206（♀北大路BT・♀祇園）

今宮神社周邊／炙烤麻糬

一文字屋和輔
いちもんじやわすけ

地圖 p.130
今宮神社 🚶 1分

炙烤麻糬是用炭火燒烤灑滿黃豆粉的麻糬，據傳吃了就不會生病。

📞 075-492-6852
📍 北区紫野今宮町69
🕐 10:00～17:00
🈺 週三（逢1、15日、假日則營業，翌日休）、12月16～31日
💴 炙烤麻糬1人份500日圓

光悦寺周邊／茶屋

光悦茶家
こうえつちゃや

地圖 p.129
光悦寺 🚶 2分

店內擺放著圍爐，很有民俗藝品情調，供應的光悦蕎麥麵不是附山葵，而是白蘿蔔泥。雖然鯡魚蕎麥麵與山藥泥蕎麥麵很受歡迎，但善哉跟甜酒也備受好評。

📞 075-492-5151
📍 北区鷹峯光悦町46
🕐 11:00～16:00
🈺 週二（逢假日則營業）、11月無休

京都北部

上賀茂神社～下鴨神社

在小溪流過、擁有美麗土牆的社家街道與
賀茂川沿岸的半木之道散步

這個地區的主要景點為上賀茂神社與下鴨神社。流經上賀茂神社境內的御手洗川，出了神社後稱為明神川。

HINT

遊覽順序的小提示

由上賀茂神社往下鴨神社走平緩下坡道的路線較佳。旅遊旺季時為了避開回程擁擠的巴士，最後的景點建議安排近地鐵北山站的京都府立植物園，或是從出町柳站可搭乘京阪電車的下鴨神社。

交通往返建議

欲前往上賀茂神社方向可從京都車站搭乘地鐵烏丸線到北大路站下車，再到北大路巴士總站搭乘🚌北3路到♀上賀茂御薗橋下車。欲前往下鴨神社方向則在地鐵烏丸線北山站下車後，可選擇途經京都府立植物園步行到下鴨神社的路線，約需25分。從下鴨神社回祇園・四条河原町方向可搭乘京阪電車到京阪線四条站下車。

前往其他區域的方法

●前往京都御所·御苑　步行路線：從下鴨神社到京都御苑今出川御門 🚶‍♀️ 約15分。　**地鐵路線**：從京都府立植物園到京都御苑今出川御門，可從北山站搭乘地鐵烏丸線到今出川站下車；到堺町御門在丸太町站下車。

●前往大德寺·金閣寺　巴士路線：從 🚏下鴨神社前搭乘205路、從 🚏植物園前搭乘 🚌北8·204·205·206路。欲前往大德寺者在 🚏大德寺前下車；欲前往金閣寺者搭乘204·205路在 🚏金閣寺道下車。

比較容易攔到計程車的地點

上賀茂神社、京都府立植物園正門前、出町柳站都有計程車排班候客。此外，北山通、下鴨本通等來往的計程車也很多。

前往這個區域的方法

目的地	出發地點	巴士路線	下車站牌
上賀茂神社·西村家別邸·大田神社	京都站烏丸口（🚏京都駅前）	🚌4（約53～57分） 🚌9（約38分）	🚏上賀茂神社前 🚏上賀茂御薗橋
下鴨神社·糺之森·井村美術館·思文閣美術館	京都站烏丸口（🚏京都駅前）	🚌4·205（約29～31分）	🚏糺ノ森（205） 🚏下鴨神社前（4·205）

觀賞　遊逛

上賀茂神社（賀茂別雷神社）〈世界遺產〉
かみがもじんじゃ（かもわけいかづちじんじゃ）

地圖 p.132
🚏上賀茂神社前 🚶‍♀️ 1分

　　主神賀茂別雷大神以消災·電器產業的守護神聞名。上賀茂神社深受皇室崇敬，地位僅次於伊勢神宮。穿過二重鳥居後映入眼簾的是細殿與圓錐形的立砂，令人印象深刻。立砂以本殿後方的御神體山的神山為藍本，樓門內殿並列著流造建築形式的本殿與權殿。

📞 075-781-0011　📍 北區上賀茂本山339
🕐 5:30～17:00（視活動變動）

社家街道
しゃけのまちなみ

地圖 p.132
🚏上賀茂神社前 🚶‍♀️ 3分

　　上賀茂神社的神職人員在明神川沿岸建造社家（住宅）形成的街道景觀，已被列入國家傳統建築群保存地區。

　　內部開放參觀的西村家別邸中，保留從前風貌的庭園最值得一看。園內為了舉辦曲水之宴引來明神川的水，又設計將水流再導回明神川。※下列內容為西村家別邸的資訊。

📞 075-781-0666　📍 北區上賀茂中大路町1
🕐 9:30～16:30
🗓 3月15日～12月8日開放。期間內無休
💴 500日圓

大田神社
おおたじんじゃ

地圖 p.132
🚏上賀茂神社前 🚶‍♀️ 10分

　　平安時代的延喜式神名帳上也有紀錄的古老神社，為上賀茂神社的附屬神社。主神天鈿女命以祈求長壽·戀愛·才藝之神聞名。參道東側大田澤的燕子花叢（天然紀念物）相當有名。

📞 075-781-0907　📍 北區上賀茂本山340
🕐 9:30～16:30　🌸 燕子花園 300日圓

【活動&祭典】5月3日：流鏑馬神事（下鴨神社）／5月15日：葵祭（上賀茂神社·下鴨神社）
【賞花季節】4月上旬～4月中旬：櫻花（半木之道等地）／5月中旬：燕子花（大田澤）

下鴨神社（賀茂御祖神社） 〈世界遺產〉
しもがもじんじゃ（かもみおやじんじゃ）

地圖 p.134
♀下鴨神社前 🚶 1分、♀糺の森 🚶 3分

下鴨神社(賀茂御祖神社) P.134

　史料上有崇神天皇2（BC90）年神社圍牆完工的紀錄。東殿供奉玉依媛命、西殿供奉賀茂建角身命。下鴨神社為世界文化遺產之一，被稱為「糺の森」的森林面積廣達12萬4000平方公尺，受其環繞的境內被指定為國家史跡。舉行的祭典儀式相當多，有5月5日的步射神事、5月12日的御蔭祭等。取自《源氏物語》的神籤也很受歡迎。

📞 075-781-0010　♀ 左京区下鴨泉川町59
🕐 夏5:30〜18:00、冬6:30〜17:00
＊ 自由參觀，大炊殿參觀500日圓

購物

 上賀茂神社周邊／醃漬小菜

御すぐき處京都なり田
おんすぐきどころきょうとなりた

地圖 p.132
上賀茂神社 🚶 2分

　江戶時代創業專賣醃漬小菜的老舖，京都名產。醃蕪菁特別受歡迎，提供冷凍宅配服務，可寄到卜塌處。

📞 075-721-1567
♀ 北区上賀茂山本町35
🕐 10:00〜18:00
🈺 不定休（元旦除外）
💰 新醃蕪菁250g1080日圓〜

 上賀茂神社周邊／烤麻糬

神馬堂
じんばどう

地圖 p.132
上賀茂神社 🚶 1分

　店家位於上賀茂神社門前，已做了100多年的烤麻糬。麻糬中間的紅豆餡飽滿，外皮焦香四溢。

📞 075-781-1377
♀ 北区上賀茂御薗口町4
🕐 7:00〜售完打烊
🈺 週三（逢假日則翌日休）
💰 烤麻糬（葵餅）1個130日圓

 下鴨神社周邊／黑豆麻糬

出町ふたば
でまちふたば

地圖 p.134
下鴨神社 🚶 7分

　店門口總是大排長龍的人氣甜碗豆麻糬，現做的白麻糬與豆沙餡的口感絕妙。

📞 075-231-1658
♀ 上京区出町通今出川上ル青龍町236
🕐 8:30〜17:30　🈺 週二、第4週三（逢假日則翌日休）
💰 豆餅1個200日圓

詩仙堂～修學院離宮

漫步於閑靜田園風景環繞的道路，遊覽富有特色的著名庭園

可眺望比叡山的詩仙堂，修學院離宮地區雖然增建了不少住宅，但仍保留了花朵遍地綻放的閑靜田園風景。一邊遊覽引人入勝的寺院神社，親身感受季節的更迭，一邊漫步於鄉間小道吧。

這個地區有僧都（用來驅鹿）之音迴盪的詩仙堂、紅葉名勝的圓光寺、以枯山水聞名的曼殊院門跡、保有宮廷庭園的修學院離宮（需事先申請，參照p.178）等，每座著名庭園都不相上下，各有千秋。

 HINT

遊覽順序的小提示

按照修學院離宮～曼殊院～詩仙堂的順序走是較好走的下坡路段。旅遊旺季時最好將修學院離宮·赤山禪院安排在行程的最後，回程搭乘巴士有座位的機率較高。

前往其他區域的方法

●往銀閣寺

巴士路線：從♀修学院離宮道或在♀一乘寺下り松町搭乘🚌5路至♀銀閣寺道下車，從銀閣寺起可以走哲學之道（參照p.50～）。

●往下鴨神社

巴士路線：從♀修學院道或在♀一乘寺下り松町搭乘🚌北8路至♀北山橋東詰下車，再沿著賀茂川沿岸的半木之道往南步行約40分。

電車路線：從修學院站或一乘寺站搭乘叡山電車至出町柳站下車，前往下鴨神社15分。

【賞花季節】5月下旬：皋月杜鵑花（詩仙堂）／11月下旬～12月上旬：紅葉（修學院離宮·圓光寺·鷺森神社）

區域的魅力度

觀光客人氣指數
★★
街道散步氣氛
★★★

國寶：
曼殊院門跡／絹本著色不動明王像、古今和歌集

標準遊逛時間：4小時（金福寺～詩仙堂～曼殊院門跡～修學院離宮）

交通往返建議

從京都車站發車途經平安神宮、銀閣寺道的🚌5路巴士觀光季節特別擁擠，可視情況搭乘🚌4、17路到♀出町柳駅前，再轉乘叡山電鐵至一乘寺或修學院站下車。或是搭乘地鐵烏丸線至北大路站下車，從北大路巴士轉運中心轉乘🚌北8路，🚌北8路不停♀修學院離宮道，前往修學院離宮要在♀修学院道下車。

比較容易攔到計程車的地點

曼殊院與詩仙堂前都有計程車排班候客，路上往來的計程車少，要到白川通才比較容易攔到。

活動&祭典

仲秋明月之日：絲瓜加持（赤山禪院）

詩仙堂～修學院離宮

前往這個區域的方法

目的地	出發地點	巴士路線	下車站牌
圓光寺・詩仙堂・金福寺	京都站烏丸口（♀京都駅前）	🚌 5 （約48～49分）	♀一乘寺下り松町
修學院離宮・曼殊院門跡	京都站烏丸口（♀京都駅前）	🚌 5 （約52～53分）	♀修學院離宮道

觀賞&遊逛

金福寺
こんぷくじ

地圖 p.137
♀一乘寺下り松町 🚶 6分

這座古剎的由來為864（貞觀6）年圓仁的弟子安惠僧都在此供奉圓仁所做的聖觀音菩薩，元祿時代由鐵舟和尚再次重建。登上庭園的石階可看到芭蕉庵，以及與謝蕪村的墓地，據說他曾在此地舉辦俳句講評會。

📞 075-791-1666
📍 左京区一乘寺才形町20　🕘 9:00～17:00
🚫 1月16日～31日、8月5日～20日、12月30・31日
💴 500日圓

詩仙堂
しせんどう

地圖 p.137
♀一乘寺下り松町 🚶 7分

石川丈山於1641（寬永18）年建造，他原為德川家康的家臣，同時也以漢詩巨匠、庭園大師聞名，這裡是他度過晚年的隱居遺址。詩仙堂之名是從掛著狩野探幽「中國三十六詩仙像」的詩仙廳而來。

爬上鋪設石板的參道穿過老梅關之門後，可看見堂上稱為嘯月樓的閣樓建築。5月下旬有皋月杜鵑、11月下旬有紅葉妝點的庭園，

迴盪著據傳是丈山想出來的驅鹿之音，增添另一種情趣。

📞 075-781-2954　📍 左京区一乘寺門口町27
🕘 9:00～17:00（服務處至16:45）
🚫 5月23日　💴 500日圓

圓光寺
えんこうじ

地圖 p.137
詩仙堂 🚶 3分

1601（慶長6）年德川家康建造此寺作為學校，寺方保留了曾用於書籍出版、日本最古老的木製活字版。擁有栖龍池的庭園「十牛之庭」是遠近馳名的紅葉勝地。

📞 075-781-8025　📍 左京区一乘寺小谷町13
🕘 9:00～17:00　💴 500日圓

曼殊院門跡
まんしゅいんもんぜき

地圖 p.137
♀一乘寺清水町 🚶 20分

以江戶時代初期的書院建築代表廣為人知，受桂離宮的建築風格影響極深。建築物中薄木板屋頂的大書院、小書院等為重要文化財。天花板開口接合處卍的簡略符號、狩野探幽所做的屏風畫等值得一見之處眾多。

📞 075-781-5010　📍 左京区一乘寺竹ノ内町42
🕘 9:00～17:00（服務處至16:30）　💴 600日圓

POINT
鴨隊長導覽／曼殊院門跡前的參道為種滿楓樹與金合歡的林蔭道，春～秋季散步非常舒服。也可以在四周水池圍繞的曼殊院天滿宮小憩一番。

修學院離宮
しゅがくいんりきゅう

地圖 p.137
♀修學院離宮道 🚶15分

德川幕府於1656（明曆2）年左右為後水尾上皇建造的廣闊山莊。

在上、中、下3座離宮中，茶屋建築風格的壽月觀與華麗的客殿等散布各處。其中又以上離宮的茶室隣雲亭視野極佳，秋季的紅葉千萬不可錯過。

📞075-211-1215（宮內庁京都事務所參觀係）
📍左京區修學院藪添
＊申請參觀辦法請參考p.178參照

購物&美食

詩仙堂周邊／醃漬小菜

穗野出
ほので

地圖 p.137
詩仙堂 🚶 3分

名產雲母漬的老店，據說僧侶們經過通往比叡山・山王院的雲母坂時都會來此品嘗。雲母漬是使用店家自製的白味噌將小茄子醃至入味，是只有這裡才買得到的傳統美味。

📞075-781-5023
📍左京區一乘寺谷田町43
🕘9:00～17:00 ❌1月1～3日
💴雲母漬袋入(170g) 860日圓～

詩仙堂周邊／和菓子

一乘寺中谷
いちじょうじなかたに

地圖 p.137
♀一乘寺下り松町 🚶1分、詩仙堂 🚶5分

販售丁稚羊羹的店家，丁稚羊羹是混和米磨成的粉與丹波紅豆後煮成黏稠狀，再包上竹葉蒸製而成。也有西點，可在店內享用，另外丁稚羊羹與五藏饅頭附抹茶680日圓。

📞075-781-5504
📍左京區一乘寺花ノ木町5
🕘9:00～18:00
　（茶屋17:00LO)
❌週三。11月為不定休
💴丁稚羊羹1條450日圓

鞍馬～貴船

區域的魅力度

觀光客人氣指數
★★★
街道散步氣氛
★★★

國寶：
鞍馬寺／木造毘沙門天、吉祥天、善膩師童子立像等

標準遊逛時間：4小時（鞍馬溫泉峰麓湯～由岐神社～鞍馬寺～貴船神社）

交通往返建議

前往鞍馬・貴船可搭乘叡山電車鞍馬線，或從地鐵國際會館站搭乘京都巴士52路。♀貴船～♀貴船口駅前有京都巴士33路（170日圓）行駛其間，1天有數班。

比較容易攔到計程車的地點

鞍馬寺大門附近雖然有計程車行，但車輛數量較少。

由流傳著牛若丸傳說的鞍馬，往避暑川床的貴船前行

鞍馬與貴船被稱為京都的後院。穿過鞍馬寺的仁王門，可看到位於陡峭石階上以鞍馬火祭聞名的由岐神社，再爬上九十九彎坡道的頂端，鞍馬寺‧本殿金堂就出現在眼前。

沿著木之根道下山，耳邊傳來的是貴船川的潺潺流水聲。

HINT

遊覽順序的小提示

鞍馬山無論從鞍馬站或貴船神社都可上山，翻過山頭需2小時。往貴船神社方向是易打滑的下坡路段，須多加留意。

HINT

前往這個區域的方法

目的地	出發地點	巴士路線（列車）	下車站牌（車站）
鞍馬溫泉・峰麓湯・由岐神社・鞍馬寺	京都站烏丸口（♀京都駅前）	🚃4・17、♀出町柳駅前下車，轉乘叡山電鐵（約62～85分）	鞍馬站
	京都站（地鐵烏丸線搭乘處）	在國際會館站轉乘京都巴士52路（約52分）	♀鞍馬、♀鞍馬溫泉
貴船神社	京都站烏丸口（♀京都駅前）	🚃4・17、♀出町柳駅前下車，轉乘叡山電鐵（約60～80分）	貴船口站
	京都站（地鐵烏丸線搭乘處）	在國際會館站轉乘京都巴士52（約45～50分）	♀貴船口

138 【活動&祭典】6月20日：伐竹儀式（鞍馬寺）10月22日：鞍馬火祭（由岐神社）
　　　【賞花季節】9月中旬～10月中旬：貴船菊（貴船神社）

叡山電車
えいざんでんしゃ

地圖p.139

前往鞍馬·貴船，以搭乘暱稱「叡電」的叡山電鐵鞍馬線最為方便，從出町柳站到貴船口、鞍馬站約30分即可抵達。景觀列車「きらら」，部分座位面對車窗設置，相當受歡迎，「きらら」的行駛時間為1小時1～2班。叡電1日乘車券「えきっぷ」1200日圓（參照p.174）也很好用，出町柳～鞍馬間來回費用雖只需840日圓，但1日乘車券可中途下車且附各種優惠，若想在叡山電車沿線慢慢旅行則相當划算。

＊洽詢電話 ☎ 075-781-5121

☎ 075-741-2131　♀ 左京区鞍馬本町520
🕙 10:30～21:00（露天浴池冬天到20:00）
🚫 請於官網確認　💴 露天浴池方案1000日圓、當天來回方案2500日圓
※因新冠肺炎疫情自2021年1月休業至今，行前請於官網確認

鞍馬溫泉·峰麓湯
くらまおんせん·ほうろくゆ

地圖p.139
叡山電車鞍馬駅🚶12分

四周有鞍馬川清流與北山杉圍繞，是在大自然懷抱中的露天溫泉。泉質為富含礦物質的單一硫磺泉，可治療神經痛、風濕、腰痛。

裡面有大休息廳、餐飲店，也提供一日遊、住宿等方案。從鞍馬站到溫泉設施有免費接駁巴士。

鞍馬寺·本殿金堂
くらまでら·ほんでんこんどう

地圖p.139
鞍馬寺仁王門🚶28分

起源於奈良時代供奉鑑真和尚的高徒毘沙門天，據說堂塔伽藍是在796（延曆15）年建造的。

以雄偉的仁王門為界的廣闊寺域中幾乎全是日本冷杉與鐵杉的原生林，四季都可享受身在大自然的樂趣。登上九十九彎的參道後，在海拔410公尺處可見到本殿金堂，再往前走有介紹鞍馬山文化財與自然的靈寶殿。木之根道沿途還有與牛若丸相關史跡。

📞 075-741-2003　📍 左京区鞍馬本町1074
🕐 9:00～16:30
🈺 靈寶殿為9:00～16:00週一（逢假日則翌日休）、12月12日～2月底，有臨時休館
💴 愛山費300日圓。靈寶殿200日圓

POINT 鴨隊長導覽／從鞍馬站到本殿金堂約需攀登1.3公里的山路。本殿金堂往後走可看到地面爬滿了樹根的陡峻道路「木之根道」，眼前旋轉的樹根讓人彷彿身在夢境。

鞍馬寺・奧之院魔王殿
くらまでら・おくのいんまおうでん

地圖 p.139
鞍馬寺本殿金堂🚶40分

奧之院魔王殿靜靜佇立於杉林中。這裡供奉護法魔王尊，據說祂是650萬年前從金星降臨的地球靈王。

＊ 資訊與鞍馬寺・本殿金堂相同

貴船神社
きふねじんじゃ

地圖 p.139
♀ 貴船🚶5分。
從貴船神社往貴船神社奧宮🚶15分

神社建造的確切年代不詳，但神社的史料上有約於1300年前創建的記載，天武天皇時代進行改建。位於鴨川上游一帶，祭祀水神，深受治水工作者、從事農業、釀造業等與水有關的工作者景仰。登上奧宮的途中有結社，祭拜結緣之神，和泉式部為了喚回丈夫的愛曾在此吟詩。

📞 075-741-2016　📍 左京区鞍馬貴船町180
🕐 授予所服務時間9:00～17:00（水詩籤等）
＊ 自由參觀

購物&美食

🛍 鞍馬寺仁王門周邊／和菓子

多聞堂
たもんどう

地圖 p.139
叡山電車鞍馬站🚶1分

在鞍馬寺仁王門門前販售名產牛若麻糬的店家。

📞 075-741-2045
📍 左京区鞍馬本町235
🕐 9:30～16:30LO（內用為10:30～）
🈺 週三（5～11月僅第1週三公休）
💴 牛若麻糬1個130日圓

🛍 鞍馬寺仁王門周邊／山菜佃煮

京・くらま 林
きょう・くらま はやし

地圖 p.139
叡山電鐵鞍馬站🚶3分

販售山菜佃煮的店家，相傳牛若丸也常吃的煮山椒葉是將昆布與山椒葉、山椒熬煮後切碎的食物。

📞 075-741-2028
📍 左京区鞍馬本町338
🕐 9:30～18:00（1～3月為～17:30）
🈺 週三
💴 煮山椒葉82g702日圓

🍴 貴船神社周邊／料理旅館

㐂らく
きらく

地圖 p.139
貴船神社🚶2分

風情獨具的料理旅館，圖片

為5、6、9月限定的炸石川鮭魚、紅燒抱子香魚等地清流山水御膳（6～9月除外，午間限定）。宴席料理為8800日圓～。5～9月也能品嚐納涼川床料理8800日圓～。

📞 075-741-2037
📍 左京区鞍馬貴船町47
🕐 僅用餐為11:00～21:30（最後入店18:30）
🈺 不定休（川床期間無休）
💴 清流山水御膳3630日圓～（6～9月除外，午間限定）

夏季風情畫・貴船的川床
5月1日左右～9月30日左右。☎075-741-4444（洽詢：貴船觀光會）

大原

區域的魅力度

觀光客人氣指數
★★★★★
街道散步氣氛
★★★★★

國寶：
來迎院／傳教大師度
緣案並僧網牒、日本
靈異記2帖

標準遊逛時間：4小時
（三千院～勝林院～
寶泉院～寂光院）

交通往返建議

觀光旺季從京都站發車的京都巴士17、18路（18於假日只有1班）會非常塞車。從出町柳站前往八瀨比叡山口站可以利用叡山電鐵再轉乘京都巴士，或在京都站搭地鐵烏丸線到國際會館站（20分），再從♀國際会館駅前搭🚌京都巴士19路（22分，350日圓）比較好。若搭乘🚌19路從♀国際会館駅前上車，比較容易有空位。

大原

寧靜村落的山路連結
庭園優美的三千院與被寂靜包圍的寂光院

大原在賞櫻花、紅葉的觀光旺季，每到週日、假日便湧來大批觀光客，是相當受歡迎的區域。山間的村落至今仍有保留茅草屋頂的民家，能勾起人們思鄉情懷。

擁有古老杉木與青苔的三千院，以及建禮門院度過餘生的寂光院很值得一遊。另外，到大原溫泉消除疲勞也是不錯的選擇。

遊覽順序的小提示

以大原巴士站的站牌為分界點，以東為三千院地區，以西為寂光院地區。往三千院方面是連續上坡路段，寂光院太陽下山的時間較早。

前往其他區域的方法

●前往比叡山

巴士路線：從♀大原到♀八瀨駅前搭乘巴士約15分，從這裡可以前往p.145介紹的比叡山。八瀨地區相當幽靜，建議中途下車用散步的方式前往。

比較容易攔到計程車的地點

♀大原對面有計程車乘車處。

前往這個區域的方法

目的地	出發地點	巴士路線	下車站牌
三千院·實光院·勝林院·寶泉院·來迎院·寂光院	京都站烏丸口（♀京都駅前）	🚌京都巴士17·18(約1小時2～8分)	♀大原
	四条河原町（♀四条河原町）	🚌京都巴士16·17(約45～58分)	♀大原

活動&祭典

5月1日～15日：大原女祭
（大原一帶）

賞花季節

4月下旬～5月上旬：霧島
杜鵑花（大原山村）／6
月：繡球花（三千院）／
11月中旬～下旬：紅葉
（三千院、寂光院）

三千院6月的繡球花也
很美

觀賞&遊逛

三千院
さんぜんいん

地圖p.143-C
♀大原 🚶10分

　最澄開創的寺院，主神為祕佛藥師琉璃光
如來。三千院的起源‧往生極樂院（重要文
化財）是惠心僧都為了祭弔父母，與姐姐安
養尼一起興建的。

　經過客殿‧宸殿往下走到庭園後就可看到
供奉阿彌陀如來座像等的往生極樂院，這裡
有座稱為有清園的庭園，滿地遍布青苔，點
綴著古老的杉木與楓樹，洋溢幽靜之美。梅
雨季節時，金色不動堂附近3000株繡球花會
一齊綻放。

📞 075-744-2531　📍 左京区大原来迎院町540
🕐 9:00～17:00（11月8:30～、12月8日～2月～
16:30）　💴 700日圓

POINT
鴨隊長導覽／由於♀大原到三千院只有一
條呂川沿岸的狹窄小路，觀光旺季時常會
大排長龍，行走稍嫌不便。

P.144 **GOAL**
寂光院
卍

●寂光院窯
●寂光院足湯カフェ
●大原山莊（大原溫泉）
美遊喜茶屋
●池谷茶屋
P.144
R ●雲井茶屋
大原の里
（大原溫泉郷の湯）
民宿大原辻
卍桂德院
みつる工芸
ギャラリー草庵
▶落合の滝
上草生橋
建禮門院從泉水
映照中看到自己
悴的身影
朧之清水
（平家物
語之泉）

登上紅葉優美風
情獨具的石階後
可看到林蔭小道

大原草生町

草
生
川

105

13分
たんば茶

A

🔻往鞍馬

來迎院
らいごういん

地圖p.143-C
三千院 🚶7分

　圓仁赴中國學
習誦經，以大原
為誦經道場，後
來寂源建了勝林
院，良忍則建了
來迎院。良忍統
一了圓仁流傳下來的誦經，是魚山流誦經集
大成的人物。境內幽靜，供奉主神藥師‧釋
迦‧阿彌陀如來（皆為重要文化財）的本堂
靜靜佇立其中。

📞 075-744-2161　📍 左京区大原来迎院町537
🕐 9:00～17:00　💴 400日圓（5、11月的特別參觀500日圓）

POINT
鴨隊長導覽／從三千院往上走完呂川沿岸約
300公尺的山路後就可見到來迎院。與三千院
的觀光客相比人數較少，一路上都很安靜。

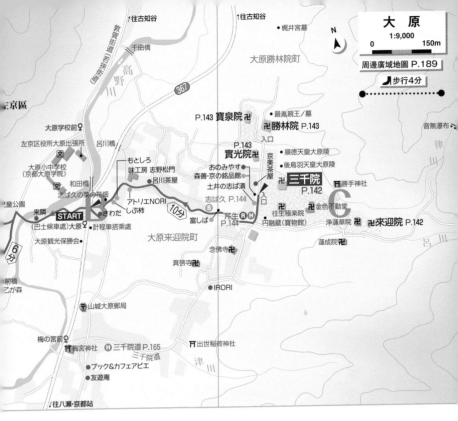

往古知谷　往古知谷　梶井宮墓

大原勝林院町

千田橋

最凱親王/墓　勝林院 P.143

P.143 寶泉院

入口

順德天皇大原陵

P.143 寶光院

後鳥羽天皇大原陵

もとしろ　味工房 志野松門

京美茶屋

おのみや寺

三千院 P.142

森善·京の銘品館

勝手神社

土井の志ば漬

金色不動堂

志ば久 P.144

アトリエNORI　しぶ柿

入口

さわだ

富しば P.144

浄蓮華院

來迎院 P.142

START（巴士車處）大原　計程車搭乘處

芹生

R H

大原觀光保勝會

円藏蔵（寶物館）

蓮成院

大原來迎院町

急佛寺

大原學校前

左京区役所大原出張所

呂川橋

大原小中學校（京都大原學院）

和田橋

志ば久の柴の花廊

來隣

西京區

高野川

敦賀街道（若狭街道）

367

真啓寺

IRORI

山城大原郵局

梅の宮前

梅宮神社

三千院道 P.165

三千院道

出世稻荷神社

ブック&カフェアピエ

友遊庵

往八瀨·京都站

津川

往古知谷

寶光院
じっこういん

地圖p.143-C
三千院 🚶 1分

　院內有心字形的水池搭配引水自律川的瀑布，以及栽種許多花木的庭園。庭園正中央的不斷櫻從初秋到隔年春天會一直開花，是相當珍貴稀有的品種，秋季時可與紅葉一同觀賞。客殿內陳列狩野派所作的三十六詩仙畫像與誦經的樂器。

　📞 075-744-2537　📍 左京区大原勝林院町 187
　🕐 9:00～16:00（11月～16:30）　💰 500日圓，茶點費另付300日圓

勝林院
しょうりんいん

地圖p.143-C
三千院 🚶 1分

　法然上人與300多位僧侶進行「大原問答」論證的場所。入口處的小橋被稱為來迎橋，據

說過了這座橋就是極樂淨土。以作為大原魚山流誦經的本道場興起的本堂中，祭奉著主神阿彌陀如來與法然上人木像等。

　📞 075-744-2409　📍 左京区大原勝林院町 187
　🕐 9:00～16:30　💰 300日圓

寶泉院
ほうせんいん

地圖p.143-C
三千院 🚶 3分

　平安末期左右興建，為勝林院住持的居

143

所，現存建築是江戶中期重建的。把客殿的柱子當作畫框觀賞的額緣（畫框）庭園相當有名，樹齡700年的五葉松也很值得一看。

📞 075-744-2409　📍 左京区大原勝林院町187
🕐 9:00～17:00（服務處至16:30）
💴 800日圓（附抹茶、點心）
＊ 春秋有夜間點燈。春18:00～21:00，無茶點為800日圓，有茶點1000日圓；秋17:45～21:00，無茶點800日圓。服務處皆只到20:40

為尼姑庵。正殿的內陣與柱子據傳為《平家物語》時代之物，是珍貴的遺產，卻不幸於2000年的一場火災燒毀，列為重要文

化財的主神木造地藏菩薩立像也遭祝融之災，只有胎內佛未受波及，正殿於2005年重建。

寂光院
じゃっこういん

地圖p.142-A
🚶 大原 ➡ 15分

源於聖德太子祭弔用明天皇而興建的寺院，建禮門院（平清盛的女兒‧德子）為了祈求其子安德天皇與平家一族的冥福在此隱居，後成

📞 075-744-3341　📍 左京区大原草生町676
🕐 9:00～17:00（12～2月至16:30。年初為10:00～16:00）
💴 600日圓

POINT
鴨隊長導覽／往寂光院的道路兩旁，用來做醃漬物的紫蘇田一望無際，可感受悠閒田園風情。

購物＆美食

三千院周邊／料理旅館
芹生
せりょう

地圖p.143-C
三千院 ➡ 1分

三千草便當3135日圓～相當受歡迎，手提箱外型的三層餐盒裡裝滿了魚與山菜。

📞 075-744-2301
📍 左京区大原三千院畔
🕐 11:30～15:00LO
🈺 不定休
💴 三千草便當3135日圓～

三千院周邊／醃漬小菜
志ば久
しばきゅう

地圖p.143-B
三千院 ➡ 3分

販售醃漬小菜的老店。以紫蘇醃漬的「漬の里」繼承了傳統的好味道。朝霧、紅紫蘇漬、青紫蘇漬各為432日圓～。想整根小黃瓜拿去醃漬的冰冰涼涼小黃瓜3根750日圓。

📞 075-744-4893
📍 左京区大原勝林院町58
🕐 8:30～17:30（12月下旬～3月中旬至17:00）
🈺 無休
💴 京漬物組合2700日圓～

三千院周邊／茶屋
雲井茶屋
くもいちゃや

地圖p.142-A
寂光院 ➡ 1分

味噌鍋2100日圓放入大量京都蔬菜與京都紅土雞，店家自製味噌的圓潤風味極佳。雖然因為新冠肺炎疫情停止營業中，但位處同園區的民宿「大原の里」有在營業，若住宿可以吃到味噌鍋。

📞 075-744-2240
📍 左京区大原草生町41
🕐 9:00～17:00
🈺 週二（逢假日則營業）、過年尾聲

比叡山

可遠眺琵琶湖的修行聖地·比叡山

　　從以蒸氣浴發源地為人熟知的八瀬轉乘地軌式纜車與空中纜車，一口氣就可到達比叡山頂，是傳教大師最澄開山、誕生許多名僧的修行聖地。

 HINT

遊覽順序的小提示

　　從♀比叡山頂依序遊覽位於深處的橫川、西塔、東塔較輕鬆。比叡山內接駁巴士的行經路線為比叡山頂～東塔～延曆寺巴士中心（根本中堂）～橫川，每30分鐘一班，為循環巴士（12月1日～3月中旬停駛，新年期間臨時行駛）。還有「比叡山內一日乘車券」1000日圓（可在巴士上購買），可不限次數上下車，參拜延曆寺三塔時相當方便。

前往其他區域的方法

　　從♀叡電八瀬駅前搭乘京都巴士前往大原地區，或搭乘叡山電鐵前往詩仙堂～修學院離宮，不過這些地區景點非常有限。

HINT

前往這個區域的方法

目的地	出發地點	巴士路線（鐵道）	下車站牌
延曆寺（東塔·西塔·橫川）	京都站烏丸口（♀京都駅前）	🚌比叡山Drive巴士（約1小時5～15分）	♀延曆寺バスセンター
	叡山電鐵出町柳站	叡山電車叡山線（約14分）	八瀬比叡山口站，轉乘🚡·🚠

【賞花季節】11月下旬～12月上旬：紅葉（八瀬一帶）

區域的魅力度

觀光客人氣指數
★★
街道散步氣氛
★★
世界遺產
延曆寺

國寶：
延曆寺／根本中堂、金銅經箱、傳教大師將來目錄等

標準遊逛時間：3小時（八瀬遊園站～🚡·🚠～東塔～西塔～橫川）

交通往返建議

　　由於往大原方向的京都巴士17路在觀光旺季常會大塞車，從出町柳站搭乘叡山電鐵較好。要前往比叡山的話，從♀京都駅前搭比叡山Drive巴士比較方便。京都巴士51路平日1班，週六、假日2班，班次較少請特別留意（冬季停駛）。從京都站到延曆寺巴士中心的運費為840日圓，會比搭乘地軌式纜車便宜。

活動&祭典

8月11日～15日：夜間特別參拜（比叡山）

比叡山

比叡山地軌式纜車·空中纜車

えいざんけーぶる·ろーぷうえい

地圖 p.146
♀ 八瀨駅前下車 🚶 2分。
叡山電鐵八瀨比叡山口站 🚶 4分

　叡山地軌式纜車全長1.3公里，海拔高度差561公尺，搭乘時間約9分。空中纜車搭乘時間為3分。

📞 075-781-4338（叡山地軌式纜車八瀨站）
🕐 9:00～18:15（視季節變動）
🚫 一月新年～4月中旬停駛
💴 地軌式纜車來回1100日圓、空中纜車來回700日圓

延曆寺　　　　　　　〈世界遺產〉

えんりゃくじ

地圖 p.146
※交通方式請參照p.145

　起源為788（延曆7）年最澄在比叡山興建的一乘止觀院，東塔、西塔、橫川3個區

域的佛堂總稱為延曆寺。

〈東塔〉延曆寺發祥地，根本中堂為相當於正殿的建築物。堂內放置了主神藥師如來像（祕佛），還有自創建以來從未熄滅的「不滅法燈」。

〈西塔〉延曆寺現存最古老的建築物為西塔中心·釋迦堂。據傳主神釋迦如來是最澄親手雕刻。

〈橫川〉延曆寺第三代的天台座主慈覺大師圓仁所開拓的區域。中央的橫川中堂為仿照遣唐使船打造的舞台式建築，主神為聖觀音菩薩。

📞 077-578-0001
📍 大津市坂本本町4220
🕐 8:30～16:30（西塔·橫川為9:00～16:00）、1～2月為9:00～16:30（西塔·橫川為9:30～16:00）。12月為9:00～16:00（西塔·橫川為9:30～15:30）
💴 東塔、西塔、橫川巡禮參拜（三塔共通券）1000日圓
※根本中堂至2026年為止雖在大整修，仍可參拜。正在舉行能參觀修復中樣子的「修學ステージ」

美食

延曆寺、東塔周邊／茶店

比叡茶寮

ひえいさりょう

地圖 p.146
♀ 延曆寺バスセンター 🚶 即到

　位在延曆寺巴士中心賣店旁

的「比叡茶寮」，推薦點份比叡山知名的芝麻大福與芝麻豆腐。芝麻大福2個與抹茶的套餐

為600日圓（圖片）。善哉650日圓。伴手禮盒裝芝麻大福12個入700日圓、20個入1100日圓。

📞 077-578-2139
📍 大津市坂本本町4220
🕐 9:00～16:30
🚫 無休
💴 芝麻大福（附茶）350日圓

京都南部

東福寺～泉涌寺

秋天漂浮於紅葉樹海中的通天橋很受歡迎

這個地區有2大寺院值得參觀，一個是與皇室有密切關係的泉涌寺，另一個是禪宗名剎‧東福寺。泉涌寺有御座所庭園與楊貴妃觀音像，東福寺的通天橋在初夏新綠與秋季楓葉時節格外美麗

 HINT

遊覽順序的小提示

先去泉涌寺再往東福寺方向遊覽較輕鬆。若只集中去幾個景點，三十三間堂也可以排入這個區域的行程。觀光季節可利用京阪本線，搭乘同一條線去伏見桃山。

HINT

前往這個區域的方法

目的地	出發地點	巴士路線（地鐵）	下車站牌（車站）
泉涌寺	京都站烏丸口（♀京都駅前）	🚌88‧208（約13分）	♀泉涌寺道
東福寺‧芬陀院	京都站烏丸口（♀京都駅前）	🚌88‧208（約15分）	♀東福寺
	京都站	ＪＲ奈良線（約2～3分）	東福寺站
	三条站	京阪本線（約6分）	東福寺站（京阪）

區域的魅力度

觀光客人氣指數
★★★
街道散步氣氛
★★

國寶：
東福寺／正門等、泉涌寺／付法狀等、龍吟庵／方丈、法性寺（事前需預約）／木造千手觀音立像

標準遊逛時間：4小時
（來迎院～泉涌寺～東福寺～芬陀院）

交通往返建議

觀光旺季搭乘ＪＲ奈良線較快且費用便宜。88路巴士僅週六、假日行駛。

 觀賞　　遊逛

泉涌寺
せんにゅうじ

地圖 p.149
♀泉涌寺道 🚶15分

唐風建築佛殿由德川家綱重建，裡面供奉運慶製作的釋迦‧阿彌陀‧彌勒三尊佛像。觀音堂供奉楊貴妃觀音像。

☎ 075-561-1551　📍 東山区泉涌寺山内町27
🕘 9:00～最後進場16:30（12～2月服務處至16:00）　💴 伽藍參觀500日圓、御殿與庭園等特別參觀300日圓

【活動&祭典】3月14～16日：涅槃會（泉涌寺‧東福寺）　　【賞花季節】11月下旬～12月上旬：紅葉（東福寺）

東福寺
とうふくじ

地圖 p.149
ＪＲ東福寺站🚶10分、🚏
東福寺🚶10分

　攝政九條道家以京都最大佛堂為目標建造的佛寺，1255（建長7）年完工。為鎌倉、室町時期的國寶，裡面有許多重要文化財。以紅葉名勝聞名，通往開山堂的走廊通天橋可俯瞰溪谷洗玉澗，美麗的景色千萬不可錯過。

📞 075-561-0087
📍 東山区本町15丁目778
🕐 9:00～最後進場16:00
　（11月～12月初8:30～、12月中旬～3月～15:30最後進場）
🎫 方丈庭園500日圓、通天橋600日圓、共通券1000日圓

芬陀院（雪舟寺）
ふんだいん（せっしゅうじ）

地圖 p.149
東福寺🚶 3分

　安置一條家歷代祖先墓地與牌位之處。因雪舟打造的枯山水「鶴龜之庭」相當著名，別名雪舟

寺。據說庭園的石龜群完工的夜晚，石龜竟開始緩慢爬行，後來雪舟在龜殼上放置石頭後，石龜才停止移動。

📞 075-541-1761
📍 東山区本町15丁目東福寺山内
🕐 9:00～16:30（11～3月至16:00）
🎫 300日圓

🏷 購物

3500日圓～。楓葉轉紅時可在東福寺塔頭栗棘庵用餐。

📞 075-561-6238
📍 東山区泉涌寺東林町37
🕐 11:00～最後入店19:00
🚫 週三（逢假日則營業）
🎫 紅葉便當3500日圓

京料理 高澤
きょうりょうりたかざわ

地圖 p.149
JR・京阪東福寺站🚶5分

約20道菜色的紅葉便當

作品，青窯會是京燒、清水燒的窯所聯合創立的組織。提供體驗服務（需預約）。

📞 075-531-5678
📍 東山区泉涌寺東林町20
🕐 11:00～16:00
🚫 週六日、假日、黃金週、盂蘭盆節、新年期間
🎫 著色體驗（小皿盤880日圓、茶杯1100日圓、抹茶碗1320日圓）

京都青窯会会館
きょうとせいようかいかいかん

地圖 p.149
🚏泉涌寺道🚶 5分

展示、販售青窯會陶藝家的

伏見～桃山

區域的魅力度

觀光客人氣指數
★★
街道散步氣氛
★★★★

標準遊逛時間：4小時
（伏見稻荷大社、御
香宮神社～月桂冠大
倉紀念館～寺田屋）

交通往返建議

這個地區都有電車，可
以輕鬆觀光。建議先遊覽
伏見稻荷大社附近，寺田
屋、月桂冠大倉紀念館方
向可搭乘京阪本線到伏見
桃山站下車，京阪本線離
觀光景點近但JR車費較便
宜。若要從這個地區回京
都站，近鐵京都線比JR奈
良線方便，不過以車費來
說JR較便宜。

比較容易攔到
計程車的地點

JR稻荷站前與近鐵桃山
御陵前站有計程車排班候
客，路上往來的計程車不
多。

以稻荷大社為中心繁榮發展的門前町與
坂本龍馬曾走過的風情獨具酒窖小鎮

伏見稻荷大社以庇佑生意興隆之神聞名，一路往山區延伸的千本鳥
居參道景色讓人留下深刻回憶。伏見自室町時期左右開始盛行釀酒，
小鎮上至今仍保留了古老的酒窖。濠川沿岸是可感受此風情的絕佳散
步地點。

 HINT

遊覽順序的小提示

這個地區分為伏見稻荷大社一帶與寺田屋一帶，兩者間的移動搭乘
電車較方便，建議選定幾個景點遊覽。鳥せい與黃櫻酒藏一帶從前是
伏見城市區，留下了多直角彎道、如迷宮般的道路。

HINT

前往這個區域的方法

目的地	出發地點	巴士路線（地鐵）	下車站牌（車站）
伏見稻荷大社	京都站	ＪＲ奈良線（約5～6分）	稻荷站
	三条站	京阪本線（約10分）	伏見稻荷站
御香宮神社・月桂冠大倉紀念館・寺田屋	京都站	ＪＲ奈良線（約11～13分）	桃山站
	三条站	京阪本線（搭特急到丹波橋15分）	伏見桃山站
	京都站（近鐵乘車處）	近鐵京都線（搭急行約10～11分）	桃山御陵前站

前往其他區域的方法

●前往平等院

電車路線：搭乘JR奈良線、京阪本線到宇治站下車，順著p.154介紹的路線前進。

●前往東福寺・泉涌寺

電車路線：搭乘JR奈良線、京阪本線到東福寺站下車，順著p.148介紹的路線前進。

活動&祭典

2月的節分之日：節分祭（伏見稻荷大社）

10月上旬：伏見祭（御香宮神社）

11月8日：火焚祭（伏見稻荷大社）

賞花季節

3月下旬～4月上旬：油菜花（新高瀨川堤）

觀賞&遊逛

戶外風住宅庭園。

- 📞 075-641-1346　📍 伏見区深草開土町45-2
- 🕙 10:00～16:30
- 休 週三四、8/14～16、12/26～1/3（為個人住宅因此須電話確認）
- 💴 須預約。500日圓

伏見稻荷大社
ふしみいなりたいしゃ

地圖p.185-D
JR稻荷站下車即到、京阪伏見稻荷站🚶5分

711（和銅4）年安置諸神於此地的稻荷神社總本宮，祭祀以宇迦之御魂大神為首的5位神明。以生意興隆、全家平安、技藝精進等的守護神廣為人知，也曾出現於《枕草子》一書中。當地盛行以建造朱紅鳥居祈願與表達感謝，千本鳥居尤其有名。

- 📞 075-641-7331　📍 伏見区深草薮之内町68
- 🕙 8:30～16:30（祈禱時間）　＊自由參觀

大橋家庭園
おおはしけていえん

地圖p.189-D
伏見稻荷大社🚶5分

大橋仁兵衛從明治末期至大正初期花費長時間建造的京都市名勝庭園，被稱為苔涼庭。庭園配合和室建築擺設庭石、石燈籠，是可觀賞庭園景致的

御香宮神社
ごこうのみやじんじゃ

地圖p.152-B
近鐵京都線桃山御陵前站🚶5分

原名是御諸神社，862（貞觀4）年境內湧出香氣宜人的泉水，清和天皇便賜名「御香宮」。日本百大名水之一。

- 📞 075-611-0559　📍 伏見区御香宮門前町174
- 🕙 庭園為9:00～16:00、取水7:00～19:00
- 休 有不定休　💴 200日圓　＊自由參觀

月桂冠大倉紀念館
げっけいかんおおくらきねんかん

地圖p.152-A
京阪本線中書島站🚶5分

由伏見名酒・月桂冠酒窖改建成的資料館。館內展示了從前的收銀處、被列為京都市指定有形民俗文化財的釀酒用具、釀酒過程的照片等，可了

伏見～桃山

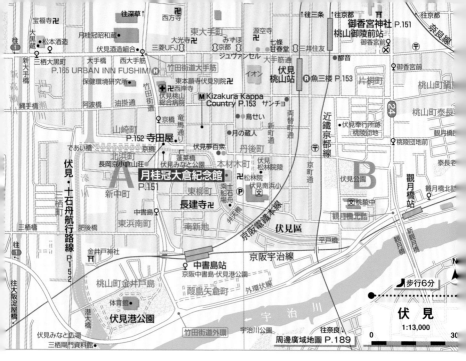

解伏見釀酒方法與歷史。參觀後可品嘗吟釀酒等酒類。

POINT 鴨隊長導覽／從月桂冠大倉紀念館到寺田屋，建議走月桂冠大倉紀念館後方的濠川沿岸，可坐在長椅上欣賞楊柳映照於酒窖白牆上的風姿。

📞 075-623-2056　📍 伏見区南浜町 247
🕘 9:30～16:30（服務處至16:15）　🈺 盂蘭盆節、過年期間
💴 600日圓（成人送1瓶純米銀釀酒180ml、未成年送紀念館的明信片）

寺田屋
てらだや

地圖 p.152-A
月桂冠大倉紀念館 🚶 5分

以坂本龍馬居所所為人熟知的船家，也是發生寺田屋騷動與龍馬襲擊事件的舞台。坂本龍馬當時居住的「梅之間」還掛著他的肖像畫，據說是在事件前女主人登勢請鎮上畫家繪製的。

📞 075-622-0243　📍 伏見区南浜町 263
🕘 10:00～15:40（服務處）
🈺 週一不定休。1月1～3日　💴 參觀為400日圓

伏見・十石舟
ふしみ・じっこくぶね

地圖 p.152-A
京阪本線中書島站 🚶 5分

三十石舟載著酒、米等物資與人往返於京都與大阪，使伏見成為繁榮的港都，這裡重現了當時情景。十石舟從月桂冠大倉紀念館後方的乘船處出發，行駛至伏見港公園後再回來（大約50分）。

📞 075-623-1030　📍 伏見区南浜町 247
🕘 2023 行駛期間：3月18日～12月3日
　行駛時間／10:00、10:20、10:40、11:00、11:20、13:00、13:20、13:40、14:00、14:20、14:40、15:00、15:20、15:40、16:00、16:20
　＊11月25日～12月3日的最後一班為15:40
🈺 週一（逢假日與4・5・10・11月無休）、8月15～31日
💴 乘船券1500日圓
＊ 期間停駛日會視情況變動

祢ざめ家
ねざめや

地圖 p.185-D
伏見稻荷大社 🚶 2分

　餐廳位於伏見稻荷大社第一鳥居的北側，在店前現烤鰻魚等食材。店家引以為傲的鰻魚丼與鰻魚肝湯套餐2200日圓，烤鵪鶉900日圓。稻荷壽司（7個）1050日圓。

☎ 075-641-0802
📍 伏見区深草稲荷御前町82-1
🕐 10:00～16:30（16:00LO）
🈺 不定休
💴 鰻魚蓋飯套餐 2200 日圓

丹嘉
たんか

地圖 p.185-D
伏見稻荷大社 🚶 5分

　販售鄉土玩具、伏見人偶的老店，位於伏見稻荷大社北側往東福寺方向處。現在還繼續生產鄉土玩具、伏見人偶的就剩這家

店了，有吃饅頭點心的孩童、站立阿福（大）5200日圓等。

☎ 075-561-1627
📍 東山区本町 22-504
🕐 9:00～18:00
🈺 週日、假日
💴 吃饅頭點心的孩童（26公分）13500 日圓

魚三楼
うおさぶろう

地圖 p.152-B
京阪本線伏見桃山站 🚶 1分

　創業200多年的京料理老舖，平日中午供應將當季美味裝在竹簍中的花籠御膳等。宴席全餐12650日圓～。

☎ 075-601-0061
📍 伏見区京町 3-187
🕐 11:30～13:30LO、17:00～22:00（19:30LO）
🈺 週二、夏季、過年期間
💴 花籠御膳 5500 日圓

Kizakura Kappa Country
キザクラ カッパ カントリー

地圖 p.152-A　京阪本線伏見桃山站 🚶 7分

　黃櫻酒廠附設的餐廳。用限定的日本酒和自家釀造的啤酒搭配串炸和京都家常菜一品嘗吧。使用清酒酵母的「京都麦酒蔵のかほり」最適合當作伴手禮，平日午餐的每日定食價格亦相當實惠。真想享用大受歡迎的宴席全餐櫻方案與啤酒評比套組（上面照片）。

☎ 075-611-9919
📍 伏見区塩屋町 228
🕐 11:30～14:30（14:00LO）、17:00～22:00（21:00LO）（週六日、假日為11:00～）
🈺 12月31日・1月1日
💴 每日午餐770日圓（平日）～

宇治

區域的魅力度

觀光客人氣指數
★★★
街道散步氣氛
★★★
世界遺產
平等院、宇治上神社

國寶:
宇治上神社／本殿、
拜殿,平等院／鳳凰
堂、雲中供養菩薩
像、鳳凰、梵鐘等

標準遊逛時間:3小時
(平等院～興聖寺～
宇治上神社～源氏物
語博物館)

走在茶香瀰漫的平等院參道上
造訪《源氏物語》的舞台

宇治在平安時代是風光明媚的別墅度假勝地,深受貴族們的喜愛。四季皆美的宇治川流域兩側神社寺院、歷史遺跡散佈。《源氏物語》中的夢浮橋與早蕨就是現在的宇治橋、宇治神社等地。

 HINT

遊覽順序的小提示

若以JR宇治站為起點,可從平等院穿過位於宇治川中洲的宇治公園,再到宇治上神社、源氏物語博物館。若從京阪宇治站出發則走相反路線。雨天河水上漲無法穿過宇治公園時,可走宇治橋。

前往其他區域的方法

●前往伏見・桃山(御香宮神社、寺田屋方向、伏見稻荷大社)

電車路線:從JR宇治站搭乘奈良線至桃山站、稻荷站下車(伏見稻荷大社),或從京阪宇治站搭乘京阪宇治線‧京本線到伏見桃山站、伏見稻荷站下車(伏見稻荷大社)。

交通往返建議

宇治有JR與京阪2個車站,前往京都站方向可搭乘JR奈良線,前往四条河原町方向則可利用京阪線。

比較容易攔到計程車的地點

JR宇治站與京阪宇治站前有計程車排班候客,路上往來的計程車較少。

 HINT

前往這個區域的方法

目的地	出發地點	巴士路線(地鐵)	下車車站
平等院・興聖寺・宇治上神社・源氏物語博物館	京都站	JR奈良線(約17～34分)	宇治站
	三条站	京阪本線・宇治線(約34～36分)	京阪宇治站

【賞花季節】4月上旬:櫻花(宇治公園)／4月下旬～5月上旬:藤(平等院)

宇治
1:9,200
0　　　150m
周邊廣域地圖 P.189

地圖上標示：
京阪電鐵宇治站／往黃檗／京阪宇治／宇治橋東詰／P.156 源氏物語博物館／入口／回轉壽司 函館市場／橋寺放生院／宇治教會／力宇治工場／市民會館／宇治橋／正覺院／茶業會館（匠の館）／早蕨之道／宇治上神社 P.156／仏德山（大吉山）132▲／JR奈良線／通圓茶屋 P.156／WC／宇治橋西詰／RAAK／旅館宇治川 恩和井／中村藤吉平等院店／茶房 樂／宇治神社 P.156／宇治發電所／コンソラ／WC／お茶のかんばやし／宇治橋西詰／スーパー・アプロ／橋姫神社／能登椽 稻房安兼／上林記念館／三星園上林三入本店／宇治茶資料館／スターバックスコーヒー／橘橋／惠心院／JR宇治駅／宇治第一飯店 P.165／宇治市觀光服務處／表門／宇治川先陣之碑／朝霧橋／福壽園 宇治茶工房／茶筅塚／P.155 興聖寺／中村藤吉本店 P.156／宇治市／お茶の丸京／松阪翠松堂／教栄寺／觀音堂／P.155 平等院／鳳凰堂／橘島／中ノ島／宇治川／NTT／堀井七茗園／松阪屋本店／淨土院／鳳翔館／鐘樓／茶房藤花／對鳳庵／宇治公園／WC／縣神社／南門／宇治市觀光中心 中の島橋 P.156／觀流橋／本町通／鮎宗／辰巳屋 P.156／塔/島十三重石塔／琴坂／鵜飼觀光船乘り場／塔/島／東禅院／親月／喜撰橋／喜撰茶屋／茶房あじろ／鵜飼／觀光民宿 亀屋樓／日の出園／茶室あじろ／花やしき浮舟園／龍石／菖法寺／喫茶一休／光流園靜山莊／宇治／炭やき炉庵／往天ヶ瀨

歩行4分

觀賞 & 遊逛

平等院〈世界遺產〉
びょうどういん

地圖 p.155-A
JR宇治站 🚶10分

　起源為平安時代後期藤原賴通將父道長的別墅改為寺院。阿彌陀堂（鳳凰堂）是唯一保留創建當時建築之美的建築物。寶物館的鳳翔館展示雲中供養菩薩像與鳳凰等文物。

☎ 0774-21-2861　📍 宇治市宇治蓮華116
🕐 庭園8:30～17:30（服務處至17:15）
　鳳翔館9:00～17:00（服務處至16:45）
💰 庭園與鳳翔館為600日圓
＊ 鳳凰堂內部參觀從9:30起，每20分1次（每次50人）。參觀時間為9:00～按到場順序至額滿為止。需另付300日圓。

興聖寺
こうしょうじ

地圖 p.155-B
平等院 🚶15分

　1233（天福元）年曹洞宗的宗師·道元禪師創建此寺為道場，正殿安置著道元禪師親手雕刻的主神釋迦摩尼佛。

☎ 0774-21-2040
📍 宇治市宇治山田27-1
🕐 山內參觀為9:00～16:30（最後入場）
💰 奉獻金500日圓以上
＊ 境內庭園可自由參觀

宇治上神社 〈世界遺產〉
うじかみじんじゃ

地圖 p.155-B
京阪宇治站 🚶 10分

神社創建的確切年代不詳，但正殿（內殿三社）為檜木皮屋頂的一間社流造風格，推定為平安時代後期的產物，以神社建築來說是日本最古老的遺跡。拜殿被認為是鎌倉時期的建築，為精緻的寢殿造住宅風格建築。

📞 0774-21-4634
📍 宇治市宇治山田59
🕐 8:00～16:00（授與所9:00～）　＊自由參觀

宇治市源氏物語博物館
うじしげんじものがたりみゅーじあむ

地圖 p.155-B
京阪宇治站 🚶 8分、
宇治上神社 🚶 4分

以《源氏物語》為主，以復原模型、影像跟體驗型展示介紹平安時代的文化。2018年秋天經過重新整修後，展示內容又更加升級，2019年4月起還上映新的動畫影片。

📞 0774-39-9300　📍 宇治市宇治東內45-26
🕐 9:00～17:00（最後入館16:30）
🈵 週一（逢假日則翌日休）、過年期間
🈯 600日圓

POINT

鴨隊長導覽／從宇治上神社到源氏物語博物館可走一條稱為早蕨之道的小徑，別有一番風情。

美食

宇治橋周邊／抹茶・丸子

通圓茶屋
つうえんちゃや

地圖 p.155-A
宇治橋 🚶 1分

約有860年的歷史，可以一邊欣賞宇治川的景色，一邊品嘗煎茶與丸子點心套餐700日圓等。抹茶聖代也很受歡迎。

📞 0774-21-2243
📍 宇治市宇治東內1
🕐 9:30～17:30（點心為 10:00～17:30OS）
🈵 無休　🈯 抹茶聖代880日圓

平等院周邊／抹茶料理・京料理

辰巳屋
たつみや

地圖 p.155-B
平等院南門 🚶 3分

人氣很高的抹茶料理包含抹茶豆腐、抹茶蕎麥麵、抹茶拌蟹肉生豆皮、使用當季食材的什錦菜等菜色。店家為擁有105年歷史的老店，宇治川的絕佳景色就在眼前。

📞 0774-21-3131
📍 宇治市宇治塔川3-7
🕐 11:00～15:30（14:30LO） 16:30～20:00（19:30LO、需預約）
🈵 不定休（1、2、7、9月，淡季有連休）　🈯 抹茶料理午餐5500日圓～

宇治站周邊／宇治茶

中村藤吉本店
なかむらとうきちほんてん

地圖 p.155-A
JR宇治站 🚶 1分

經營宇治茶生意已有160年歷史，除了販售宇治茶，店內並附設咖啡廳。生茶果凍「抹茶」990日圓（下圖）相當受歡迎，還提供把茶磨成粉的體驗服務（需預約）。

📞 0774-22-7800
📍 宇治市宇治壱番十番地
🕐 商店10:00～17:00、咖啡廳10:00～17:00 （16:30LO）
＊視季節變動
🈯 中村50g 1080日圓

醍醐～山科

搭乘地鐵就可輕鬆抵達的賞梅賞櫻名勝

　　山科疏水道有櫻花散步小徑，小野小町宅邸遺址的隨心院有「棠棣梅」，醍醐寺則有豐臣秀吉舉辦「醍醐賞花」，山科與醍醐因而出名。

前往這個區域的方法

目的地	出發地點	下車車站
大石神社	京都站、地鐵烏丸・東西線沿線各站	東西線椥辻站
勸修寺・隨心院		東西線小野站
醍醐寺		東西線醍醐站

區域的魅力度

觀光客人氣指數
★★★
街道散步氣氛
★★
世界遺產
醍醐寺

國寶：
醍醐寺／五重塔、金堂、清瀧宮拜殿、藥師堂等，三寶院／表書院、唐門等，勸修寺／刺繡釋迦說法圖

標準遊逛時間：4小時（大石神社～隨心院～醍醐寺）

交通往返建議

　　若從京都市內出發，搭乘地鐵東西線最方便，從烏丸御池到醍醐20分即可抵達。此外，從地鐵醍醐站有開往醍醐寺、隨心院方向的社區巴士，1小時2班，搭乘1次210日圓，1日券320日圓。

醍醐～山科

觀賞&遊逛

園的庭園，初夏時冰室池可見睡蓮綻放。

📞 075-571-0048
📍 山科區勸修寺仁王堂町27-6
🕘 9:00～16:30　💰 400日圓

勸修寺
かじゅうじ

地圖 p.158
地鐵小野站 🚶 6分

　　900（昌泰3）年醍醐天皇下令建造的寺院，後成為御用寺院。境內有名為勸修寺冰池

大石神社
おおいしじんじゃ

地圖 p.185-D
🚏大石神社前 🚶 2分、地鐵椥辻站 🚶 25分

　　供奉大石內藏助良雄，創建於1935（昭和10）年。每年12月14日會舉辦義舉大祭（義

157

地圖 p.158
地鐵醍醐站 10分

址，有卒塔婆小町座像、文塚、化妝水井等。

📞 075-571-0025
📍 山科区小野御霊町35
🕐 9:00～16:30
💰 堂內參觀500日圓、梅園300日圓、朱華舞當天為1000日圓

醍醐寺 〈世界遺產〉
だいごじ

地圖 p.158
地鐵醍醐站 10分

874（貞觀16）年創建。整座醍醐山都屬於醍醐寺的範圍，山上稱為上醍醐，山麓稱為下醍醐，以本坊的三寶院為首共約80多座佛堂矗立其中。穿過正門後位於左邊的三寶院庭園千萬不可錯過。

📞 075-571-0002　📍 伏見区醍醐東大路町22
🕐 9:00～17:00（12月第1週日翌日～2月至16:30）。上醍醐為9:00～16:00（冬天至15:00），發券至1小時前
💰 三寶院、伽藍、靈寶館3間共通券1000日圓（3/20～5/15與10/15～12/10為1500日圓）、上醍醐600日圓

士祭），可看到義士隊伍繞境。

📞 075-581-5645　📍 山科区西野山桜ノ馬場町116
🕐 寶物殿為9:00～16:00，免費　＊自由參觀

隨心院
ずいしんいん

地圖 p.158
地鐵小野站 5分

建於991（正曆2）年。小野小町的宅邸遺

美食

醍醐寺周邊／蕎麥麵

甘味・手打ち蕎麦 しも村
かんみ・てうちそば しもむら

地圖 p.158
醍醐寺 1分

可享用以北海道產的蕎麥粉製作的手工蕎麥麵，供應蕎麥涼麵、白蘿蔔泥蕎麥麵1000日圓、山藥泥蕎麥湯麵（附溫泉蛋）1000日圓（圖）等。甜食種類也很豐富。

📞 075-573-4755
📍 伏見区醍醐西大路町89
🕐 11:00～售完打烊店
休 週三
💰 蕎麥涼麵1000日圓

醍醐寺周邊／醐山料理

雨月茶屋
うげつちゃや

地圖 p.158
醍醐寺 1分

食材以醍醐寺境內出產的山

菜為主，使用名水・醍醐水製作醐山料理。以使用竹筍清湯、生豆皮的素齋料理、櫻御膳為代表，還有一味膳1層2200日圓與1味膳2層3630日圓等菜色可以挑選。

📞 075-571-1321
📍 伏見区醍醐東大路町35-1 醍醐寺內
🕐 10:00～17:00（用餐為11:00～16:30LO）
休 週二　💰 櫻御膳3850日圓

大原野

櫻花、杜鵑花、牡丹花、紅葉妝點的神社寺院散布各處

可從花之寺・勝持寺、可觀賞松樹與杜鵑花的善峯寺出發，一路遊覽有紅葉參道的光明寺、牡丹花寺乙訓寺、開滿霧島杜鵑花的長岡天滿宮。春季再到竹筍名產地享用竹筍料理。

 HINT

遊覽順序的小提示

這裡的道路穿梭於山間，適合腳力較佳者。建議勤上洗手間、備好飲料再出發。

前往其他區域的方法

●**前往嵐山・四条河原町**　**電車路線**：搭乘電車從阪急長岡天神站到桂站轉乘阪急嵐山線到阪急嵐山站下車，或到阪急京都線的終點四条河原町下車。

 HINT

前往這個區域的方法

目的地	出發地點	巴士路線（電車）	下車站牌（車站）
大原野神社・勝持寺	京都站烏丸口（♀京都駅前）	京阪京都交通巴士大原野線14路（1日2班於週六・假日行駛，約48分）往長峰	♀南春日町
	阪急河原町站	阪急京都線（東向日站下車），轉乘阪急巴士大原野線63路（約37~46分）	♀南春日町
善峯寺	阪急河原町站	阪急京都線（東向日站下車），轉乘阪急巴士大原野線66路（約51~57分）	♀善峯寺（經♀灰方。1月6日~2月底在♀小鹽下車）
長岡天滿宮・光明寺・乙訓寺	阪急河原町站	阪急京都線（特急，約13~17分）	長岡天神站

【活動&祭典】5月28日：業平忌三弦法會（十輪寺）／11月23日：鹽竈祭（十輪寺）

區域的魅力度

觀光客人氣指數
★★

街道散步氣氛
★★★★

國寶：
勝持寺／木造如意輪觀音半跏像

標準遊逛時間：6小時（勝持寺～大原野神社～善峯寺～光明寺～長岡天滿宮）

交通往返建議

這個地區交通不便。去程從阪急東向日站（從JR向日町站🚶7分）出發，搭乘阪急巴士或計程車前往大原野神社或善峯寺等地，回程則從長岡天神站搭乘阪急線。

比較容易攔到計程車的地點

JR向日町站、阪急東向日站、長岡天神站前有計程車排班候客。

大原野

大原野神社
おおはらのじんじゃ

地圖 p.161-A
♀ 南春日町 ⌂ 8分

在桓武天皇從奈良遷都至長岡京的784（延曆3）年，與桓武天皇一起來此地狩獵的藤原氏一族將氏神奈良春日大社的分靈移至此。仿照猿澤池打造的鯉澤之池有燕子花與睡蓮綻放，境內有櫻花盛開。

> ♪ 075-331-0014
> ♀ 西京区大原野南春日町1152 ＊自由參觀

勝持寺（花之寺）
しょうじじ（はなのてら）

地圖 p.161-A
♀ 南春日町 ⌂ 20分

平安末期的歌人・西行法師在此出家，結廬為庵，他栽種了一株櫻木（西行櫻）且對此相當喜愛，這個寺院也因此稱為「花之寺」。

免於應仁之亂戰火荼毒的仁王門與茅草屋頂的廚房等建築也很引人入勝。

> ♪ 075-331-0601 ♀ 西京区大原野南春日町1194
> ⏰ 9:30〜服務處至16:00
> 🈺 2月 🈷 400日圓

善峯寺
よしみねでら

地圖 p.161-A
♀ 善峯寺 ⌂ 8分（1月上旬〜2月♀小塩 ⌂ 35分）

1029（長元2）年由源算上人創建，後來後一条天皇賜寺號「良峰寺」作為鎮護國家的寺院。現存佛堂幾乎都是江戶時代德川綱吉之母・桂昌院重建。安置於觀音堂的主神

為十一面千手觀音，是西國三十三座觀音靈場之一。

多寶塔前的遊龍之松，樹齡600年。相傳為桂昌院親手栽植的五葉松，已被列為天然紀念物。

> ♪ 075-331-0020 ♀ 西京区大原野小塩町1372
> ⏰ 8:30〜17:00（服務處至16:45，週六日假日為8:00〜）
> 🈷 500日圓

光明寺
こうみょうじ

地圖 p.161-B
阪急長岡天神站 🚌 7〜8分 ♀ 旭が丘ホーム前下車 ⌂ 2分

1198（建久9）年熊谷次郎直實以法然上人為宗師建造的寺院，為西山淨土宗總寺，御影堂掛著法然上人親筆的「張子之御影」，阿彌陀堂則祭奉阿彌陀如來（據傳為惠心僧都製作）。

> ♪ 075-955-0002 ♀ 長岡京市粟生西条ノ内26-1
> ⏰ 9:00〜16:00（御影堂、其他至〜18:00）
> ＊自由參觀
> 🈷 11月上旬〜12月上旬的紅葉季時，入山費為500日圓（可能有變動）

乙訓寺
おとくにでら

地圖 p.161-B
阪急長岡天神站 🚌 3分 ♀ 薬師堂下車 ⌂ 3分

聖德太子遵照推古天皇的希望所興建的古寺，4月下旬到5月上旬的牡丹花相當美麗。

> ♪ 075-951-5759 ♀ 長岡京市今里3-14-7
> ⏰ 8:00〜17:00 🈷 500日圓、毘沙門天參觀100日圓（需預約）

長岡天滿宮

ながおかてんまんぐう

地圖 p.161-B
阪急長岡天神站 🚶10分

　菅原道真被流放至太宰府時行經長岡，曾說「我的魂魄將長留此地」，他過世後親信大臣們在此地祭祀他。現存社殿為1941（昭和16）年將平安神宮的本殿遷移到此處而成

📞 075-951-1025　📍 長岡京市天神2-15-13
🕐 9:00～18:00（10～3月～17:00）＊自由參觀

美食

大原野神社周邊／咖啡廳

茶房 か寿が

さぼう かすが

地圖 p.161-A
♀ 大原野小學校前 🚶 即到

　在這裡可以吃到使用當地竹筍的西山三明治，以及分量非常有飽足感的鰻魚定食、生魚片定食。建議遊逛途中順路到此用餐。

📞 075-331-6993
📍 西京区大原野南春日町214-2
🕐 9:00～17:00（早餐～12:00、定食12:00～）
🈺 週三
💴 西山三明治780日圓

長岡天滿宮周邊／宴席料理

錦水亭

きんすいてい

地圖 p.161-B
長岡天滿宮 🚶 2分

　竹筍最鮮嫩美味的時期一定要來這家餐廳用餐。盡享竹筍全餐11道12000日圓（稅、服務費另計）。也有販售竹筍佃煮。

📞 075-951-5151
📍 長岡京市天神2-15-15
🕐 用餐為11:30～21:00（入店至19:00。午餐至14:30）
🈺 週三（3月下旬～5月下旬無休）
💴 竹筍與魚全餐 松12000日圓（稅、服務費另計）

大
原
野

住宿指南

※旅館住宿費用原則上是刊登平日方案，成人2人1間時1人的基本費用（含稅金、服務費）。假日前夕、特定節日時費用會因住宿人數而異，預約時請務必確認。飯店的房型有Ⓢ（單人房）Ⓣ（雙床房）Ⓦ（雙人房），網站縮寫為HP另外，京都市

2018年10月導入住宿稅制度，住宿費1晚不到20000日圓的話，會徵收200日圓；20000～50000日圓徵收500日圓；超過5000日圓徵收1000日圓的稅金。

京都站 東、西本願寺周邊

京都車站 堀川通APA酒店	☎0570-076-111／下京区油小路通塩小路西油小路町1／📍地圖：p.82-C／●使用QRcode辦理入住，方便省事。頂樓有大浴場、露天浴池跟桑拿。
京都新阪急酒店	☎075-343-5300／下京区塩小路通JR京都駅正面／📍地圖：p.82-D／💴Ⓢ7840日圓～ ●位於JR京都站前的絕佳位置。
西喜樓 旅館	☎075-371-1123／下京区不明門通七条下ル東塩小路町711-7／📍地圖：p.82-B／💴純住宿6500日圓～ ●保留1960年創業時中庭的和風旅館
京都站前 APA飯店	☎075-365-4111／下京区西洞院通塩小路下ル南不動堂町806／📍地圖：p.82-D／💴Ⓢ4400日圓～、Ⓣ4500日圓～ ●客房設計頗具巧思的飯店。
京都塔飯店	☎075-361-7261／下京区烏丸通七条下ル東塩小路町721-1／📍地圖：p.82-D／💴Ⓢ4600日圓～、Ⓣ6025日圓～●可以優惠價格使用京都塔樓內的瞭望台跟大浴池。
京都 法華俱樂部酒店	☎075-361-1251／下京区京都駅烏丸中央正面／📍地圖：p.82-D／💴Ⓢ5620日圓～ ●就位於京都站烏丸口正面，交通極為方便。
京都第一酒店	☎075-661-8800／南区東九条下殿田町45／📍地圖：p.82-D／💴Ⓢ5800日圓～ ●單人房多達150間，適合商務用途。
京都廣場飯店	☎075-691-0100／南区油小路八条下ル／📍地圖：p.82-C／💴Ⓢ4500日圓～ ●步行8分可到京都站，立地絕佳。觀光或商務都很方便。早餐免費。
R&B飯店 京都站八条口	☎075-693-2121／南区東九条上殿田町41-1／📍地圖：p.82-D／💴Ⓢ4300日圓～ ●全為單人房，共有223間。有免費早晨叫醒服務。
近鐵京都站 都城市酒店	☎075-692-2111／下京区東塩小路釜殿町1-9／📍地圖：p.82-D／💴Ⓣ5200日圓～ ●位在車站正上方，客房設計簡約卻仍洋溢京都風格。
京都八条 都酒店	☎075-661-7111／南区西九条院町17／📍地圖：p.82-D／💴Ⓢ7900日圓～ ●以京都町家為意象打造的奢華樓層很受歡迎。
京都世紀飯店	☎075-351-0111／下京区東塩小路町680／📍地圖：p.82-D／💴Ⓣ12600日圓～、Ⓦ7800日圓～ ●鄰近JR京都站的東側，是相當便利的都市型飯店。
京都 格蘭比亞大酒店	☎075-344-8888／下京区烏丸通塩小路下ルJR京都駅中央口／📍地圖：p.82-D／💴Ⓣ13000日圓～ ●位在JR京都站大樓內，但氛圍寧靜沉穩的都市型飯店。
京都 麗嘉皇家酒店	☎075-341-1121／下京区東堀川通り塩小路下ル松明町1／📍地圖：p.82-C／💴Ⓣ8820日圓～ ●距京都站步行7分，洋溢京都風情兼摩登空間的飯店。
HOTEL ELCIENT KYOTO	☎075-672-1100／南区東九条東山王町13／📍地圖：p.82-D／💴Ⓢ4686日圓～、Ⓣ6608日圓～ ●京都站前房間數量最多的飯店（561間），設備完善，也有大浴池。
宜必思尚品 京都站飯店	☎075-693-8444／南区東九条上殿田町47／📍地圖：p.82-D／💴Ⓢ3500日圓～ ●京都站八條西口近在眼前，過馬路即到，位置絕佳。
大和Roynet飯店 京都八条口	☎075-693-0055／南区東九条北烏丸町9-2／📍地圖：p.82-D／💴Ⓢ5110日圓～ ●京都站步行4分可到的絕佳地點。全館有免費Wi-Fi & LAN
京阪京都 八条口飯店	☎075-662-0321／南区東九条南山王町5-1／📍地圖：p.82-D／💴Ⓢ5230日圓～ ●備有大浴池，可將手腳盡情伸展好好放鬆一番。

162

五条	多美迎PREMIUM 京都站前	♪075-371-5489／下京区東塩小路町558-8／♀地圖:p.82-D／¥⑤5500日圓～ ●天然溫泉大浴池有高溫桑拿跟冷水池。
	晴鴨樓	♪075-561-0771／東山区問屋町通五条下ル三丁目西橘町467／♀地圖:p.187-K／ ¥1泊2食：44000日圓～ ●能在本旅館沉浸文人雅士意趣的明治大正羅曼氣氛。
	京都烏丸五条 超級酒店	♪075-343-9000／下京区烏丸通五条下る大坂町396-3／♀地圖:p.82-B／¥⑤ 4100日圓～ ●五条站即到,地點絕佳。附免費早餐。
	京都五條利夫馬克斯 經濟型飯店	♪075-341-1173／下京区猪熊通り五条西入柿本町698-2／♀地圖:p.82-A／¥⑤3200 日圓～ ●距京都市巴士堀川五条巴士站步行3分。附近有西本願寺、壬生寺。
	京都東急飯店	♪075-341-2411／下京区堀川通五条下ル柿本町580／♀地圖:p.82-A／ ¥⑤10500日圓～ ●在中庭接受瀑布與小河流的療癒。
四条河原町・烏丸三条	Kyoto Central Inn	♪075-257-2611／下京区四条寺町東入二丁目御旅町30／♀地圖：p.60-F／ ¥⑤3520日圓～、Ⓣ3520日圓～ ●位在熱鬧繁華的四条河原町。有很多單人房。
	烏丸京都飯店	♪075-371-0111／下京区烏丸通四条下ル／♀地圖：p.188-F／¥⑤4800日 圓～、Ⓣ5810日圓～ ●烏丸通正對面的都市型飯店。設備、服務都很豐富。
	EN HOTEL Kyoto	E075-361-0505／下京区西洞院通四条南入ル／F地圖:p.188-F／I⑤3490日圓～ ●西洞院沿街。除餐廳外,還有投幣式洗衣機、紓壓美體按摩。
	京都四条 微笑飯店	♪075-371-0941／下京区四条西洞院西入ル傘鉾町59-61／♀地圖：p.188-F／ ¥⑤3000日圓～ ●幾乎位在四条通的正中間,前往市區內各地都很方便。
	東橫INN 京都四条大宮	♪075-803-1045／中京区壬生坊城町6-2／♀地圖:p.188-F／¥⑤6600日圓～ ●交通方便,商務、觀光都很方便。有投幣式洗衣機。
	東橫INN 京都四条烏丸	♪075-212-1045／下京区四条通烏丸東入ル長刀鉾町28／♀地圖：p.188-F ／¥⑤5450日圓～ ●早餐的飯糰、味噌湯、漬物跟咖啡是免費的。
	三井花園飯店 京都四条	♪075-361-5531／下京区西洞院通四条下ル妙伝寺町707-1／♀地圖： p.188-F／¥⑤3800日圓～ ●地處京都中間地帶,花園浴池很受喜愛。
	旅館 三賀	♪075-241-3251／中京区富小路通三条下ル／♀地圖:p.60-A／¥1泊2食 14040日圓～ ●配備羅漢松浴池與數寄屋造的客房,晚餐提供京野菜。
	加茂川館	♪075-221-4007／中京区三条大橋西詰／♀地圖:p.63-K／¥1泊2食15400日圓～ ●位於町上的日式旅館。提供能享用京都家常菜的住1晚附早餐方案（9000日圓～）
	京都十字飯店	♪075-231-8831／中京区河原町通三条下ル大黒町71-1／♀地圖:p.60-B／ ¥Ⓣ8400日圓 ●開設在舊京劇會館舊址上的都市型飯店。
	THE 皇家花園飯店 京都三条	♪075-241-1111／中京区三条通河原町東入ル中島町74／♀地圖：p.63-K／ ¥Ⓣ5000日圓～ ●位在京都中心三条河原町,交通非常方便。
	京都 公主日航酒店	♪075-342-2111／下京区烏丸高辻東入ル高橋町630／♀地圖：p.188-F／ ¥⑤12900日圓～ ●寬敞的客房舒適宜人,全館皆使用京都的天然水。
	京都四条 河原町超級酒店	♪075-255-9000／中京区裏寺町通四条上る中之町538-1／♀地圖:p.60-F／ ¥⑤7500日圓～ ●阪急京都河原町站步行2分。提供天然溫泉「御所之湯」。
	格拉斯麗 京都三條酒店	♪075-222-1111／中京区六角寺町東入桜之町420／♀地圖:p.60-B／¥⑤3200日圓～ ●地點在京都繁華地帶之一的寺町商店街,距離新京極兩拱廊商店街也很近。
東山祇園	京都凱悅酒店	♪075-541-1234／東山区三十三間堂廻り644-2／♀地圖:p.86／¥1間21422日圓～ ●客房有187間。是便於東山觀光的飯店。

163

地區	名稱	資訊
東山‧祇園	APA飯店 京都祇園EXCELLENT	☎075-551-2111／東山区祇園町南側555／♥地圖:p.32-A／¥Ⓢ5300日圓～ ●就在八阪神社的石階梯下方，到河原町也僅要🚶約7分。
	料理旅館白梅	☎075-561-1459／東山区祇園新橋白川畔／♥地圖：p.61-G／¥①1泊2食37000日圓（服務費、稅另計） ●位在巽橋旁，仍飄盪著茶屋氛圍的純日式旅館。
	田舍亭	☎075-561-3059／東山区祇園下河原石塀小路463／♥地圖：p.33-E／¥純住宿9900日圓～ ●《京都迷宮案內》的外景地，導演跟演員都曾住過這裡。
	ペンション祇園	☎075-525-2152／東山区花見小路下ル安井小松町562／♥地圖：p.32-D／¥純住宿Ⓢ8000日圓～ ●客房為日式摩登風格，也可換裝變身舞藝妓。
	賽萊斯廷酒店 京都祇園	☎075-532-3111／東山区八坂通東大路西入小松町572／♥地圖:p.32-D／¥Ⓢ18480日圓～ ●距離建仁寺極近，盡情享受和風摩登的氣氛吧。
	京小宿‧八坂ゆとね	☎075-533-6226／東山区下河原通高台寺下る南町413／♥地圖:p.33-E／¥Ⓢ22000日圓～ ●八坂塔步行3分可到，是能沉浸在古老氛圍的日式町家隱蔽旅館。
御池‧二条	京都銀門酒店	☎075-221-4111／中京区御池通高倉西入ル／♥地圖:p.62-I／¥Ⓢ4100日圓～ ●能在料亭南禅寺ぎんもん享用晚餐的方案很受歡迎。
	京都哈頓酒店	☎075-222-1300／中京区東洞院通御池上ル船屋町405／♥地圖:p.62-E／¥Ⓢ4140日圓～ ●設備完善的商務飯店。
	柊家	☎075-221-1136／中京区麩屋町姉小路上ル中白山町／♥地圖:p.62-J／¥①1泊2食84084日圓～ ●於1818年創業，提供無微不至款待的高級古老旅館。
	炭屋旅館	☎075-221-2188／中京区麩屋町三条下ル／♥地圖：p.62-J／¥①1泊2食84084日圓～、2人以上預約 ●每月7、17日的晚上，會於茶室招待薄茶。3000日圓。
	京都大倉飯店	☎075-211-5111／中京区河原町御池／♥地圖:p.63-G／¥Ⓢ16500日圓～ ●高級格調且寬敞舒適。從17樓的餐廳可俯瞰市街景。
	京都布萊頓飯店	☎075-441-4411／上京区新町通中立売（御所西）／♥地圖:p.89／¥Ⓢ19000日圓～ ●簡單卻高級的「高級雙床房」很受歡迎。
	京都全日空 皇冠假日酒店	☎075-231-1155／中京区堀川通二条城前／♥地圖:p.91／¥Ⓢ9350日圓～ ①11900日圓～ ●餐廳、酒吧種類豐富，從京都站八条口有巴士可達。
	京都二條 高級城市飯店	☎075-813-1177／中京区聚楽廻南町25-5／♥地圖:p.91／¥Ⓦ4500日圓～ ●地鐵東西線二条站步行5分，從JR二条站步行8分。有大浴池。
御所周邊	京都花園皇宮酒店	☎075-411-0111／上京区烏丸通下長者町1ル雁前町605／♥地圖：p.89／¥Ⓢ5300日圓～ ●東有御苑，南有護王神社。有附2餐、附早餐的方案。
	京都KKR庫尼索酒店	☎075-222-0092／上京区河原町通荒神口上ル東入梨木町27-3／♥地圖:p.189-C／¥Ⓢ14800日圓～（附2餐） ●舊址為皇族宅邸。餐廳可望見鴨川。
	御所西 京都平安飯店	☎075-432-6181／上京区烏丸通上長者町上ル／♥地圖：p.89／¥Ⓢ8000日圓～ ●建於江戶時代後期的庭園面積廣大，精彩可期。
	京都堀川魯比諾飯店	☎075-432-6161／上京区東堀川通下長者町下ル3-7／♥地圖:p.188-B／¥Ⓢ7150日圓～、①8250日圓～ ●京都府廳附近的國營飯店。有很多日式房間。
	京都蒙特利飯店	☎075-251-7111／中京区烏丸通り三条下ル饅頭屋町604／♥地圖:p.62-I／¥Ⓢ8100日圓～ ●12樓為女性專用樓層，頂樓則有天然溫泉。
西陣	京のやど 卯乃花	☎075-465-3331／上京区御前通仁和寺街道下ル下竪町188／♥地圖：p.188-A／¥純住宿6500日圓～ ●提供附早餐的方案。
	PETIT HOTEL KYOTO	☎075-431-5136／上京区元伊佐町／♥地圖：p.93-B／¥①3400日圓～／早餐700日圓，需事先預約 ●全部房間都可連接網路，能愉快享用早餐。全館禁菸。
	京都花園飯店	☎075-461-5500／右京区花園木辻北町1-5／♥地圖：p.100-H／¥Ⓢ5600日圓～ ●為禪宗的妙心寺所經營的飯店。有划算的住宿方案。

衣笠・花園・嵐山	ご清遊の宿 らんざん	♪075-864-0088／右京区嵯峨天龍寺芒ノ馬場町33／♀地圖：p.111-K／💴1泊2食14850日圓 ●日西格局各異的客房有40間。有多種方案。
	京料理 民宿 嵯峨一休	♪075-861-2414／右京区嵯峨大覚寺門前六道町72／♀地圖：p.110-F／💴1泊2食8100日圓～ ●提供自產蔬菜、森嘉湯豆腐等餐點很受喜愛。可前往嵐山、嵯峨野一帶漫步遊玩。
	虹夕諾雅京都	♪0570-073-066（星のや予約センター）／西京区元録山町11-2／♀地圖：p.111-G／💴38115日圓～（1泊2人時1人的費用，用餐另計） ●可從渡月橋搭小船前往，被稱為水邊的私人住宅。
岡崎・南禪寺・銀閣	京都平安之森飯店	♪075-761-3130／左京区岡崎東天王町51／♀地圖：p.44-B／💴Ⓢ5700日圓～ ●有大浴池。哲學之道、平安神宮也在步行範圍內。
	京都 白河院	♪075-761-0201／左京区岡崎法勝寺町16／♀地圖：p.44-B／💴1泊2食15000日圓～ ●提供在數寄屋房屋內用餐的方案。
	京都 威斯汀都酒店	♪075-771-7111／東山区三条蹴上／♀地圖：p.44-E／💴60720日圓～（附早餐） ●可盡享大自然綠意的飯店。周邊有許多知名景點，便於觀光。
	料理旅館 吉田山荘	♪075-771-6125／左京区吉田下大路町59-1／♀地圖：p.189-D／💴1泊2食12萬3000日圓～ ●為舊東伏見皇家別墅，四周是高聳的建築與名庭園。
	京の宿 せいしん庵	♪075-761-3400／東山区三条広道上ル／♀地圖：p.44-E／💴1泊附早餐9000日圓～（純住宿則扣1000日圓） ●房屋為數寄屋樣式，可欣賞小庭園放鬆一下。
	KYOTO TRAVELER'S INN	♪075-771-0225／左京区岡崎円勝寺町91-2／♀地圖：p.35-C／💴Ⓣ7700日圓～ ●地鐵東西線東山站步行7分。距岡崎公園・美術館・平安神宮前巴士站步行2分。
寶池・大原・比叡山・貴船	羅特爾德比叡酒店	♪075-701-0201／左京区比叡山一本杉／♀地圖：p.185-D／💴1泊2食27800日圓～ ●矗立在比叡山山腰處，能看見湖泊的酒店。
	京都寶池 皇家王子大飯店	♪075-712-1111／左京区岩倉幡1092-2／♀地圖：p.187-D／💴10000日圓～ ●與四周自然景觀十分搭調的飯店。
	三千院道	♪075-744-2626／左京区大原来迎院町218／♀地圖：p.143-B／暫時停止營業中 ●可盡情享用土雞壽喜燒、味噌鍋等餐點等四季不同的餐點。有停車場。
	貴船 ひろや	♪075-741-2401／左京区鞍馬貴船町56／♀地圖：p.139／💴1泊2食24200日圓～（稅另計） ●以能感受夏季風情的川床料理為傲。12～4月停止營業。
山科	京都山科 山樂飯店	♪075-502-1111／山科区安朱桟敷町23／♀地圖：p.185-D／💴Ⓢ5267日圓～ ●山科站前的商務飯店。有附桑拿的大浴池。
伏見	京都城市飯店	♪075-647-0606／伏見区深草西浦町4-59／♀地圖：p.185-F／💴Ⓢ5400日圓～ ●伏見稻荷大社🚶10分。從京阪深草站🚶5分。停車場可停85輛。
	URBAN INN FUSHIMI	♪075-602-0100／伏見区西大手町307-53／♀地圖：p.152-A／💴Ⓢ7277日圓～ ●前往寺田屋4分。由於規模小，服務周到，無微不至。
宇治	宇治第一飯店	♪0774-20-3333／宇治市宇治妙楽178-13／♀地圖：p.155-A／💴Ⓢ7480日圓 ●位在宇治站前，是以單人房為主的商務飯店。

Follow Me 人人遊日本

旅 遊 準 備 的 建 議

HINT

前往京都的方法

從台灣前往京都，最方便的就是抵達關西機場後，再轉乘特急「HARUKA」至京都站約1小時20分，費用2900日圓；利木津巴士至京都站約1小時30分，費用2600日圓；搭乘南海電鐵京都ACCESS TICKET則主要停靠四条大宮站、烏丸站、京都河原町站，約2小時，費用1250日圓。可搭配抵達時間及預算多加利用。

從東京・橫濱出發

🚄	東京→京都	交通工具：新幹線「希望號」 ⏱約2小時20分 💴14170日圓（平常的普通車對號座） ☎JR東海050-3772-3910 ●若搭乘「希望號」的普通車對號座為13320日圓
✈	羽田→伊丹	交通工具：全日空、日本航空 ⏱約1小時10分 💴28460日圓（平常的普通車運費） ☎全日空0570-029-222／日本航空0570-025-071 ●可搭乘從伊丹機場到京都市區的立木津巴士（到京都站八条口為50分，1340日圓）
🚌	東京→京都	交通工具：「ドリーム号」、「グランドリーム号」 ⏱約7小時30分 💴6000日圓～9700日圓 ☎JRバス関東0570-048-905 ●若從東京站搭乘，還可參考「青春エコドリーム号」（座位兩兩並排共4排列，3800～7800日圓）或是「プレミアルドリーム号」（6000日圓～）等。
🚄	新橫濱→京都	交通工具：新幹線「希望號」 ⏱約2小時 💴13500日圓（平常的普通車對號座） ☎JR東海050-3772-3910 ●若搭乘「希望號」的普通車對號座為2650日圓

從名古屋出發

🚄	名古屋→京都	交通工具：新幹線「希望號」 ⏱約35分 💴5910日圓（平常的普通車對號座） ☎JR東海050-3772-3910 ●若搭乘「希望號」的普通車對號座為5170日圓
🚌	名古屋→京都	交通工具：「名神HighwayBus」京都線 ⏱約2小時31～47分 💴1400日圓～ ☎JR東海バス0570-048938／名鐵巴士052-582-2901 ●名鐵BC、名古屋站新幹線口出發，抵達京都站烏丸口。來回折扣票價為4680日圓

從廣島出發

🚄	廣島→京都	交通工具：新幹線「希望號」 ⏱約1小時35～45分 💴11620日圓（平常的普通車對號座） ☎JR西日本0570-00-2486 ●若搭乘「希望號」的普通車對號座為10770日圓
🚌	廣島→京都	交通工具：「青春昼特急大阪京都號」 ⏱約6小時16分 💴4400日圓～6300日圓 ☎中國JR巴士電話預約中心0570-666-012 ●夜間巴士「青春ドリーム大阪京都號」約8小時17分，3900日圓～8300日圓

從福岡出發

🚄	博多→京都	交通工具：新幹線「希望號」 ⏱約2小時45分 💴16360日圓（平常的普通車對號座） ☎JR西日本0570-00-2486 ●若搭乘「希望號」的普通車自由座為15400日圓
✈	福岡→伊丹	交通工具：全日空、日本航空、IBEX ⏱約1小時5～15分 💴27550日圓（平常的一般機票） ☎全日空0570-029-222／日本航空0570-025-071／IBEX(大阪)06-7637-6688 ●可選擇從伊丹機場到京都市區內的利木津巴士（到京都站八条口為50分，1340日圓）

| 從札幌出發 | 新千歲→伊丹 | 交通工具：全日空、日本航空　①約2小時5分　¥51610日圓（平常的一般機票）♪全日空0570-029-222／日本航空0570-025-071　●可選擇伊丹機場到京都市區內的利木津巴士（到京都站八条口為50分，1340日圓） |
| | 新千歲→關空 | 交通工具：全日空、日本航空、樂桃、捷星　①2小時15~25分　¥6170日圓~51710日圓♪全日空0570-029-222／日本航空0570-025-071／樂桃0570-001-292／捷星0570-550-538　●可選擇關西機場第一航廈到京都市區內的利木津巴士（到京都站八条口為1小時28分，2600日圓） |

從仙台出發	仙台→伊丹	交通工具：全日空、日本航空、IBEX　①約1小時20~25分　¥38570日圓（平常的一般機票）♪全日空0570-029-222／日本航空0570-025-071／IBEX(仙台)022-716-6688　●可選擇伊丹機場到京都市區內的利木津巴士（到京都站八条口為50分，1340日圓）
	仙台→京都	交通工具：東北新幹線「隼號」+東海道新幹線「希望號」　①約4小時~4小時20分　¥22270日圓~　♪JR東日本050-2016-1600／JR東海050-3772-3910　●在東京站轉乘。最快的新幹線「隼號」1小時運行2~3班
	仙台→京都	交通工具：フォレスト号　①約10小時32分　¥9800日圓~14400日圓♪宮交仙台高速巴士中心022-261-5333　●抵達京都站八条口

從新潟出發	新潟→伊丹	交通工具：全日空、日本航空、IBEX　①約1小時10~20分　¥36090日圓（平常的普通票價）　♪全日空0570-029-222／日本航空0570-025-071／IBEX0570-057-489　●可選擇從伊丹機場到京都市區內的利木津巴士（到京都站八条口50分，1340日圓）
	新潟→京都	交通工具：上越新幹線「朱鷺號」+東海道新幹線「希望號」　①約4小時15~40分　¥21550日圓~　♪JR東日本050-2016-1600／JR東海050-3772-3910　●在東京站轉乘。也可利用其他經由金澤的北陸本線特急5小時50分，15170日圓
	新潟→京都	交通工具：おけさ号　①約8小時　¥8200日圓~9700日圓♪新潟交通高速巴士預約中心025-241-9000　●新潟站前出發，抵達京都站八条口。來回票無優惠。

2022年4月時的資訊。上述的費用可能會因淡季、旺季的差異以及早鳥票、座位種類不同而異，出發前最好前往各交通機關確認最新資訊。

選擇自由行的套裝行程或個別預訂

　旅行社有時會提供自由行方案（僅含來回機票、住宿的套裝行程），會比個別預約車票和住宿地點等較為便宜。從網路上就可以輕鬆預約，機票費用住宿費通常會比平常還便宜，預約自由行方案時請多加利用。

　另一方面，若逢暑假等旺季，費用可能會有所提升，個別預約可能會較為便宜。若為旺季出遊或臨時出發旅行的情況，個別預約可能會是較好的選擇，將於下頁介紹這些小技巧

自由行方案可參考旅行社網站或宣傳小手冊

HINT

自己預訂較便宜！【交通篇】

京都旅遊的交通費與住宿費通常預訂旅行社的方案會比較划算。

不過，如果是「想入住未列入旅行社方案中的旅館」、「抵達京都前想在中途多玩幾個地方」等情況時，就必須個別預訂交通工具與住宿。

新幹線‧高速巴士　東京～京都　比較JR與高速巴士的交通費！

		票券種類	單程	來回
新幹線	花最少時間抵達	「希望號」（平常的普通車對號座）約2小時15分	14170日圓	28340日圓
	同樣時間但單程便宜了830日圓	「希望號」（普通車自由座）建議選擇靠近京都的3節車廂、人少的時段	13320日圓	26640日圓
	比一般車票來回便宜3300日圓	「ぷらっとこだま普通車指定席プラン」到出發前日，都可於網路、JR東海旅行、JTB（關東、中部、關西地區）的各分店購票，座位數量有限。附1杯飲料兌換券。旅客較多的時期單程加收1400日圓。洽詢處：JR東海旅行	10600日圓	21200日圓
高速巴士	等同於飯店的舒適夜間巴士	「プレミアムドリーム号」東京站出發。也有這等級的經濟艙等運行。約7小時28分。洽詢處：JR巴士關東 ♪03-3844-1950	豪華艙等11000日圓～14500日圓早鳥方案更便宜	—
	座位較寬敞的夜間巴士	「グランドリーム号」東京站、新宿BASTA出發。二等的夜間巴士。約7小時34分～8小時14分，僅1班。洽詢處：JR巴士關東 ♪03-3844-1950	6000日圓～11000日圓早鳥方案更便宜	—
	便宜的夜間巴士	「青春エコドリーム号」東京站、新宿BASTA出發。座位兩兩並排共4列的車型。約7小時20分～8小時9分。洽詢處：JR巴士關東 ♪03-3844-1950	4000日圓～9700日圓早鳥方案更便宜	—

【洽詢處】JR東海　♪050-3772-3910　http://jr-central.co.jp/
JR東海ツアーズ　♪03-6865-5255　（ぷらっとこだまコールセンター）　http://www.jrtours.co.jp/

　從各地前往京都的交通方式大概可以分為搭乘新幹線、高速巴士、飛機3種，大部分旅客會從中擇一利用。可以一一檢視每種交通方式再決定哪種較佳，請一併參考p.168。

東京以外地區發車的主要高速巴士

出發地	所需時間	費用	巴士名稱	巴士公司
JR千葉站	約9小時47分（三条京阪）	6000日圓～8000日圓	京都～上野・東京迪士尼渡假區線	京成高速巴士預約中心 ☎047-432-1891
大宮站	約8小時	3200日圓～6500日圓	ミルキーウェイ	さくら観光バス ☎050-3851-2342
橫濱站西口	約8小時	5000日圓～12500日圓	グランドリーム横濱號	西日本JR巴士顧客中心 ☎0570-00-2424
宇都宮站西口	約8小時49分	19000日圓	とちの木号	關東巴士高速巴士預約中心 ☎028-638-1730
長野站	約7小時40分	4500日圓～7600日圓	長野－京都・大阪線	ALPICO交通（股）高速巴士預約中心 ☎0570-550-373
金澤站（日間車）	約4小時24分	2000日圓～7000日圓	北陸道グラン昼特急大阪号	西日本JR巴士顧客中心 ☎0570-00-2424
岡山站西口	約3小時27分	3650日圓～4050日圓	岡山～京都線	兩備高速巴士預約中心 ☎0570-08-5050
德島站（日間車）	約3小時4分	4300日圓	阿波エクスプレス京都号	JR四國巴士預約中心（德島）☎088-602-1090
高松站（日間車）	約3小時40分	5050日圓	高松エクスプレス京都号	JR四國巴士預約中心（高松）☎087-825-1657
熊本站	約11小時31分	6000日圓～9800日圓	あそ☆くま号	熊本高速巴士預約中心 ☎096-354-4845

行程規畫

京都站烏丸口的JR高速公路巴士乘車處

東京站八重洲口的高速巴士乘車處

從九州搭乘電車

「JR九州インターネット列車予約」網站

從九州各地到京都市區內的來回折扣票券，已經停止販售了。取而代之的是JR九州開始呼籲使用網路預約列車。

新幹線或特急列車都可以預約的「JR九州インターネット列車予約」，還可以從網路預約到以九州山陽新幹線為主的JR九州、JR西日本的特急列車票券。從電腦無論何時何地都可以預約、變更，過年期間、盂蘭盆節等連假也不受限。而且，票券有網路限定的折扣，非常划算。

即使是售票口停止營業後的深夜，24小時都可以使用預約服務。在一般開賣前也可以事先購票（購票結果可於5:30～23:00立即確認，其他時間則5:30後以電子郵件回覆）。可以在確認欲搭乘的新幹線、特級列車座位表的同時，勾選自己想要的座位。https://www.jrkyushu.co.jp/railway /netyoyaku/service/

搭乘飛機前往京都　經大阪(伊丹)機場

各家航空公司都有提供以早鳥折扣為主的各種折扣票、網路預訂的折扣價格等各式各樣的方案。不過，越便宜的機票發行張數越少，有時即使有空位當日卻無法以優惠價格下訂，限制很多。

還有無法變更時間、取消費用較高等風險。

■先從蒐集資訊開始！
・查詢航空公司的網頁（HP）與時刻表
　時刻表可到旅行社櫃台等處索取。
・打電話向航空公司洽詢
・查詢比價HP、販售廉價機票公司的HP
■從大阪（伊丹）機場前往京都市內

開往京都站八条口的巴士每20～25分1班，非常方便。所需時間1小時，費用1310日圓。有些班次在停靠京都站後會繞行京都大倉久和飯店等市內飯店。

此外，搭乘大阪單軌電車從大阪機場站到南茨木站，再轉乘阪急京都本線到河原町站等也是一種方法。坐到河原町所需時間1小時，費用750日圓。

羽田～伊丹的費用範例

（JAL於2022年6月30日時）
※含旅客設施使用費（290+260日圓）

○──普通票價
　　28460日圓

○──來回折扣（單程）
　　25860日圓

　　　　預訂時需指定
　　　　有效期間7日內的
　　　　回程機票，
　　　　35日前開放預訂

○──接駁車來回折扣（單程）
　　無發售

○──特別折扣
　　12910日圓～18310日圓

○──早鳥折扣
　　8510日圓～
　　12010日圓

　　　　特別折扣
　　　　有限制下訂日期，
　　　　座位數量有限。

【航空公司洽詢處】
日本航空(JAL)
☎0570-025-071　https://www.jal.co.jp/
全日空(ANA)
☎0570-029-222　https://www.ana.co.jp/

自己預訂較便宜！【住宿篇】

■只接受電話訂房的講究旅館

　　首先查詢想住旅館的網頁，看是否有平價住宿方案。部分受歡迎的町家旅館雖然有網頁，但只接受電話預訂，有的旅館則只能透過旅行社代訂。

　　另外，一些家族式經營的小巧民宿等住宿設施，原本住宿費用就較便宜，透過電話訂房往往可以用最低價格入住。

■利用網路預約省住宿費

　　透過網路訂房的專業網站、各飯店等住宿設施獨立管理的官方網站訂房，往往可以用較低價格入住，建議多比較各家網站。

TEKU TEKU COLUMN

在外用晚餐者

到京都的旅館片泊まり

　　以京都的旅館而言，1泊附早餐的住宿型態（在京都稱為「片泊まり」）費用大概會落在1萬日圓左右。

　　這種方式能以相對合理的價格體驗町家旅館特有的風情與款待，相當受歡迎。

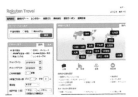

●樂天旅遊網站
http://travel.rakuten.co.jp/
　　規模最大的網路訂房網站，可預訂日本全國各地超過33400家的飯店、旅館。網站的每家飯店都有入住者評價的投稿欄，內容很有參考價值。

●JTB日本國內旅行住宿網站
http://www.jtb.co.jp/
　　JTB經營的網站，可搜尋、預訂6個月前到當天希望入住的旅館資訊，從具有一定程度好評的飯店中精選的住宿方案「JTB Selection」相當受歡迎。

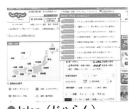

●Jalan（じゃらん）
http://www.jalan.net/
　　網站上有使用者選出的好評、訂房排行。將日本全國分為7個區域，依住宿設施的客房數個別進行統計，有15則以上評價的旅館會列入排行的對象。

■利用旅行社的住宿方案省住宿費

　　旅行社的方案中也有很多只提供住宿的類型，不過各家旅行社的折扣條件不同，

便宜的方案有時不一定划算，需多加留意。

2022年6月23日（四）入住京都蒙特利酒店雙床房2人1間時的住宿範例（1人費用）

自己從網路訂購	6000日圓～	無附餐
近畿日本ツーリスト	3300日圓～	無附餐
JTB	9900日圓～	無附餐
日本旅行社	5500日圓～	無附餐

抵達京都後的交通工具

京都市內的交通工具以路線四通八達的市巴士為首，還有京都巴士等民營的巴士、地下鐵、私鐵、JR等。

抵達京都前先參考本書p.180-181的巴士路線速查MAP，與p.182-183的轉乘速查表，掌握前往目的地的各種路線。

抵達京都站後先蒐集最新資訊！

● 到位於京都站內烏丸口2F的京都綜合觀光服務處（京Navi）索取活動快報等資訊。

● 到市巴士、地下鐵服務處（烏丸口巴士乘車處旁）索取巴士路線圖等。

搭巴士輕鬆遊逛市區

■確認觀光景點與巴士系統編號

從京都站搭巴士往各地觀光景點移動的話，起點幾乎都會是京都站北側的烏丸口。

搭巴士前，需要知道往主要觀光景點的巴士系統編號。實際搭乘時，巴士正面只有終點名和巴士號碼，因此最好事先查一下這輛巴士到底會行走什麼路線。

在烏丸口巴士站搭乘處前，有巴士號碼導覽板，各搭乘處也會標示巴士的行走路線。

另外，若要確認到目的地會經由的路線，請看p.180-181的巴士速查表吧。

TEKU TEKU COLUMN

活用手機
運用手機APP跟網站走遍京都市區

バス・鉄道の達人

京都市交通局的「ハイパー市バスダイヤ」可以查詢巴士站的時刻表，非常好用。可查詢巴士的編號，也可查詢地鐵站周邊的巴士站，用途廣泛。而APP「歩くまち京都バス・鉄道の達人」也是遊客在京都市區觀光的方便工具。

■市巴士的顯示幕

市巴士約有110條路線，布滿整個京都市。巴士正面上方「顯示幕」的顏色分為4種不同的系統，收費方式也因系統而異，需多加注意。

●橘底的顯示幕→循環路線

路線號碼200的巴士會不斷繞行同樣路線，分內環與外環，建議看清楚標示幕與顯示於巴士側面的行駛路線，確認是否會行經目的地再上車。乘車費用為230日圓。

西大路通 京都駅 205

●藍底的顯示幕→均一路線

不論乘車區間為何費用皆為230日圓的均一路線。

北野 白梅町 御室 山越 Omuro 26

●白底的顯示幕→多區間路線

行駛於均一路線以外地區的路線，乘車費用因乘車區間而異，上車時記得索取號碼牌。

嵐山 大覚寺 Daikakuji Via Arashiyama 28

●洛巴士→觀光路線

雖然會經過許多觀光景點而受到喜愛，但由

清水寺 銀閣寺 急行 Ginkakuji Temple Express 100

於受到新冠肺炎疫情影響，使觀光客人數大幅下降而停止行駛中，尚不確定何時會恢復路線。

基本上在京都市區內搭乘地鐵、巴士會用到的票券

1天會搭4次以上的地鐵，就推薦使用地鐵一日券（800日圓）

可1日內自由搭乘京都市營地鐵全線的方便乘車券。使用當天還可在地鐵沿線的主要觀光景點如二条城、京都文化博物館、京都市動物園、京都水族館、京都鐵道博物館、吉本劇場 祇園花月、東映太秦電影村等地享有門票優惠。

想在整個京都市區移動的話，絕對超划算的地鐵・巴士一日券（1100日圓）

在票券有效期間內，可無限搭乘京都市營地鐵、市營巴士（部分路線除外）、京都巴士（部分路線除外）、京阪巴士（部分路線除外），十分划算。這張一日券幾乎涵蓋整個京都。第一次使用時，將卡片插進運費箱或整理券發行機附近的讀取機，印上日期。第二次以後只要下車時出示日期那面即可。有效搭配地鐵使用的話，很簡單就可以回本了。

【發售地點】
市巴士＆地鐵服務處、地鐵各站窗口、市巴士＆京都巴士＆京阪巴士各營業處。

轉乘享有優惠！用自己的IC卡即可享用優惠

若當月使用金額達3600日圓（兒童1800日圓），可享點數回饋機制，

需事先登錄，請至「もえポっ」https://www2.city.kyoto.lg.jp/kotsu/moepo/index.html 確認。用ICOCA、PiTaPa、Suica等日本通用的IC卡搭乘，在市巴士、地鐵、京都巴士轉乘，第二次就可享有運費優惠。不僅是市巴士，京都巴士也可以。

・巴士⇔巴士　折150日圓 ※適用於從第一次支付運費起到第二次支付在90分內
・巴士⇔地鐵　折120日圓 ※當天轉乘皆有效
※若從別家鐵路公司的路線（例如近鐵線或京阪大津線）不出站的情況下轉乘地鐵，再轉乘市巴士（京都巴士），也能享有優惠。

TEKU TEKU COLUMN

還有還有！**使用巴士回數券划算遊京都**
◆京都市域共通回數券（1000日圓、5000日圓）

大部分京都市居內的路線都能使用：市巴士、京都巴士、京阪巴士、京阪京都交通巴士、阪急巴士、西日本JR巴士等。1000日圓券為230日圓4張+180日圓1張，便宜100日圓。
※幾個人分著用都可以
※在市巴士、地鐵服務處發售

【交通工具詢問處】
京都市交通局 ☏075-863-5200
https://www.city.kyoto.lg.jp/kotsu/
JR京都站中央口前巴士綜合服務處 ☏075-371-4474
コトチカ京都服務處 ☏075-371-9866
京都巴士 ☏075-871-7521
京阪巴士（山科營業所）☏075-581-7189
京阪京都交通（西京營業所）☏075-382-4888
阪急巴士（向日出張所）☏075-921-0160
JR西日本顧客中心 ☏0570-00-2486

京都市內以電車為基本交通工具的優惠車票

■京阪電車的超值車票

除了只能在京都市內使用的車票外，京阪電車還有發售從大阪市區到京都各地的平價車票。

京阪電車顧客中心 ☎06-6945-4560

●京阪電車 京都1日觀光票券（800日圓）

可1日無限搭乘京阪電車的京都區（石清水八幡宮站～出町柳站間、宇治線、石清水八幡宮參道纜車）路線。是東山到伏見、宇治一帶觀光很好用的票券。

●叡山電車、京阪電車1日觀光票券（2000日圓）

可自由搭乘京阪線（大津線與男山纜車除外）全線與叡山電車全線的票券。前往鞍馬、貴船一帶很好用。附叡山電車沿線的設施優惠券。

●世界遺產 比叡山延曆寺巡禮京阪線乘車券（3700日圓）

可1日無限搭乘京阪線到比叡山的電車、巴士、空中纜車、山內接駁巴士的划算乘車券。附西塔、橫川等延曆寺參拜券。

■嵐電的超值票券

●京都地鐵・嵐電1day乘車券（1300日圓）

可1日無限搭乘嵐電全線與京都市營地鐵全線。

●嵐電・嵯峨野自由乘車券（800日圓）

自由搭乘嵐電全線與京都巴士（嵐電方面系統）全線。※51路（比叡山線）、90路（西山高尾線）除外

●嵐電・電影村套票（2700日圓）

內容包含從發售站到距離東映太秦電影村最近的「太秦廣隆寺站」，以及回程時，可選自己想要的抵達站（共2張車票），與電影村的門票成套販售。

京福電鐵 ☎075-801-2511

■叡山電鐵的超值車票

●叡電1日乘車券「ええきっぷ」（1200日圓）

可1日無限搭乘叡山電車。在鞍馬寺、曼殊院門跡等沿線約40間寺院、設施享用門票折扣等優惠。

●巴士＆叡電 鞍馬、貴船當日來回票券（2000日圓）

從鞍馬、貴船為首，在大原、岩倉、一乘寺等京都洛北觀光很划算的票券。可自由搭乘叡山電車全線、京阪電車東福寺～出町柳間、京都市營巴士全線。到京都巴士京都市均一區間、大原、岩倉村松、岩倉實相院、市原、鞍馬溫泉、貴船的路線也可以。

【發售地點】出町柳、修學院、鞍馬各站

叡山電鐵（出町柳站） ☎075-781-3305

租自行車遊京都

在地勢相對平坦的京都，租自行車是舒適方便的移動工具。

區域 營業所名／電話	地圖／營業時間	費用
KCTP京都站腳踏車轉運站 ☎075-354-3636	地圖p.82-D、 9:00～18:00	普通自行車1日1輛1000日圓～、 電動自行車1日2300日圓～
トロッコおじさんのレンタサイクル トロッコ嵯峨店 ☎075-881-4898	地圖p.111-I、 10:00～17:00（服務處至15:00）	1日1000日圓（過夜1600日圓） 電動自行車1日1700日圓
らんぶらレンタサイクル ☎075-882-5110	地圖p.111-L、9:00～17:00 （冬季10:00～）（服務處至15:00）	附3段變速器1日1100日圓、2小時 600日圓。電動自行車1日1600日圓。無休

搭計程車遊京都

大家對計程車的印象是較大眾交通工具花費貴，不過無論如何計程車還是有以下優點
·可坐著前往目的地
·減少時間的浪費
·不需提行李
3～4人搭一台計程車前往某些區域費用不一定會比較貴，想要有效率遊覽京都時也可以考慮搭乘計程車。

計費較便宜的MK計程車（小型車起跳費用580日圓），乘車處不是在京都站北側的烏丸口，而是在南側的八条口，需注意不要走錯。

●搭觀光計程車遊京都
優點之一是搭計程車遊覽觀光景點時，可一邊聽司機介紹一邊觀光。觀光旺季時最好提早預約。

從京都站到各觀光名勝的參考費用
※會因道路的壅塞狀況而有所變動。

- ●大原5900日圓
- ●高雄4890日圓　3000日圓　嵐山3580日圓●
- ●仁和寺2940日圓
- ●金閣寺2620日圓
- ●銀閣寺2540日圓
- ●南禪寺2300日圓　2000日圓
- 西陣1900日圓●
- 平安神宮1820日圓●
- 1000日圓清水寺1500日圓●

四条河原町860日圓　　　　祇園940日圓

東寺600日圓　　京都站　　三十三間堂600日圓

【計程車洽詢·預約處】
MK計程車 ☎075-778-4141
京都個人計程車 ☎075-661-0008
京都第一交通 ☎075-602-7777
八坂計程車 ☎075-842-1212
都計程車 ☎075-661-6611
京都相互計程車 ☎075-862-3000
關西計程車 ☎075-581-3121

京都第一交通範例 (以小客車為例)

7小時方案／7-B 京都站或住宿地點→大覺寺→仁和寺→等持院→光悅寺→大德寺→青蓮院	36400日圓
6小時方案／6-B 京都站或住宿地點→高桐院→寂光院→三千院→蓮華寺→詩仙堂	31200日圓
5小時方案／5-C 京都站或住宿地點→延曆寺根本中堂→詩仙堂→銀閣寺→平安神宮	26000日圓
6小時方案／6-C 京都站或住宿地點→曼殊院→真如堂→金地院→永觀堂→泉涌寺	31200日圓

※費用為估計值，1小時5200日圓、2小時10400日圓。
※只能在京都市區的指定地點下車

TEKU TEKU COLUMN

彈性運用MK觀光計程車包車服務
若在規範時間內，費用為固定，且可臨時變更目的地。司機也可以導覽觀光景點。

若搭乘CIMA可乘坐到4人，但3人空間較為舒適，費用是1小時17760日圓、2小時24140日圓、3小時30520日圓、5小時43280日圓。若為團體出遊，選擇箱型車以個人計費會較為便宜。☎075-757-6212

搭乘定期觀光巴士探訪觀光名勝

洽詢處：定期觀光巴士預約中心
☎075-672-2100（7:40～20:00）

路線名稱／ 所需時間	參觀路線 （順序各異）	費用	發車時刻		
			JR京都站 烏丸口	JR京都站 八条口	京阪三条 站前
W1 SKY BUS繞行京都一圈兜風之旅 約1小時	西本願寺、二条城、京都御苑、平安神宮大鳥居、青蓮院、八坂神社等	成人 2000日圓 兒童 1000日圓	09:30 10:00 11:30 13:00 14:00 15:00 16:00 每日		
A 京都三大名勝～金閣寺、銀閣寺、清水寺 約5小時	金閣寺～銀閣寺～清水寺	成人 5900日圓 兒童 3050日圓	9:30 每日		8:30
BM 京都人氣景點巡禮 約6小時	清水寺、三十三間堂、天龍寺·竹林與嵐山漫步	成人 6500～7000日圓 兒童 3230～3500日圓	9:50 每日		
C 時代祭與天龍寺、嵐山 約5.5～6小時	時代祭遊行觀賞（御池通特設觀賞座位）、天龍寺、嵐山	成人 9500日圓 兒童 7030日圓	9:40 2023/10/22～10/23		
BE 京都一日～天龍寺與嵐山、金閣寺、伏見稻荷大社～ 約6小時	天龍寺·竹林與嵐山散策、金閣寺、伏見稻荷大社（午餐自理）	成人 6900日圓 兒童 3530日圓	10:10 7/1～9/29 的週一三五日行駛		
E 雲龍院的特別參觀與閒臥庵 約3.5小時	泉湧寺別院 雲龍院(關門後的特別參拜)、閒臥庵(晚餐：普茶便當)	成人 8200日圓 兒童 6270日圓	17:10 3/18～9/24的週六日行駛。 6/10則停駛		
LS 京都世界遺產之美 國寶&名庭巡禮 約6小時	仁和寺 御殿·庭園、上賀茂神社 本殿·權殿、下鴨神社 本殿·大炊殿、＜午餐：泉仙＞	成人 10700日圓 兒童 6780日圓	10:00 每日		
NN 夜間點燈紅葉特別參觀妙心寺、桂春院、仁和寺五大明王壁畫 約4.5小時	妙心寺塔頭 桂春院、世界遺產 仁和寺 仁和寺五大明王壁畫點燈、≪晚餐≫レストラン嵐山「丹波牛排膳」	成人 10800日圓 兒童 6330日圓	17:20 2023/10/27～11/12的週五六日行駛		

資料為2023年9月的方案
（可能會視情況而變動）

路線名稱／所需時間	參觀路線（順序各異）	費用	發車時刻		
			JR京都站烏丸口	JR京都站八条口	京阪三条站前
G 與舞妓相約晚會、鷹峰しょうざん庭園、夜景欣賞 約3.5小時	しょうざん庭園、懷石風京料理與欣賞舞妓之京舞、夜景欣賞(東山山頂)	成人10500日圓 兒童9000日圓	17:30 週三五六		
Q 大原三千院與世界遺產比叡山延曆寺 約7小時	[比叡山兜風]延曆寺根本中堂、[奧比叡兜風]、三千院與大原漫步、芹生(午餐：三千草便當)	成人10800日圓 兒童6850日圓	9:20 4/1～9/30的週一三五日、假日，不過6/1～30為週一五日行駛		
D2 世界遺產與源氏物語 約6.5～7小時	城南宮、醍醐寺三寶院、平等院、宇治市源氏物語博物館(午餐：宇治川便當)	成人10900日圓 兒童6710日圓	9:40 2023/12/1～3 的週三五六日行駛		
GK 集結夏季涼意貴船納涼川床料理 約5.5～6小時	貴船神社、貴船きらく「納涼川床料理」、大德寺大仙院、今宮神社、かざりや	成人15300日圓 兒童12420日圓	9:40 7/3～9/15的週一二四五行駛 ※7/17、8/11則停駛		
S 嵐山小火車與保津川遊船 約7～8小時	嵐山小火車(嵯峨野浪漫列車)、保津川遊船、嵐山	成人10900日圓 兒童6130日圓	9:00 3/18～9/30每日　※9/30前的週三停駛，但8/16則行駛		
NT 傍晚東福寺特別參拜 紅葉的大海原「通天橋」 約3.5小時	傍晚的特別參觀東福寺 通天橋、≪晚餐≫京料理六盛	成人16900日圓 兒童15530日圓	17:00 10/6～27 的週五		
L 京之夏 新選組與幕末淵源地 約5.5小時	壬生寺、角屋(1F部分)、輪違屋、<午餐>魚三楼	成人10400日圓 兒童6970日圓	10:20 7/8～8/31每天與9/16～18、9/20、21、24行駛 ※7/10、18則停駛		
KH 2023歷史劇系列 德川家康京都名所巡禮 約7小時	金戒光明寺、瑞嚴山圓光寺、南禪寺 金地院、俵屋吉富 京菓子資料館、≪午餐≫ホテルオークラ京都「京料理 入舟」特製午餐	成人17600日圓 兒童14550日圓	09:30 10:00 2023/10/1、3、6～9、13～15、20～22、24、31行駛		

定期觀光

晚間行程主要提供市區內飯店的接送服務。另外有些方案視季節可能有變動。
官方網站：https://www.kyototeikikanko.gr.jp/（可線上報名行程）。

申請參觀宮內廳相關設施解說

●洽詢處

宮內廳京都事務所參觀課 ☎075-211-1215

※注意事項請見下列網址。

※申請所需必要欄位有可能變更，請務必事先確認。

http://sankan.kunaicho.go.jp/

京都御所

京都御所從2016年7月26日起，皆不須辦理參觀手續，全年開放。

●停止參觀日

週一（逢假日則翌日休）、過年期間（12月28日～1月4日）、因舉行活動而造成妨礙時則公休。

●開放時間

10月～2月　9:00～16:00（入場至15:20）

9月及3月　9:00～16:30（入場至15:50）

4月～8月　9:00～17:00（入場至16:20）

●入場方法

在開放入場時間內，請從清所門進入。不須申請手續，任誰都可入場。入場時須檢查隨身行李。

京都仙洞御所、桂離宮、修學院離宮

欲參觀京都仙洞御所、桂離宮、修學院離宮的讀者，請依下列說明申請。

每到參觀時間，由導覽員以日文解說。

申請名額與參觀開始時間視以下設施而異。

參觀設施	每次人數	參觀開始時間
京都仙洞御所（參觀所需約60分）	20人	9:30、11:00、13:30、14:30、15:30
桂離宮（參觀所需約60分）	15人	9:00、11:00、13:00、15:00
	10人	10:00、12:00、14:00、16:00
修學院離宮（參觀所需約80分）	20人	9:00、10:00、11:00、13:30、15:00

●參觀資格

欲參觀京都仙洞御所、修學院離宮者須滿18歲，桂離宮則須國中生以上。另外，報名人數以4人為上限。

●參觀費

京都仙洞御所、修學院離宮為免費，桂離宮僅18歲以上（高中生除外）須支付1000日圓。

●停止參觀日

同京都御所。

●申請方法

請從下列方法任選一種，但不能透過第三者代為申請。

按照申請日期（若為郵寄則依郵戳為憑）依序處理，若額滿則截止。同一天受理人數超過上限則會用抽籤方式決定。

⑴ 郵寄（使用官方來回明信片）

依想參觀的地方個別申請，請參考下面的明信片寫法填寫必要欄位後寄出。希望參觀日請

環繞御所而建的京都御苑，為市民的休憩場所

填寫第1到第3順位。申請結果會以明信片回函通知。

【受理期間】希望參觀日前3個月的當月1日～1個月前的郵戳。

（範例）希望5月10日參觀……2月1日（郵戳）～4月10日（郵戳）

寄出「正面」　　　收到「反面」

収到「正面」　　　寄出「反面」

(2)　透過網路申請

網址http://sankan.kunaicho.go.jp/

請從上述網址填寫必要欄位。申請手續通過後，會寄發參觀許可。

【受理期間】希望參觀日前3個月的當月1日5點～3日前的23點59分

（範例）希望5月10日參觀……2月1日的5:00～5月7日的23:59

(3)　透過窗口申請

請自備身分證明文件親自宮內廳京都事務所參觀課窗口填寫規定表格。另外，有可能無法當場發出參觀許可，需另準備官方明信片回函。

【受理期間】希望參觀日3個月前的當月1日～前一天為止

【受理時間】開廳日（週一及過年期間除外）的8:40～17:00

(4)　當日申請

當日申請名額與參觀開始時間視設施而異，請參考下列表格。若各時段的事前申請名額還沒滿，則可當日申請，會於當天8點30分於現場申請窗口及宮內廳網站上公告。

參觀設施	各時段名額	當天受理額度	
京都仙洞御所	20人	13:30 ┊ 10人	當天受理20名+空缺名額
		14:30 ┊ －	
		15:30 ┊ 10人	
桂離宮	20人	9:00 ┊ 5人	當天受理50名+空缺名額
		10:00 ┊ 10人	
		11:00 ┊ 10人	
		12:00 ┊ 10人	
		14:00 ┊ 10人	
		15:00 ┊ 5人	
修學院離宮	20人	13:30 ┊ 10人	當天受理20名+空缺名額
		15:00 ┊ 10人	

【當天申請地點】各設施都在現場申請。京都仙洞御所（京都市上京區京都御苑）、桂離宮（京都市西京區桂御園）、修學院離宮（京都市左京區修學院藪添）

【申請辦法】京都仙洞御所、修學院離宮從當天11點起，桂離宮從當天8點40分起按到場順序發放時間指定的號碼牌，滿額則截止。拿取號碼牌及參觀之時，須攜帶身分證明文件確認是否為本人（例如護照）。

西芳寺（苔寺）申請參觀解說

在正面填寫參觀者住址、姓名、電話號碼，於希望參觀日的前2個月～1週前開放申請。參觀當日須攜帶指定日期、時間的回函。

〒615-8286　京都市西京区松尾神ヶ谷町56
西芳寺参拝係　宛
線上申請說明 https://intosaihoji.com/nichinichi/

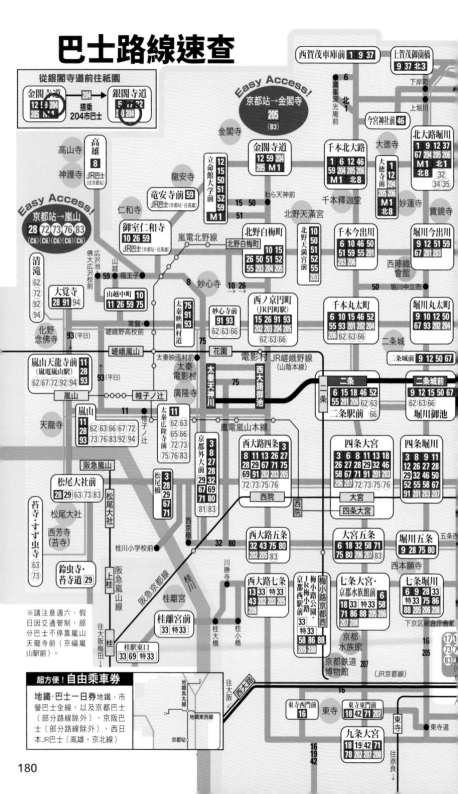

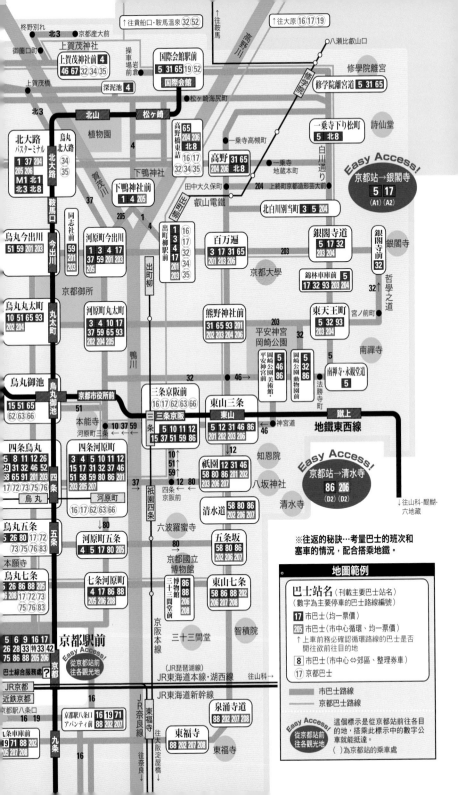

市區周邊市巴士·地鐵 轉乘速查表

目的地		主要轉運站				東山區域	
現在地	上車站 ＼ 下車站	京都站 京都駅前·地鐵京都	三条京阪 三条京阪前·地鐵三条京阪	四条河原町 四条河原町	北大路BT 北大路BT	國立博物館·三十三間堂 博物館三十三間堂前	清水寺 五条坂
京都站	京都駅前·地鐵京都		5或 地鐵 三条京阪	4·5 17·205 ⑰	地鐵 北大路	86·88 206·208臨	86 206 臨
三条京阪	三条京阪前·地鐵三条京阪	5或 地鐵 京都		5·11 12·86	37或 地鐵北大路	搭86或從 地鐵東山 搭206	搭86或從 地鐵 東... 搭202·2...
四条河原町	四条河原町	4·5 17·205	5·10·11 12·15·37 51·59		37 205	58·86·207 (東山七条下車)	58 86 207
北大路BT	北大路BT	地鐵 京都	37或 地鐵 三条京阪	37 205		206	206
國立博物館·三十三間堂	博物館三十三間堂前	86·88 206·208	86·臨 或206 東山三条巴士站轉乘 地鐵	86	206		86 206
清水寺	五条坂	86 206	202·206 在東山三条巴士站轉 地鐵 東山	58·80 86·207	206	86·206 或 202·207 東山七条下車	
八坂神社·円山公園·祇園	祇園	86 206	四条河原町前 から10·11·12· 15·37·59	12·31·46 58·80·201 203·207	206	86 206或 202·207 東山七条下車	86·20... 206·20...
平安神宮·岡崎公園	岡崎公園美術館·平安神宮前 地鐵東山	5·86 或 地鐵京都	5·86 或 地鐵三条京阪	5·32 46·86	從東山二条搭 206或 地鐵北大路	86	86
南禅寺·永観堂	南禅寺永観堂道、南禅寺·疏水記念館·動物園東門前 地鐵蹴上	5或 地鐵京都	5或 地鐵三条京阪	5	從東天王町搭 204或 地鐵北大路	搭5在東山二条·岡崎公園口轉乘206	搭5在東山二条·岡崎公...口轉乘20...
銀閣寺	銀閣寺道	5 17	5	5·17 32 203	204	搭32在東山二条·岡崎公園口轉乘206	搭32在東山二条·岡崎公...口轉乘20...
金閣寺	金閣寺道	205	12 59	12 59 205	204 205 M1	搭205在京都站前轉乘86·88·	搭204在熊...神社前轉乘202·206
嵐山·天龍寺	嵐山·嵐山天龍寺前	從嵯峨嵐山搭JR或 28·72·73·76	11·63·66或在 嵐電天神川轉 地鐵三条京阪	11·62·63· 66·67	嵐電北野線北野白梅町轉乘 204·205	在嵐電嵐山本線四条大宮搭207 在東山七条下車	在嵐電嵐山線四条大宮轉乘207
御所	同志社前·裁判所前·烏丸丸太町~烏丸今出川 地鐵丸太町·地鐵今出川	地鐵 京都	10·37·51·59 或 地鐵三条京阪	10 51 59	地鐵 北大路	202 東山七条下車	202
二条城	二条城前·地鐵二条城前	9·50 或 地鐵京都	12或 地鐵三条京阪	12	地鐵 北大路	搭9·50在京都站前轉乘86·88·206等	在 地鐵 東...轉乘202·206
詩仙堂	一乗寺下り松町	5	5	5	北8	搭5在東山三条轉乘206	搭5在東山三条轉乘202·206

※路線號碼200多號的巴士（橘底的顯示幕，請參照p.172）為分內環與外環的循環巴士。最好先...

東山區域		銀閣寺區域		金閣寺區域	嵐山區域	其他		
祇園	平安神宮·京都會館	南禅寺·永觀堂	銀閣寺	金閣寺	嵐山·天龍寺	御所	二条城	詩仙堂
祇園	岡崎公園美術館·平安神宮前· 地鐵 東山	南禅寺永觀堂道· 地鐵 蹴上	銀閣寺道	金閣寺道	嵐山·嵐山天龍寺前·嵐電嵐山駅前	同志社前·裁判所前·烏丸太町~烏丸今出川 地鐵 丸太町· 地鐵 今出川	二条城前· 地鐵 二条城前	一乗寺下り松町
86 206 臨	5·86或 地鐵 東山	5或 地鐵 蹴上	5 17 ⑤①	205	搭JR在嵯峨嵐山下車 或28 ⑦②⑦③⑦⑥⑧③		9·50或 地鐵 二条城前	5
12 86	5或 地鐵 東山	5或 地鐵 蹴上	5	12·59	11·⑥②⑥③⑥⑥ 地鐵 太秦天神川轉乘嵐電	10·59或 地鐵 丸太町	12或 地鐵 二条城前	5
46·58 46·201 203·207 東山二条下車	5·32·46或 31·201·203 東山二条下車	5	搭5·17·203或32在銀閣寺前下車	12 59 205	11 ⑥②⑥③⑥⑥	10·51 59	12	5
206	搭206在東山二条下車或 地鐵 東山	搭204在東天王下車或 地鐵 蹴上	204	204 205 M1	搭204·205在北野白梅町轉乘嵐電北野線	地鐵 丸太町 地鐵 今出川	地鐵 二条城前	北8
86 206	206東山二条下車	搭206在祇園轉乘5	搭206在祇園轉乘5	搭86·206·208在京都站前轉乘205	從嵐山七條207在四条大宮轉乘嵐電嵐山本線	從東山七條搭202	搭86·88·206·208在京都站前轉乘 地鐵 二条城前	搭206在東山三條轉乘5
80·86 202 206·207	202·206 東山二条下車	搭206在祇園轉乘5	搭206在祇園轉乘5	搭206在北大路BT轉乘204·205	搭207在四条大宮轉乘嵐電嵐山本線	202	搭86·202在東山三條到 地鐵 東山	搭202·206在東山三條轉乘5
	46	203 東天王町下車	203	搭12或206在北大路BT轉乘204·205	搭46·201·203·207在四条大宮轉乘嵐電嵐山本線	202	12	搭203在東天王町轉乘5
46 86		搭5或32在銀閣寺前下車	從岡崎道搭204	搭5或32在銀閣寺前下車	地鐵 太秦天神川轉乘嵐電嵐山本線	從岡崎道搭93·204	從東山二條搭202在堀川丸太町下車或 地鐵 二条城前	5
在東天王町搭203	5		5	從東天王町搭204	地鐵 太秦天神川轉乘嵐電嵐山本線	從東天王町搭93·204	從東天王町搭93·204在堀川丸太町下車或 地鐵 二条城前	5
203	5 32	5或32 東天王町下車		204	搭5·32在銀林車庫前轉乘204	204 堀川丸太町下車	204 堀川丸太町下車	5
2或59在馬駄京阪	204 岡崎道下車	204 東天王町下車	204		搭204·205在北野白梅町轉乘嵐電北野線	204	12	搭204·205在北大路BT轉乘北8
嵐電嵐山本線四条大宮轉乘46·201·203·207	搭嵐電嵐山本線嵐電天神川到 地鐵 東山	搭嵐電嵐山本線嵐電天神川到 地鐵 蹴上	在嵐電北野線北野白梅町轉乘203	嵐電北野線北野白梅町轉乘204·205		93	搭嵐電嵐山本線嵐電天神川到 地鐵 二条城前	搭93在東天王町轉乘5
202	93·204 岡崎道下車	93·204 東天王町下車	從烏丸丸太町搭204或從烏丸今出川搭203	從烏丸丸太町搭204或從烏丸今出川搭59	93		地鐵 二条城前	搭93·204在錦林車庫前轉乘5
地鐵 東山 轉乘202·206	從堀川丸太町搭202在東山二條或 地鐵 東山	從堀川丸太町搭93·204在東天王町轉乘 地鐵 蹴上	從堀川丸太町搭204	12	地鐵 太秦天神川轉乘嵐電嵐山本線	地鐵 丸太町 地鐵 今出川		從堀川丸太町搭93·204在錦林車庫前轉乘5
搭5在銀閣寺道轉乘203	5	5	5	搭北8在北大路BT轉乘204·205	搭5在錦林車庫前轉乘93	搭5在東天王町轉乘93·204	搭5在錦林車庫前轉乘93·204在堀川丸太町下車	

市區周邊市巴士、地鐵轉乘速查表

清楚顯示幕與巴士側面標示的行駛路線等，確認巴士是否開往欲前往的目的地再上車。

HINT

前往郊外的交通速查表

目的地	現在地	上車站牌(車站)	搭乘巴士（轉乘）	下車站牌
前往大原的方法	京都站	京都駅前	⑰・⑱（⑱僅週六・假日行駛）	♀大原
	京都站	地鐵 京都站	地鐵 國際會館站、♀國際会館駅前轉乘⑲	♀大原
	四条河原町	四条河原町	⑯・⑰	♀大原
前往三尾的方法	京都站	京都駅前	ＪＲ巴士高雄・京北線	♀高雄等
	京都站	地鐵 京都站	地鐵 四条站、♀四条烏丸轉乘8（盂蘭盆節、過年停駛）	♀高雄
	嵐山・天龍寺	嵐電嵐山駅前 阪急嵐山駅前	(90)（11月紅葉季時，請事先向京都巴士確認）	♀西山高雄
前往上賀茂神社的方法	京都站	京都	4 9	♀上賀茂神社前 ♀上賀茂御薗橋
	京都站	地鐵 京都站	地鐵 四条站、四条烏丸轉乘46或北大路BT轉乘市巴士北３・37、♀北大路駅前轉乘㉞・㉟	♀御薗口町、♀上賀茂御薗橋、♀上賀茂神社前
前往鷹峰的方法	京都站	地鐵 京都站	地鐵 北大路站、北大路BT轉乘北１	♀鷹峯源光庵前
	金閣寺	金閣寺道	12・59・204・205 千本北大路轉乘6	♀鷹峯源光庵前
前往大原野的方法	京都站	京都駅前	京阪京都交通巴士13B・14	♀南春日町等
	四条河原町	河原町駅	阪急京都本線東向日町站轉乘阪急巴士63・65或66	♀南春日町（63・65）、♀善峯寺(66)

看左表的方法

①從最左行確認目前所在地。
②從最上列選擇欲前往的目的地。
③行與列交錯處記載著前往目的地的方法。

〈範例〉
5→市巴士
臨→市巴士臨時系統
(61)→京都巴士
地鐵→地鐵烏丸線
地鐵→地鐵東西線

例如從清水寺到銀閣寺？

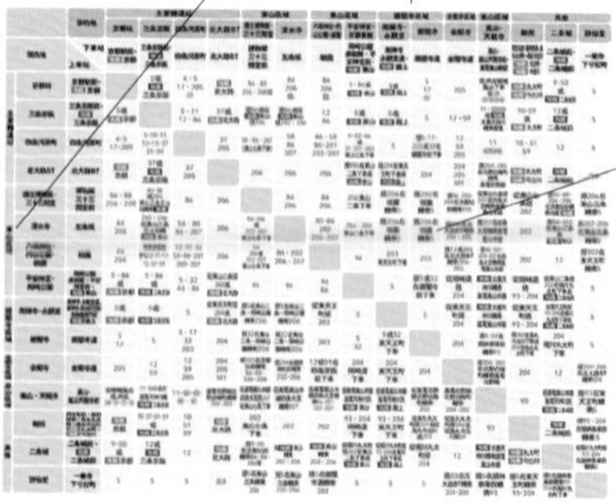

①目前所在地為清水寺
②目的地為銀閣寺
③只要搭乘這班巴士就可以抵達銀閣寺了

京都

1:50,000

0   1km

周邊廣域地圖 P.185

N

索引

嘗鮮好夥伴
定價 **250**元

美食沒有藩籬
最道地的美味都在這裡！

日本旅遊必備！

手帳系列口袋書

◀ 壽司

日本酒 ▶

雞尾酒 ▶

燒肉 ▶

これをください
お願いします

手指圖片輕鬆點餐
美食立刻上桌♪

國家圖書館出版品預行編目（CIP）資料

京都 ／ 實業之日本社BlueGuide編輯部作；
人人出版編輯部翻譯. — 修訂第七版 —
新北市：人人出版股份有限公司，2023.10
面；公分. —（人人遊日本；2）
ISBN 978-986-461-350-2（平裝）

1.CST：旅遊　　2.CST：日本京都市

731.75219　　　　　　　112014351

MAP 系列

14

Follow Me
人人遊日本

京都

MAP—人人遊日本（02）修訂第七版

作者／實業之日本社BlueGuide編輯部

翻譯／人人出版編輯部

校對／林庭安

發行人／周元白

出版者／人人出版股份有限公司

地址／23145 新北市新店區寶橋路235巷6弄6號7樓

電話／（02）2918-3366（代表號）

傳真／（02）2914-0000

網址／http://www.jjp.com.tw

郵政劃撥帳號／16402311 人人出版股份有限公司

製版印刷／長城製版印刷股份有限公司

電話／（02）2918-3366（代表號）

香港經銷商／一代匯集

電話／（852）2783-8102

第一版第一刷／2002年11月

修訂第七版第一刷／2023年10月

定價／新台幣380元
　　　　港幣127元

Blue Guide Tekuteku Aruki 12 Kyoto

Copyright © 2022 by Blue Guide Editorial Department

First published in Japan in 2022 by Jitsugyo no Nihon Sha, Ltd., Tokyo

Traditional Chinese translation rights arranged with Jitsugyo no Nihon Sha, Ltd.

through Japan Foreign-Rights Centre/Bardon-Chinese Media Agency